新时代

中国供给区域公共产品研究

Research on China's Supply of Regional
Public Goods in the New Era

宋效峰 ——

著

知识产权出版社
全国百佳图书出版单位
— 北 京 —

图书在版编目（CIP）数据

新时代中国供给区域公共产品研究 / 宋效峰著 . —北京：知识产权出版社，2021.11
ISBN 978 - 7 - 5130 - 7796 - 5

Ⅰ.①新… Ⅱ.①宋… Ⅲ.①公共物品—研究—中国 Ⅳ.①F20

中国版本图书馆 CIP 数据核字（2021）第 214579 号

责任编辑：李学军　　　　　　　　　　责任校对：谷　洋
封面设计：刘　伟　　　　　　　　　　责任印制：孙婷婷

新时代中国供给区域公共产品研究

宋效峰　著

出版发行：知识产权出版社 有限责任公司　　网　　址：http://www.ipph.cn

社　　址：北京市海淀区气象路 50 号院　　邮　　编：100081

责编电话：010 - 82000860 转 8559　　　　责编邮箱：752606025@qq.com

发行电话：010 - 82000860 转 8101/8102　发行传真：010 - 82000893/82005070/82000270

印　　刷：北京虎彩文化传播有限公司　　经　　销：各大网上书店、新华书店及相关专业书店

开　　本：720mm×1000mm　1/16　　　　印　　张：17.25

版　　次：2021 年 11 月第 1 版　　　　　印　　次：2021 年 11 月第 1 次印刷

字　　数：275 千字　　　　　　　　　　定　　价：98.00 元

ISBN 978 - 7 - 5130 - 7796 - 5

目　录
CONTENTS

导　言

习近平总书记在 2013 年周边外交工作座谈会上指出，无论从地理方位、自然环境还是相互关系看，周边地区对于我国都具有极为重要的战略意义；思考周边问题、开展周边外交要有立体、多元、跨越时空的视角。[①] 可以说，周边地区是中国和平发展的立足点，也是践行新时代中国特色大国外交理念的示范区。对于一个国家而言，邻居无法选择，但和邻居相处的方式可以选择。周边邻国始终是中国外交的优先方向，在当前复杂多变的国际形势下，以"亲诚惠容"理念为指引构建亚洲命运共同体的必要性更显得突出与迫切。历史上，中国与周边国家或民族的政治、经济和文化交往长达数千年，在某种意义上，汉字文化圈（或儒家文化圈）曾经深刻影响了朝鲜、韩国、越南、日本等亚洲国家的文化和社会发展，中国中原王朝为古代东亚地区体系的稳定与发展作出了举足轻重的贡献。

考量中国周边外交要有历史的纵深感，它构成了当今中国外交理念的重要价值源泉。在长期的周边交往和互动实践中，中国积累了丰富的传统智慧与经验，并形成了自身较为稳定的价值偏好和行为风格。例如，"礼之用，和为贵""讲信修睦，协和万邦""和而不同，和合共生""宣德于外""己所不欲，勿施于人""远亲不如近邻""辅车相依，唇亡齿寒""以心相交者，成其久远"等。自汉以降，中国王朝至明代已形成了清晰的睦邻政策，其主要内容包括：重邻倚邻，亲仁善邻；强基固本，以德服邻；避战慎战，

---

① 《习近平在周边外交工作座谈会上发表重要讲话》，2013 年 10 月 25 日，载 http：//politics. people. com. cn/n/2013/1025/c1024－23332318. html。

宁边安邻；礼义为先，厚往薄来；恩威并重，怀柔羁縻等。① 这些体系较为完整的传统思想理念，对于今天中国奉行的和平外交政策仍然具有深远的影响，并且近年来作用越来越突出。体现在周边外交层面上，"和而不同""和平共处""协商合作"作为新中国周边外交的基本体系观、安全观和秩序观，在外交理念和规范体系中具有基础性地位和传承特征。② 在这个意义上，加强对中国优秀传统文化中的外交遗产研究，能够为新型国际关系和人类命运共同体主张提供历史和文化诠释，明确其与中国传统政治、外交哲学理念的传承关系，进而为中国特色社会主义对外关系理念提供坚实深厚的文化根基。③

"数风流人物，还看今朝"，新时代中国特色大国外交正渐入佳境，从器物到制度、理念的影响力日益上升。作为本书所要研究的具体对象，当代中国周边外交融合传统与现代元素，在某种意义上又是常历常新的。在当下，中国周边地区堪称是大国战略博弈和利益交织最为密切的地区，也是大国外交的中国特色最为凸显的领域。作为中国外交全局中内涵最为丰富、提升空间最大的领域之一，周边外交中的重点与难点并存。它在时空维度上给 21 世纪日益具有世界视野的中国公众带来了最为直接和生动的外部认知，强化了中国的亚洲国家、东方大国等国际身份。从政策界、学术界到民间层面，与中国周边外交相关的信息传播和知识扩散往往最容易受到关注，相关研究也已从国家到地方均跻身于人文社会科学"显学"之列。④ 各方形成越来越多

---

① 郭渊、王静：《论明代的睦邻政策——中国古代传统"邦交"思想的沉积》，载《长白学刊》2005 年第 1 期，第 94 页。

② 魏玲：《新中国周边外交 70 年：继承与创新》，载《亚太安全与海洋研究》2019 年第 5 期，第 1 页。

③ 王在邦：《关于中国外交遗产研究的思考》，载《世界经济与政治》2018 年第 5 期，第 151 页。

④ 近年来，相关学术会议也比较密集，较具代表性的有：2018 年 11 月，复旦大学国际问题研究院主办的"新时代的中国周边外交：机遇与挑战"研讨会；2018 年 11 月，中国政法大学政治与公共管理学院、中国政法大学中国周边安全研究中心和中国国际关系女学人论坛联合主办的"新时代中国周边外交与安全"学术研讨会；2019 年 1 月，上海社会科学院国际问题研究所、中国现代国际关系研究院《现代国际关系》编辑部、上海国际关系学会和《国际关系研究》编辑部联合召开的"2019 国际形势前瞻：国际大格局下的中国周边外交"学术研讨会；2019 年 4 月，中国社会科学院亚太与全球战略研究院和广西民族大学东盟学院共同主办的"中国特色周边外交"研讨会等。此外，除那些学术性较强的国际关系类专业期刊外，近年来《中国社会科学报》《参考消息》《环球时报》《世界知识》《当代世界》等报刊有关中国周边外交的文章也显著增多。

的共识，认为当前中国积极有为的周边外交战略与政策，显著有力地衔接和促成了自身的发展变迁与外部环境之间的深刻互动；周边外交已成为中国外交变革的主驱动轮，对于本地区的引领作用日渐突出；中国近期甚至中远期和平发展目标的实现，在很大程度上有赖于周边外交的成功推进。①

一、与时俱进的中国周边外交

（一）自身角色变迁使中国更主动地关注周边

在某种意义上，外交政策是国内政治与国际体系相互作用的结果，这两个层面共同确定了一个国家的国际角色定位。具体来说，当代中国的国际定位主要立足于以下四个维度：中国实力的现状与评估；中国与现有国际体系及国际秩序的关系；中国自身的特质与价值追求；中国在对外关系中可挖掘的优势与着力点。其中，国家的实力乃是国际定位的客观基础，处理好与国际社会的关系取决于主观的选择，这两者是国际定位的基本点；社会制度和价值追求的标示突出了自身的特质，优势与着力点的审视有助于确立对外战略的特色，这两点使中国的国际定位与他国的国际定位更明显地区别开来。由此可以认定：中国是一个正在崛起的新兴大国，它在遵循和平与发展时代主题的基础上积极引领合作潮流；中国是国际共同体中理性而负责任的成员，应成为国际体系与国际秩序的认同者、融入者、建设者、维护者——事实上改革开放以来它对现行国际秩序的认同程度也在不断提高；中国是高举改革开放旗帜的社会主义国家，在世界范围内开创了全新的现代化模式；中国是注重并拥有软实力的文明古国，在提高软实力、发挥软实力作用方面潜力巨大。②

不同于小国常见的投机性外交，大国的外交总是具有深厚的国内政治渊

---

① 在 2013 年周边外交工作座谈会召开前夕，中国现代国际关系研究院《现代国际关系》编辑部在北京举办了"周边战略形势与中国周边战略"专题研讨会，探讨了中国周边外交的新形势、新任务、新目标，并对中国周边外交战略规划建言献策，典型反映了国内学术界对于周边外交研究日益上升的兴趣与重视。参见季志业：《中国经营大周边亟需"顶层设计"》，载《现代国际关系》2013年第 10 期，第 1—43 页；俞正樑：《积极进取，引领亚洲，全球再平衡——2014 年中国外交》，载《国际观察》2015 年第 1 期，第 1 页。

② 蔡拓：《当代中国国际定位的若干思考》，载《中国社会科学》2010 年第 5 期，第 121 页。

源。中国也不例外，它有着追求"天下为公"的国际秩序情怀，并形成了具有自身特色的利益观、角色观、责任观与合作观。① 而现存国际体系则设定了国际关系行为体互动的基本环境与约束条件——进入 21 世纪后，由于世界各主要国家政治经济发展不平衡，新兴国家相对崛起与传统力量中心相对衰落的态势加速，国际体系处于"冷战"结束以来最为显著的变动之中。2008年全球金融危机直接加剧了国际力量对比的调整，对既有国际政治经济秩序也带来一定压力，至今仍继续影响着新兴力量与传统力量的行为与互动模式。② 改革开放进程使中国与国际体系的关系也发生了根本性变化，相互塑造的趋势不断加强，近十年来中国在融入国际社会的同时又开始与其他新兴国家共同推进国际体系变革。作为 21 世纪快速崛起的世界第二大经济体和第一制造业大国，目前中国正处在工业化后期阶段，经济发展进入新常态，这是科学判断当前中国所处历史方位的基本物质依据。为了全面实现现代化，党的十五大报告提出了"两个一百年"奋斗目标，十九大报告又就此明确了清晰的路线图——在 2020 年全面建成小康社会、实现第一个百年奋斗目标的基础上，再奋斗 15 年，在 2035 年基本实现社会主义现代化；从 2035 年到 21世纪中叶，在基本实现现代化的基础上，再奋斗 15 年，把我国建成富强、民主、文明、和谐、美丽的社会主义现代化强国。③ 由此可见，当前中国所处的历史交汇期也是自身进一步成长的关键历史时期；直至 21 世纪中叶 30 年左右的持续稳定发展，对于这个东方新兴大国奋斗目标的顺利实现将具有极其重要的意义。基于此，中国需要积极营造有利的外部环境，使之成为保障自身与国际社会正向互动、彼此受益的基本因素，从而实现行为体与国际体系结构的双向互动，在改变自己的同时影响世界。

改革开放 40 余年来的经验表明，中国是以和平与发展为总体特征的国际大环境的受益者，它使"韬光养晦、有所作为"的外交战略在很长一段时间里成为可能。在参与并融入国际体系的过程中，改革开放的不断深入及其释

---

① 苏长和：《中国大国外交的政治学理论基础》，载《世界经济与政治》2019 年第 8 期，第 4 页。
② 刘丰：《国际体系转型与中国的角色定位》，载《外交评论》2013 年第 2 期，第 1 页。
③ 《习近平在中国共产党第十九次全国代表大会上的报告》，2017 年 10 月 27 日，载 http://www. gov. cn/zhuanti/2017 – 10/27/content_5234876. htm。

放出来的后发优势与体制活力使中国从全球化中获益良多，这无疑强化了其对于全球化进程的积极认知。在某种意义上，中国今天的发展成就离不开以经济领域为主的全球公共产品，是其积极参与并融入包括生产、贸易和金融在内的既有全球经济体系而获得的成果。另外，日益凸显的全球性问题在某种意义上使中国与世界各国成为"风雨同舟人"，中国不会追求（客观上也很难实现）独善其身。而经济实力和对外开放水平的不断提升，又为中国进一步参与国际事务并承担相应的国际责任提供了客观物质基础与主观激励，开始越来越多地反哺和回馈国际社会。尤其是进入 21 世纪第二个十年，中国的外交政策更加积极进取、灵活务实，正发生着从侧重"韬光养晦"到以"有所作为"为重心的历史性转变，有明确意愿和能力为世界提供数量更多、种类更全的国际公共产品。[①] 中国在稳步推进自身现代化的同时，也不可避免地对世界产生更大的影响；这就需要中国增强对外部世界的认知，准确把握和理解后者对中国角色及其行为方式的关切，并且能够作出恰当的回应。随着中国特色社会主义进入新时代，中国领导人向国际社会倡导了宏伟的"一带一路"建设工程，提出构建新型国际关系和人类命运共同体，这意味着中国以更高水平的开放合作姿态融入并塑造新的全球化世界，并为之贡献更高形态的产品，感召力与塑造力实现了内涵式提升。

　　其中，周边地区在中国的对外开放与国际合作格局中始终占有重要地位，尤其对于早期中国经济的起飞发挥了不可或缺的作用，这在中国各方面人士中形成了普遍共识。例如，周边的日本、新加坡和韩国等东亚新兴工业化国家曾经对于中国的改革开放产生了很强的带动和示范效应，拥有大量华人资本的东南亚国家更是功不可没。[②] 在国内知识界，长期以来以张蕴岭、石源华、阎学通、时殷弘、秦亚青等为代表的一批国际关系学者，对于中国周边外交的战略选择和政策制定提供了重要的智力支持。政策界与学术界之间的

---

　　① 在某种意义上，中国外交的"有所作为"在国际经济关系中体现得最为明显。参见王红英、杨国梁：《从韬光养晦到有所作为——中国的金融小多边主义》，载《国际经济评论》2015 年第 2 期，第 150 页。

　　② 李怀、朱邦宁：《改革开放以来东南亚华人资本对中国大陆的 FDI 分析》，载《新视野》2011 年第 5 期，第 28 页。

互动日益顺畅和紧密，从中央到地方层面的国际问题智库建设也成绩斐然，相关机构涵盖了社会科学院系统、高校系统和其他系统或类型的智库三大系统，并主要集中在北京、上海及一些沿边省、自治区。①

社科院系统主要有：中国社会科学院亚太与全球战略研究院、俄罗斯东欧中亚研究所、日本研究所，云南社会科学院中国（昆明）南亚东南亚研究院，广西社会科学院东南亚研究所，新疆社会科学院中亚研究所，吉林社会科学院东北亚国家相关研究所，上海社会科学院国际问题研究所等。

高校系统主要有：清华大学国际关系研究院，复旦大学国际问题研究院，外交学院亚洲研究所，吉林大学东北亚研究院，暨南大学国际关系学院（华侨华人研究院），厦门大学南洋研究院，云南大学国际关系研究院，四川大学南亚研究所，华东师范大学俄罗斯研究中心，山东大学亚太研究所，兰州大学中亚研究所，上海外国语大学中东研究所等。

其他系统或类型的智库主要有：中央党校国际战略研究院，中国国际问题研究院，中国现代国际关系研究院，中联部当代世界研究中心，上海国际问题研究院，察哈尔学会（Charhar Institute），国观智库（GRANDVIEW），盘古智库（PANGOAL）等。

随着中国学术界与政府相关部门（包括地方政府）之间优势合作、正向互动与成果转化趋势的不断加强，一些新型智库机构也在不断出现，如北京大学国际战略研究院、广东国际战略研究院、广西大学中国—东盟研究院、华侨大学海上丝绸之路研究院、西北大学丝绸之路研究院等，它们必将为中国周边外交研究注入新的活力。特别是 2014 年中国教育部印发了《中国特色新型高校智库建设推进计划》，其中一批外交与国际问题领域的新型高校智库建立起来，使中国周边外交研究的区域布局更趋均衡。例如，江苏高校设立了一批国际问题研究中心，如苏州大学老挝—大湄公河次区域国家研究中

---

① 2015 年 1 月，中共中央办公厅、国务院办公厅印发《关于加强中国特色新型智库建设的意见》，使中国的智库建设进入了一个全新的发展时期。其中，国际问题类智库的表现尤为突出。参见李琮等：《新中国国际问题研究 50 年》，载《世界经济与政治》1999 年第 12 期，第 5 页；金灿荣编：《中国高校哲学社会科学发展报告（1978—2008）：国际问题研究》，广西师范大学出版社 2008 年版；王健：《中国国际问题类智库发展呈现新特点》，载《中国社会科学报》2017 年 11 月 2 日，第 2 版。

心、江苏师范大学澳大利亚研究中心等；四川省则设立了一批区域和国别重点研究基地，如西华师范大学巴基斯坦研究中心、成都大学四川省泰国研究中心等。总体来看，在新老研究力量的共同努力下，周边国别与区域研究的短板正得到改观，如云南大学缅甸研究院、郑州大学越南研究所、深圳大学新加坡研究中心、上海大学土耳其研究中心、宁夏大学阿拉伯研究中心、聊城大学太平洋岛国研究中心、九江学院柬埔寨研究中心等。

（二）新时代中国开创周边外交新局面

就国际政治的一般逻辑来看，一方面自身实力的显著增强为中国外交奠定了物质基础，另一方面外交能力的提升还在很大程度上取决于一个国家的战略意图与具体政策的确定与实施。自中共十八大以来，以习近平同志为核心的党中央锐意进取，中国特色大国外交已取得了若干重要的阶段性成就，例如，亚洲基础设施投资银行（AIIB）的成立、主场外交空前活跃、多边外交能力增强、首脑外交引领作用突出等。它向国际社会表明，作为一个真正的负责任大国，中国是现行国际体系和世界秩序的建设者、贡献者和维护者，有足够意愿和能力向国际社会提供带有中国特色的各类国际公共产品。换言之，鉴于国际公共产品在稳定地区及国际政治经济秩序方面的基础性作用，中国愿意以自己的方式（运用"中国智慧"与"中国方案"）承担起一个新兴大国的地区及全球责任，为本地区及国际社会提供更多优质公共产品。作为全球化的重要基石和关键构成要素，如何完善相关的国际公共产品供给体系，在中国所推动的新型全球治理模式中占有突出地位。在新全球化背景下，国际公共产品供给是一国参与全球治理、提升国际影响力的重要路径。基于国际社会的高度期待和自我角色定位，在相关的全球和区域治理进程中，中国正在成为最重要的国际公共产品创制、生产和供给者之一。为了在全球化时代更好地实现自身利益的拓展，同时又着眼于广大发展中国家的整体利益需要，中国积极提出与国际秩序变革相关的议程设置和制度倡议，越来越重视从规则层面促进国际公共产品供给体系的完善，从而反映了中国外交不断迈向新境界、占据新高地。为此，中国秉持和弘扬共商、共建、共享的全球治理观，积极参与引领全球治理体系变革，国际感召力与塑造力达到了一个新的历史高度，中国外交也随之进入更为自信、开阔的新阶段。中国越来越创造性地参与发展、安全等重要领域的国际公共事务，外交转型过程中的多边主义和世界主义取向进一步加强。而向世界提供更多国际公共产品，则有助于通过自身利益与国际公益更高程度的和谐统一，推动既有国际关系范式的内在转型，从根本上促进国际秩序乃至全球化朝着更加公正、合理、均衡的方向发展。

习近平总书记先后在 2014 年和 2018 年两次中央外事工作会议上发表重要讲话，其中一些论述都涉及国际公共产品供给问题。这两次会议紧紧着眼于国际形势和中国外部环境的深刻变化，就拓展和深化当前外交战略布局作出了重要部署，并特别强调要做好周边外交工作，推动周边环境更加友好。在实践层面上，近年来中国进一步统筹国际国内两个大局，不断深化同周边国家的互利合作和互联互通，推动国际体系和全球治理改革；尤其是积极推进"一带一路"建设，优化创新国际公共产品的供给机制与方式。作为全球伙伴关系网络的重要组成部分，中国致力于与周边国家和地区结成最紧密的"朋友圈"，打造双边或地区等不同层次的周边命运共同体，为人类命运共同体构建探索实践范式并夯实基础。在地区一体化过程中，中国与周边国家互利合作、结伴前行，通过对地区公益的促进和双边互动方式的创新，尤其是全方位、多领域的区域互联互通建设，直接或间接促进了周边国家的经济社会发展与民生改善。从交往主体、客体、目的、方式等多个角度来看，中国与周边国家关系的维度和内涵日益丰富，相互信任总体上得到促进和提升，这符合彼此间的理性选择、情感融合与文化认同等多重需求。①

"知行合一"，周边外交能否取得良好的政策实践效果，在某种意义上离不开高屋建瓴的理念引导。新时代中国特色社会主义外交思想为当前周边外交工作提供了行动指南，它着眼于顶层设计高度，以实现中华民族伟大复兴为使命，以维护世界和平、促进共同发展为宗旨，通过中国特色大国外交推

---

① 陈丽颖、蔡佳禾：《国家间互信形成与维持的理论探索》，载《南京社会科学》2016 年第 4 期，第 72 页。

动构建人类命运共同体。① 基于这一价值指引,周边国家无论大小、强弱、贫富,中国均以相互尊重、合作共赢为基础与之发展关系,彰显新时代中国维护公平正义的进步国际形象,伙伴与同路人越来越多。与此同时,目前中国的海外利益仍主要集中在大周边地区,而增进深层互信和诉诸务实合作仍是解决矛盾、管控风险与避免冲突的基本思路。在总体外交战略架构下,中国需要严肃审视周边复杂多变的外交环境,制定和执行适应地区趋势、更加清晰和相对独立的周边战略与政策,拓展战略与政策实施的空间,并与新时代中国特色社会主义建设的内外要求相协调。②

外交是内政的延续,一定时期的周边外交战略,应当是统筹国内国际需要的产物。它在某种意义上反映了中国对周边国家和地区的行为方式、关系定位和价值偏好,以及自身将在本地区事务中扮演何种角色。纵向来看,在传统睦邻外交基础上,中国的周边外交理念也一直处在与时俱进的演进之中,并不断得到充实、调整和拓展。从"睦邻、安邻、富邻"到"亲诚惠容"的话语体系完善与境界提升,是对邻里关系原则内涵的一大充实;它反映了21世纪中国周边外交工作的思路创新,目前已在塑造周边环境方面产生了良好效应,周边关系空前活跃、彼此交往深度不断拓展。彰显中国大国风范的"亲诚惠容"新理念是基于我国周边环境的新变局而提出来的,其进一步实施应以推进"一带一路"周边建设为合作基石,以增强自身战略定力为政治依托,以塑造国际话语权为重点方向,以增强双边人文交流为文化纽带。③尤其是围绕着建立利益共同体、责任共同体和命运共同体这一总体目标,中国选择与政治基础较好、主客观条件较充分的周边国家先试先行,进而向世界更大范围辐射推广。在中国周边地区,首先通过编织更加紧密的共同利益网络,把各方利益融合提升至更高水平,使彼此有理由更加友善、亲近、认同与支持。这将有助于打破"强国无善邻"、以邻为壑、以邻为敌的传统国

---

① 宋效峰:《习近平新时代中国特色社会主义外交思想探析》,载《社会主义研究》2018年第5期,第15页。

② 薛力:《中国需要亚洲版的大国外交》,载《学习月刊》2015年第5期,第44页。

③ 潘晔、肖陈望:《"亲诚惠容"周边外交理念的意蕴与实施方略》,载《社会科学动态》2019年第7期,第33页。

际关系思维，使周边国家把"以中国为邻"视为不可或缺的外部发展要素，从而以中国贡献的理念、方案及相关实践促进国际关系新范式在本地区率先确立与普遍化。

（三）中国周边外交顺应地区新趋势

作为中国周边外交的主要舞台，亚洲地区的政治、经济和文化等多样性极为突出，同时也是世界上大国最为集中的地区之一；就发展水平而言，该地区既包括少数发达国家，也包括一批新兴市场国家和最不发达国家。[①] 随着当今世界权力中心向亚洲及太平洋地区转移，推动构建相互尊重、公平正义、合作共赢的新型国际关系，对于解决该地区因权力结构变动而造成的深层次矛盾具有很强的针对性。作为地区秩序关键变量之一，中国为地区发展和治理提供足够数量的国际公共产品，在新时代条件下谋求扩大与本地区各类型国家之间的利益交集与共识，是超越旧范式、发展新型关系的关键举措。按照功能主义的国际关系路径，中国与相关国家可以首先从需求广泛的减贫合作、绿色发展、环境保护、水资源管理、防灾减灾、疫病防控、打击跨国有组织犯罪等低级政治领域入手，渐次推动更高层次也更为综合的区域合作机制建设。在中国周边地区，现存的国际机制数量众多，且机制之间关系错综复杂，甚至出现一定程度的机制重叠或"拥堵"现象。仅在湄公河次区域，就存在大湄公河次区域经济合作（GMS）、湄公河委员会（MRC）、澜湄合作（LMC）等多个多双边合作机制；除中国外，日本、美国、印度、澳大利亚等域外力量也纷纷介入。在更高一级的地区层面上，则存在东盟（ASEAN）主导的"10＋X"相关机制、亚太经合组织、亚洲相互协作与信任措施会议（以下简称亚信会议）等多边机制。针对国际机制因行为主体、问题领域和功能治理等层面的重叠所造成的一系列突出问题，可以采取调整机制布局、增进协商合作以及创新合作途径等策略予以应对和化解。[②] 结合其他相关方的供需情况，中国可以发挥自身的要素、体制、政策等比较优势，

---

① 亚洲共有48个国家，联合国经社理事会（ECOSOC）确定的最不发达国家目前包括亚洲的缅甸、老挝、柬埔寨、东帝汶、阿富汗、孟加拉国、尼泊尔、不丹、也门9国。

② 罗圣荣、杨飞：《国际机制的重叠现象及其影响与启示——以湄公河地区的国际合作机制为例》，载《太平洋学报》2018年第10期，第26页。

为本地区的多层治理提供支持资源，实现区域性国际公共产品的增量与结构配置优化。在某种意义上，中国正在开展的是一种新形式的多边主义，即采取参与现有机制（如东盟相关机制）与创设新机制（如澜湄合作机制、亚投行等）相结合的路径，逐渐获得国际规则制定方面的更大影响力，从而在越来越大的范围内扮演着集体行动促成者角色。尤其是在周边地区政治经济环境深刻变化的背景下，中国需要从战略高度确定不同问题领域的轻重缓急与政策行动的优先顺序，从而更好地保持自身战略方向的清晰与稳定，系统塑造自身建设性、可预期、讲道义的大国形象。

在某种意义上，新时代中国周边外交具有多重维度，它与发展中国家外交、大国外交、多边外交等存在诸多交叉。可以说，加强同发展中国家的团结合作始于周边，构建健康稳定的大国关系始于周边，推进多边外交以及推动国际体系和全球治理变革也始于周边。[①] 首先从客体来看，周边国家绝大多数为发展中国家，因此周边外交又具有发展中国家外交的性质，这使其在中国外交布局中的基础性意义进一步叠加和凸显。以促进发展为优先目标，不断对接区域发展与繁荣的深层次需求，将自身的比较优势资源转化为发展型公共产品，进而在优势互补基础上实现合作共赢，是中国提供区域公共产品的逻辑起点。这是因为，中国自身仍主要是一个发展中国家，比西方发达国家更能理解周边国家在现代化进程中的优先关切与迫切需求。与其他供应方相比，中国以域内平等一员的身份在力所能及的范围内加强区域公共产品供给，并且其提供的公共产品也更为纯粹和"量身定做"。而绝大多数西方国家都是域外国家，它们所提供的发展援助等公共产品越来越多地附加一些政治性条件，这在很大程度上偏离了周边发展中国家的需求实际。[②] 尤其是在逆全球化和保护主义兴起的严峻背景下，中国坚持"义利相兼、以义为先"的原则立场，通过主动提供区域公共产品来塑造区域合作新格局，使中

---

① 高祖贵：《中国周边战略新构建》，载《求是》2015 年第 3 期，第 56 页。
② 在这方面，美国和缅甸、菲律宾的关系是一个比较典型的案例，美国对后者的援助政策往往围绕着自身的地缘政治利益而制定。参见杜兰：《罗兴亚人危机凸显美缅关系的深层困境》，载《和平与发展》2019 年第 4 期，第 84 页；陆建人、蔡琦：《中、美、日与菲律宾经济外交的比较分析》，载《国际经济合作》2018 年第 9 期，第 32 页。

国成为本地区保持开放发展的中流砥柱。中国对待差异性极大的周边国家一律平等、相互尊重，均寻求与之和平相处、共同发展和互利共赢；其中，中国与俄罗斯、巴基斯坦、新加坡、柬埔寨等体量悬殊、社会制度不同或文化差异明显的国家之间的关系，就是这方面的生动写照。作为一个海陆复合型的亚洲大国，中国在供给互联互通相关的区域公共产品方面比其他国家具有天然的优势。而"一带一路"合作堪称最恰当的例证，它首先从空间维度上加深了中国与周边国家的相互依存关系，并不断实现发展与合作的地区共同体这一前景。

2013 年 10 月，习近平总书记在中华人民共和国成立以来首次举行的周边外交工作座谈会上强调，周边外交战略和工作必须与时俱进、更加主动，努力使周边同我国政治关系更加友好、经济纽带更加牢固、安全合作更加深化、人文联系更加紧密。六年多来，中国周边外交不断有大的创新举措推出，周边外交新格局在广度和深度上得到了极大拓展，所提供的区域公共产品覆盖了从经济、安全到社会、生态等越来越多的领域。其中，中日关系在双边和区域层面呈明显改善趋势，中国在区域经贸及安全治理中的作用进一步上升，为东北亚合作注入了活力；① 中印关系在金砖国家合作机制（BRICS）等架构下趋于成熟，两国关系的影响已大大超出双边意义；中国与东盟国家就"南海各方行为准则"（COC）的磋商取得重大进展，中国愿意在航行安全、海事救助、海啸预警等方面为南海区域的和平稳定提供更多公共产品；绝大多数周边国家加入到"一带一路"建设中来，所谓"债务陷阱""发展不可持续"等言论不攻自破。2014 年 8 月，习近平主席在访问蒙古国时表示，中国愿意为包括蒙古国在内的周边国家提供共同发展的机遇和空间，欢迎搭乘中国发展的列车。虽然在这期间斯里兰卡、马来西亚、巴基斯坦等国发生了政府更迭，某些项目可能会受到一定影响，但这些国家的新政府与中国开展合作的意愿不会发生根本改变。总之，中国的周边外交契合了开放包容的时代精神，它愿意与周边国家分享发展机遇与成果，并为之创设一系列

---

① 《社论：东北亚外交出现新动向》，2019 年 8 月 23 日，载 http：//www.zaobao.com/zopinions/editorial/story20190823 - 983223。

新型机制平台，如亚投行、丝路基金（Silk Road Fund）、中国—欧亚经济合作基金、"一带一路"绿色发展国际联盟等。这些新兴机制并不排斥本地区的既有机制，它们充分体现了越来越多被付诸实施的"中国主张""中国方案"对于区域合作的引领作用。与此同时，中国与周边国家的共同体意识不断生成并得到强化，彼此的身份认知正在朝着超越敌友判断的伙伴关系方向深化发展。

二、周边外交在中国对外战略布局中的地位

（一）周边地区的战略重要性进一步凸显

作为长期以来亚太地区最具活力的经济体之一，中国的发展是开放包容式的发展；其周边外交政策一贯主张推进地区一体化，加快亚太自由贸易区（FTAAP）建设。当前中国周边外交正致力于进一步扩大对外开放，以服务于中国经济的转型升级，增强自身的国际竞争力。在深度全球化背景下，中国经济已深深嵌入国际贸易与产业链之中，其辐射力已涵盖周边各个区域。与世界尤其是周边地区交换商品及其他生产要素，对于中国顺利实现"两个一百年"奋斗目标意义重大。在竞争激烈的世界舞台上，周边地区日益成为政治经济的新重心；为了维护、用好和延长发展的重要战略机遇期，为中华民族伟大复兴提供有力支撑，有必要进一步夯实新形势下的周边战略依托。在这个意义上，周边外交在新时代中国外交全局中具有首要地位，有必要从战略顶层设计高度进行系统谋划并长期坚持。在实践层面上，自 2013 年周边外交工作座谈会召开以来，习近平主席先后出访了韩国（2014 年 7 月）、蒙古国（2014 年 8 月）、塔吉克斯坦（2014 年 9 月，2019 年 6 月）、马尔代夫（2014 年 9 月）、斯里兰卡（2014 年 9 月）、印度（2014 年 9 月，2019 年 10 月）、巴基斯坦（2015 年 4 月）、印度尼西亚（2015 年 4 月）、乌兹别克斯坦（2016 年 6 月）、柬埔寨（2016 年 10 月）、孟加拉国（2016 年 10 月）、俄罗斯（2017 年 7 月，2019 年 6 月）、巴布亚新几内亚（2018 年 11 月）、菲律宾（2018 年 11 月）、文莱（2018 年 11 月）、吉尔吉斯斯坦（2019 年 6 月）、朝鲜（2019 年 6 月）、尼泊尔（2019 年 10 月）等周边众多国家，以周边地区

为重点的首脑外交高频度展开。2017 年 11 月，党的十九大后习近平主席首次出访便选择了周边地区的越南和老挝，可见对周边地区的高度重视。当前中国正在由地区大国成长为真正意义上的世界大国，在未来很长一段时期内，周边地区作为中国和平发展重要依托的战略地位不会发生大的改变。基于中国仍然是世界第二大国的实力地位以及对自身国家利益的理性界定，在中国外交战略及政策设计中应该长期坚持周边地区的优先地位。① 新时代中国对外关系所确定的"一带一路"合作等相关主要议程，也往往需要以周边为立足点扩散和辐射出去。可以说，更加奋发有为、综合施策地推进周边外交，既是 21 世纪实现"两个一百年"奋斗目标、实现中华民族伟大复兴中国梦的自身发展战略需要，也是践行新型国际关系、推动人类命运共同体构建的外部战略需要。

中国秉持"与邻为善、以邻为伴"的基本方针，积极开展和深化与周边国家的合作，努力使自身发展更好地惠及周边国家，但也不回避某些分歧的存在。在历史形成的陆地边界和海洋权益争端中，中国主张由当事方通过和平谈判方式解决；在条件不成熟时可暂时"搁置争议、共同开发"，从而在一定时期内有助于争取和维护稳定的周边环境。在新的国际形势下，"共同开发"可以通过中国与相关国家联合提供区域公共产品的方式实现，从而为化解海洋争端提供新思路。由此相关国家之间可以增强彼此的行为与收益预期，培育仍然短缺的相互信任与合作共识，在更紧密的责任与利益关系基础上构筑周边命运共同体。

以维护海洋权益为例，南海共同开发作为一项典型的区域合作行为，需要具备更加充分的区域公共产品供给。但受制于域内国家利益博弈的复杂性以及域外国家的地缘政治战略，相关的区域公共产品供给行动难以有效开展，从而使南海共同开发仍然缺乏必要条件和基本动力。特别是南海周边国家存在岛礁主权归属与海域划界争端，导致开展务实合作缺乏坚实的互信基础。为此，进一步改善南海区域公共产品的供给结构，提高相关公共产品供给的制度化水平，并充分发挥中国的主要供给作用，是破解南海共同开发困境的

---

① 阎学通：《外交转型、利益排序与大国崛起》，载《战略决策研究》2017 年第 3 期，第 8 页。

优先策略选择。其中，作为南海区域公共产品的几个最主要供给者，中国、美国与东盟三方可发挥各自的比较优势，在维护南海区域和平稳定、促进经济发展问题上形成互补增益关系，改变目前该区域国家经济与安全需求彼此分离的非正常格局。在理论上，如果南海相关争议国从区域公共产品中获得的收益远大于单方面开发的获益，那么南海共同开发的动机或意愿就会趋于强烈。① 当前南海区域公共安全与服务领域合作尚处于起步阶段，中国与周边国家可以从非传统安全领域入手，为南海航行安全、打击海上犯罪、人道救助、防灾减灾和环境保护等提供国际公共产品。鉴于目前南海生态环境与资源面临巨大压力，建设海洋保护区被认为是保护海洋环境与资源可持续利用的最重要方式。中国可倡议周边国家在"南海命运共同体"的场域基础上搁置争议，以利益共同体（共同开发资源）和责任共同体（共同保护环境）为基本内核，推动设立南海海洋保护区。② 为了改善该争议海域相关公共产品发展缓慢的状况，自 2015 年 5 月起，中国已陆续在华阳、赤瓜、渚碧、永暑、美济等南海岛礁开工建设 5 座大型灯塔，为航经该海域的各国船舶提供高效的导航助航服务。③ 相关方可从能源（如牵头构建"南海能源共同体"）和经济合作等功能领域入手，向更为敏感复杂的区域安全和政治领域拓展。通过循序渐进地推动南海区域各类公共安全产品的供给，例如，适时促成建立南海海上安全合作机制和执法队伍，降低某些东盟国家对于美国的安全依赖，有助于促进周边命运共同体和 21 世纪海上丝绸之路建设。④

（二）中国在对外战略中需要积极因应

在内涵丰富、特色鲜明的习近平外交思想中，有很多论述是基于周边地

---

① 李国选：《南海共同开发困境：以区域公共产品供给为视角》，载《南洋问题研究》2017 年第 1 期，第 92－93 页。

② 姚莹：《"人类命运共同体"视域下南海海洋保护区建设：现实需要、理论驱动与中国因应》，载《广西大学学报》（哲学社会科学版）2019 年第 4 期，第 96 页。

③ Zhang Mingliang, China's Development of Public Goods in the South China Sea Islands. In Jean A. Berlie（eds），China's Globalization and the Belt and Road Initiative, Champ：Palgrave Macmillan, 2019, p. 101.

④ 南海周边国家存在对于能源等较广泛的区域公共产品现实需要，为此应着眼于各方共同利益，寻求开展公共产品供给体系建设。参见张良福：《南海地区公共安全产品与服务领域合作战略初探》，载《亚太安全与海洋研究》2016 年第 2 期，第 54 页；陈思静：《"南海能源共同体"法律框架初探》，载《南海法学》2017 年第 4 期，第 112 页。

区而阐发的，如亚洲新安全观、国际合作观、正确义利观、国家利益观等。习近平总书记在党的十九大报告中指出，中国"按照亲诚惠容理念和与邻为善、以邻为伴周边外交方针深化同周边国家关系，秉持正确义利观和真实亲诚理念加强同发展中国家团结合作"。这些理念创新顺应了和平、发展与合作的时代潮流，为中国与周边国家关系的深入发展提供了重要的指引。中国的周边外交战略在各个区域方向、各个议题领域得到拓展，并且各个维度、指标之间更加均衡，某些影响力短板（如安全关系、创造性介入、外交话语等）正在得到有效弥补。① 中国正以自身能力积极回馈国际社会，为全球提供更多更好的公共产品，包括改善现行国际体系中不合理、不公正的地方。中国不仅是一个"经济巨人"，通过提供更多领域及种类的区域公共产品，它在推动地区秩序转型、塑造地区安全新架构等方面的作用也越来越突出。由此，中国正在从根本上着手解决周边地区存在的安全与经济分化、合作碎片化等深层次问题，从而使自身在本地区的影响力得到持续和全面提升。客观地说，中国的国际角色塑造与国际社会的认知之间尚存在一定错位，这就有必要进一步创新并实施区域公共产品的供给思路与方案，更加协调地发展和运用中国的软实力与硬实力。作为参照，美国在中国周边地区也存在若干重大利益，该地区人口大国、军事大国以及经济大国云集——印度、印度尼西亚、巴基斯坦、孟加拉国等人口均位居世界前十；目前二十国集团（G20）成员国有近一半位于中国大周边地区，② 而金砖国家合作机制成员国除巴西和南非外也主要集中在该地区，如积极奉行全方位外交的印度和俄罗斯等新兴大国。其中，俄罗斯、印度、巴基斯坦等邻国都已跻身于"核俱乐部"，加之存在较大不确定风险的朝鲜核问题与伊朗核问题，亚洲成为世界上核扩散风险最严峻的地区，有必要以新理念、新思路与新举措来维护区域和平稳

---

① 对于不干涉内政原则不宜机械和教条化地理解，否则可能会束缚中国负责任大国作用的发挥，使公平正义的时代价值在国际实践中越来越难以得到真正体现。参见王逸舟：《创造性介入：中国外交的短板与解决方案》，载《东方早报》2011 年 8 月 25 日；李开盛：《周边外交中的安全"短板"及其突破》，载《上海交通大学学报》（哲学社会科学版）2015 年第 4 期，第 13 页；杨洁勉：《中国特色大国外交和话语权的使命与挑战》，载《国际问题研究》2016 年第 5 期，第 18 页。

② 这些国家除中国外，还包括澳大利亚、印度、印度尼西亚、日本、俄罗斯、沙特阿拉伯、韩国、土耳其等国。

定等共同利益。

　　鉴于周边地区的极端战略重要性，中国在全球层面面临的某些重大问题，也往往通过周边地区发挥作用，或者在周边外交中有所反映，这无疑对新时代中国周边外交提出了更高要求。例如，美国政府对中国的战略遏制不断增强，导致中美战略竞争压力向中国周边地区传导，使得中国开展周边外交所面临的国际环境变得更为复杂。中国采取稳定、一致和可靠的对外政策，在抵御美国极限施压上展现出坚定的态度和较强的应对能力，周边国家对中国的政策认同和战略信心有所增强，中国与周边国家的关系实现普遍加强和改善，周边热点问题也得到较为有效管控。中国需要继续保持战略耐心与战略克制，塑造周边国家对中国行为方式的稳定预期，提升自身在地区事务中的影响力。① 而从器物到制度、观念层面积极运筹区域公共产品供给，是提升周边外交新境界、进而撬动中国外交全局的有力杠杆。为了加强顶层设计和政策协调，并在机制整合基础上形成合力，近年来中央强化了曾经合署办公的外事工作领导小组、国家安全领导小组的地位和职能，分别改组为中央外事工作委员会和中央国家安全委员会。此外，根据 2018 年 3 月十三届全国人民代表大会通过的国务院机构改革方案，国务院在整合商务部、外交部对外援助有关职责的基础上，组建了新的直属机构——国家国际发展合作署（CIDCA）。这些顶层制度设计的落实，有助于整合国家外交和安全资源，统筹协调周边外交的相关力量。随着 21 世纪综合国力的迅速上升以及参与全球与地区治理意愿的增强，中国的外交转型进一步加快，向周边地区投送影响力的深度和广度也达到前所未有的水平。中国提供具有比较优势的区域公共产品，可以对冲美国等域内外大国的"均势"或制衡战略，减轻中国快速发展过程中所面临的战略压力。目前，在基础设施、贸易与投资、金融秩序、发展援助、生态环境、安全治理、多边机制以及共有规范等诸多领域，中国向周边地区提供公共产品都大有可为。事实上，作为一项涉及多个领域的新型国际公共产品，越来越多的周边国家和区域组织已认同和接受"一带一路"倡议，这在很大程度上反映了国际社会对于中国倡导的国际关系新范式

---

　　① 周方银：《世界大变局下的中国周边外交》，载《当代世界》2019 年第 9 期，第 11 页。

的认可。由于历史原因,周边国家大都面临着突出的发展任务,为此更应摒弃旧的对抗性国际关系思维,通过合作处理彼此的双边问题和地区公共事务,把更多资源投入到各方均能获益的集体行动中。借用"巧实力"的角度看,区域公共产品供给策略更多地侧重于利益诱导和权威构建,与单纯运用权力强制手段相比,它能够收到更好的战略与政策效果。不过,随着周边国家与中国的实力差距拉大以及地缘政治因素的消极作用,彼此间某种程度的"近而不亲"问题有可能长期存在。如何处理好新形势下的"以大事小"关系,是中国周边外交转型与区域公共产品供给政策实施中值得进一步思考的问题。

三、中国区域公共产品供给的研究价值

(一)以区域公共产品供给视角丰富中国周边外交研究

如前所述,习近平外交思想是新时代中国外交领域的一次重大话语创新,它显著促进了中国特色外交及国际关系理论的发展。而周边外交在某种意义上兼具发展中国家外交、大国外交、多边外交等多重属性,对于诠释和丰富新时代中国外交的品格和独特风范具有突出的典型意义。构建新时代大周边外交战略,进一步做好周边外交工作,对于中国深化外交布局并开展对大国外交、发展中国家外交以及多边外交,能够产生直接的促进与盘活作用。首先,从智力支持角度加强周边外交相关研究,有助于避免实践中过于强调大国外交的倾向,从而更为全面、辩证和系统地看待中国外交的总体布局。世界上几支重要的战略力量汇聚于中国周边,成功的周边外交与有利的周边环境能够增加中国在大国外交和多边外交领域的主动权,使周边外交与大国外交之间更加平衡,发展中国家与发达国家得以兼顾,从而增加中国外交的战略韧性与政策灵活性,增强抵御外部风险和冲击的回旋能力。其次,积极开展周边外交在某种意义上也是对发展中国家外交的重视。中国周边国家绝大多数属于发展中国家,其中印度、印度尼西亚、泰国、马来西亚、越南、哈萨克斯坦等一批新兴市场国家整体地位上升相对较快。在全球治理格局中,中国将长期坚持发展中国家的自身定位,包括新兴国家在内的发展中国家群体将始终是中国外交的基础、根基与归属。再次,通过丰富的周边外交实践,

中国还可以提升多边外交能力，为在 21 世纪成为真正意义上的全球性大国积累必要的经验。通过深度参与周边区域合作，中国在经济、政治、安全、环境等众多领域开展一系列区域性多边外交，使得周边外交与多边外交之间呈现互相促进的关系。① 面对各类交往对象，中国的外交自信空前增强，维护周边地区稳定与自身正当权益并重，所投入的外交资源也更加综合、系统与均衡。最后，周边地区权力结构正处在深刻变动之中，新兴大国与守成大国之间的博弈将长期存在，传统和非传统安全挑战依然严峻，而相应的区域公共产品供给却严重不足。鉴于此，稳定大国关系与经营战略周边密不可分，南中国海争端、亚太自贸区建设等许多区域热点问题都存在这两个层面的考量因素。而作为一种有助于促成国际合作的社会性资本，本地区主要国家之间的相互信任仍然相对不足，是目前中国与周边相关方所要着力解决的问题。

　　针对周边地区上述问题的存在，中国的国际公共产品供给需要进一步发挥正向外溢效应，降低某些领域可能产生的跨国负外部性，力求国内层面与地区层面发展稳定的和谐统一。② 为此可以在全面客观分析周边国家需求偏好和收益预期的基础上，通过有效的区域公共产品供给行动释放政治善意，与本地区相关国家进一步积累认同与信任，以达成更高水平的区域公共产品供给集体行动。例如，中国与湄公河下游国家一度在跨界水资源合作中面临信任危机；对此需要进一步缓解合作中国家利益与国际信任之间的张力，培育"共饮一江水"的命运共同体意识，拓展彼此了解与沟通的渠道。③ 而如何把当前中国所确定的核心国家利益、周边外交目标与区域公共产品供给意愿、实际能力以及供给绩效结合起来并统筹考虑，对于当前中国外交的思路和机制创新具有突出的现实意义。向周边地区积极提供公共产品，是新时代

　　① 李大光：《中国构建大周边外交战略格局特约——"2015 年 G20 与 APEC 双峰会"系列专家述评之三》，2015 年 11 月 18 日，载 http：//opinion. china. com. cn/opinion_83_140983. html。
　　② 所谓"外部性"，是指行为者所付出的成本与收益不对称的情况——如果不仅自己得益，还给他者带来好处，则属于正外部性；如果在获益的同时对他者带来了损失而未支付成本，则具有负外部性。参见［美］格里高利·曼昆（N. Gregory Mankiw）：《经济学原理》，梁小民译，北京大学出版社 2006 年版，第 199 页。
　　③ 张励等：《中国在澜沧江—湄公河跨界水资源合作中的信任危机与互信建设》，载《印度洋经济体研究》2016 年第 2 期，第 16 页。

中国特色大国外交的重要内涵与方略；它体现了中国外交所追求的和平、发展、公平、正义等基本价值，有助于推动地区和国际秩序朝着更为合理的方向发展。

周边外交综合与集成了中国日益多元化的外交形式，并集中体现了新时代中国特色大国外交的理念精髓与发展趋势。与之相适应，国内相关研究需要进一步拓宽视野与思路，增强战略与问题意识，推动相关的理论应用与路径创新，为提升中国在地区秩序以及国际制度建构、规则制定中的话语权提供强大有效的智力支持。例如，亚洲基础设施投资银行作为中国所倡导的新型国际金融公共产品，就充分体现了中国在地区及全球金融秩序中不断上升的制度性权力。作为一项重要的制度创新，该新兴开发机构契合了亚洲国家在基础设施领域的迫切需求，在某种意义上构成了对西方国家所主导的既有多边金融机制的重要补充，也显著提升了中国在国际经济治理领域的地位。[①]积极参与和引领地区治理，并在这一过程中确立系统的国际公共产品供给战略与具体实施方案，是当前中国周边外交转型的重要目标方向。它反映了中国周边外交理念的强烈自主性、时代性与战略稳定性，中国以自身智慧和行动推动构建人类命运共同体的总目标也不会因一时一事的干扰而转移或偏离，其国际感召力和信服力必将提升到一个新的高度。

（二）为"中国周边学"建设添砖加瓦

综上所述，就中国周边外交及相关区域公共产品供给问题进行系统的专门研究，既是对当前所面临的现实问题的积极回应与展望，也有助于深化习近平新时代中国特色社会主义思想尤其是外交思想相关研究，丰富新时代中国的国际关系与外交话语体系。目前在这一领域，实践层面与理念层面的创新呈相互促进之势，学术话语与政策话语之间的正向互动极为活跃，理论范式及议题领域的研究突破也呈蓄势待发之势。在这方面，区域公共产品供给视角能够在"大周边外交"新概念与合作共赢新理念之间建立理论结合

---

① Hai Yang, The Asian Infrastructure Investment Bank and Status – Seeking: China's Foray into Global Economic Governance. Chinese Political Science Review, Vol. 1, Iss. 4, 2016, p. 754.

点，为中国周边外交指引创新路径，推动构建具有新时代特色的"中国周边学"。① 2018 年 2 月，复旦大学中国与周边国家关系研究中心（CCRNC）开始发布第一期《中国周边学研究简报》，堪称中国学术界在这一领域迈出的重要一步。此外，中国社会科学院亚太与全球战略研究院（NIIS，CASS）、云南大学周边外交研究中心（CCNDS，YNU）、广东国际战略研究院（GIIS）周边战略研究中心等相关机构的学者们，也在围绕打造"中国周边学"及服务中国周边外交新需要等方面产出越来越多高质量的智力成果。

为此，本书将从六部分展开对相关内容的探讨，以期对新时代中国周边外交的内在机理作出剖析，并形成较有新意和针对性的观点与建议。在第一章中，主要任务是明确研究对象的概念和范畴，引入国际公共产品相关理论，为本研究搭建恰当的分析架构，并在区域公共产品供给与中国周边外交之间构建初步的理论联系。在第二章中，则着重从中国周边外交的内在发展逻辑入手，分析区域公共产品供给如何成为新时代中国周边外交的新动力机制。在第三章中，主要从实践层面入手，探讨中国的区域公共产品供给战略与策略问题，以便在周边外交中通过实施更为积极的供给政策，更好地重构中国与周边国家的关系。在第四章中，以"一带一路"合作为专题，探讨中国如何通过这一重要平台，向周边地区和国家供给具有比较优势的区域公共产品。在第五章中，着眼于中国周边的区域多边治理进程，探讨中国如何通过提供相关区域公共产品，在更高水平上参与和引领这一进程。在第六章中，立足于人类命运共同体构建这一宏伟目标，探讨如何在新时代周边外交中强化区域公共产品供给，促进周边命运共同体建设。最后，就相关研究如何更好地推动新形势下的中国周边学建设，丰富中国周边外交话语体系，促进学术层面与政策层面之间的正向互动，提出自己的一些观点和建议。

①"中国周边学"相关研究进展，可参见毛莉：《构建中国周边学正当其时》，载《中国社会科学报》2018 年 2 月 5 日，第 A01 版；王剑峰：《构建"中国周边学"的时代背景、概念框架与未来方向》，载《学术探索》2018 年第 11 期，第 37 页；以及石源华、李文、周方银、关培凤等学者在《中国周边外交学刊》2018 年第 1 辑发表的专题文章，另外《世界知识》2018 年第 8 期也就此组织了专题讨论。

第一章　本研究的相关理论建构

第一节　中国周边外交的理论界定

"从国与国的关系讲，朋友可以选择，但邻居是无法选择的，要世代相处下去"。中国是世界上邻国最多的国家之一，同美国、俄罗斯、印度、日本等现存世界其他大国相比，中国的周边环境是最为复杂的，这对于新时代周边外交而言极具挑战性。着眼于立体、多元、跨越时空的视角，中国周边外交的对象自然是其周边邻近的国家和地区，但这又是一个具有一定历史性、社会性与变动性的范畴，而并非一个固定不变的地理范围。历史地看，明朝时期的中国和俄罗斯甚至还不是邻国，其时源于欧洲的民族国家体系（威斯特伐利亚体系）也未扩展至亚洲。晚清直至中华民国时期，中国周边则经历了一个普遍被殖民化的过程，只有日本、泰国和阿富汗尚在不同程度上保持着主权地位。当代众多周边民族国家的独立以及 1991 年苏联解体，在某种意义上或许还包括 1975 年锡金被并入印度、同年孟加拉国脱离巴基斯坦独立、2002 年东帝汶摆脱印度尼西亚统治而独立，都使中国的周边国家数量出现变化。此外，周边外交的范围和对象还与中国自身的观念、能力等主观性因素有关，所谓"大周边"外交战略即主要受此影响。

一、中国周边地区的概念和范围

（一）狭义与广义之辨

"周边"在某种意义上是当代中国特殊的外交地理概念，本研究立足于中国的这种主体性视角，首先把周边外交的客体即周边地区范畴确定下来。20世纪80年代后期，作为政治地理概念的"周边""周边环境"等词开始频繁出现在中国官方论述或比较正式的文献中。① 1988年，时任国务院总理李鹏在其所作的政府工作报告中指出，"中国一向重视同周边各国保持和发展睦邻关系，特别关心亚洲的和平与稳定"。这是"周边"一词首次出现在政府工作报告中，当时其范围包括蒙古国、朝鲜半岛、东盟以及南亚各国，但不包括日本和苏联（分别放在西方国家与超级大国部分另行论述）。作为世界上领土面积、人口规模等较大的民族国家之一，中国周边地区是一个复杂的政治地理概念，需要按照一定的空间层次划分来加以把握。如前所述，在不同历史时期中国的邻国数量是变动的，其中影响最大的一次当数1991年12月苏联解体，它基本奠定了中国在中亚方向上的邻国构成格局。而在东北亚方向上，未来朝韩关系以及可能的朝鲜半岛统一前景，也会对中国的邻国构成产生某种不确定影响。纵向地看，中国的崛起及其影响力的不断扩大，是"周边"概念的内涵及其范围不断扩展的根本原因，这在进入21世纪第二个十年里显得更加突出。但总体而言，中国周边地区是一个相对稳定的时空概念，它在某种意义上是一个建立在地缘基础之上的亚洲历史人文共同体，是一个外延并不十分清晰的国际交往空间。

狭义上的周边地区即"小周边"，一般涵盖中华人民共和国现有的14个陆上邻国、6个隔海相望的国家和5个位置靠近的国家。陆上邻国自辽宁鸭绿江口顺时针至广西北仑河口，包括朝鲜、俄罗斯、蒙古国、哈萨克斯坦、吉尔吉斯斯坦、塔吉克斯坦、阿富汗、巴基斯坦、印度、尼泊尔、不丹、缅甸、老挝和越南；而韩国、日本、菲律宾、马来西亚、文莱和印度尼西亚，则与中国隔海（黄海、东海、南海等）相望。另外，柬埔寨、泰国、孟加拉国、乌兹别克斯坦和土库曼斯坦则属于位置靠近的国家。这些国家在体量、政治制度、外交关系、经济社会发展水平以及文化传统等方面差异性极大，从而使中国成为世界上邻国最多、地缘环境最为复杂的大国。与之相比，美国仅有2个陆上邻国，印度有6个陆上邻国，只有俄罗斯的邻国数量与中国

---

① 钟飞腾：《"周边"概念与中国的对外战略》，载《外交评论》2011年第4期，第118页。

接近，但其多样性仍难以企及。中国的上述邻国除俄罗斯外均为亚洲国家，分属于东北亚（5个）、东南亚（9个）、南亚（6个）和中亚（5个）4个区域板块，其中又以东南亚数量最多。

广义上的周边地区即"大周边"，除上述彼此联系紧密的4个板块外，还包括传统上相对疏远一些的西亚和南太平洋（或大洋洲）两个板块，[①]这将使中国的周边国家数量在原有基础上又增加三十多个，由此背靠欧亚大陆、面向印太两洋的近邻国与远邻国合计有六十多个。[②]这六大板块所构成的大周边地区与亚太地区在很大程度上是重叠的，但前者不包括太平洋东岸的美洲国家。近年来，美国、澳大利亚、印度甚至日本、法国等国所极力宣扬或追随的"印太"概念，在地理范围上与中国大周边地区也存在很大程度上的重叠。[③]这种广义上的周边地区概念超越了传统的时空地理范围制约，其战略意义与政策价值受到各方越来越多的重视，但在操作层面上与狭义上的周边地区相比仍然存在若干不足。不过，着眼于当前中国特色大国外交特别是周边外交的实践需要和发展趋势，国内学术界越来越倾向于采取大周边视域，以适应中国不断拓展的周边地区海外利益与区域影响力需要。[④]作为一个动态发展和维度综合的概念，中国大周边地区类似于一个以中国为圆心放射出去的同心圆结构（即"圈层周边"），对其地理范畴的界定与学术应用应当允许一定程度的弹性解读。在这个意义上，周边国家的范畴已突破单纯的地缘关系而上升至战略层面，即不局限于与中国接壤或隔海相望等地理毗邻的国家，那些对于中国的安全与发展具有重要影响的非毗邻域国家也被囊括到中

[①] 参见陈向阳：《应对"周边"六板块》，载《瞭望》2010年第34期，第59页；石源华、祁怀高：《中国周边国家概览》，世界知识出版社2017年版，第1—3页。

[②] 国内学术界关于"小周边"与"大周边"的界定有不同看法，其中复旦大学石源华教授认为，前者应包括俄罗斯与东北亚、东南亚、南亚、中亚诸国以及美国，共28国，后者则超越传统的地理范围界限，涉及与中国海上、陆上有相同战略利益需求的国家和地区，包括西亚和南太地区在内计64国。参见石源华：《中国周边学与周边区域合作》，载《世界知识》2019年第21期，第72页。

[③] 2019年5月，法国国防部发表了《法国与印太安全》报告，其积极介入地区事务的印太战略轮廓显现。参见李益波：《法国也出台了"印太战略"》，载《世界知识》2019年第13期，第36页。

[④] 参见《现代国际关系》2013年第10期关于中国周边战略的专题研讨。其中，季志业：《中国经营大周边亟需"顶层设计"》，第1—2页；袁鹏：《关于新时期中国大周边战略的思考》，第30—32页。

国周边的范围内。① 但需要注意的是，中国外交话语中的"大周边"概念，与西方国际关系理论中的"周边"概念存在重大差异。中国的周边外交并不存在所谓的权力"中心论"，而是以中国为对外交往的立足点，将某种意义上"接壤"的国家和地区看作相对的周边，彼此之间是平等合作而非依附与被依附的关系。简言之，目前国内越来越流行的"大周边"概念在以往所强调的陆疆、海疆基础上，将一些相近地区更大范围内的国家也涵盖进来，反映了中国周边战略视野与时俱进与开拓进取——除了传统的亚太战略外，还应当进一步构建和完善新时代的印度洋战略和南太平洋战略，通过更好地经略和强化这些区域的合作，对冲美国等其他大国"印太战略"对中国构成的消极影响。②

在中国官方的周边外交话语体系里，大周边与小周边依据中国外交议程的轻重缓急得到了统筹谋划与交替使用，并体现在中国的双边交往与区域多边制度倡议中。例如，近年来中国与海湾阿拉伯国家合作委员会（GCC）推进自贸区建设、与南太平洋岛国加强各领域合作，均反映了中国大周边外交的新进展。③ 如果就安全挑战的来源和影响而言，小周边地区无疑更为直接，可将其定位为中国周边外交的基本着眼点。但就其战略性意义而言，大周边地区则更为根本和长远；它与未来中国自身利益向外拓展的逻辑和趋势相一致，也为当下中国周边外交所主动谋划，并在实践层面朝着这一更大战略空间积极进取，不断突破那些主要由霸权国家所施加的对中国地区行为能力的限制。与新时代中国特色大国外交的架构体系相适应，中国的周边外交战略

---

① 祁怀高：《中国崛起背景下的周边安全与周边外交》，中华书局 2014 年版，第 4 页；陈积敏：《中国周边外交战略新布局》，载《学习时报》2016 年 10 月 3 日，第 A2 版。

② 张君荣：《新时期中国大周边外交的内涵与边界》，载《中国社会科学报》2014 年 9 月 26 日，第 A01 版。

③ 在大周边外交中，中国日益深入地参与南太事务，并在其中发挥更大区域影响力；2014 年 11 月，习近平主席赴布里斯班出席二十国集团领导人峰会，对斐济进行国事访问并同太平洋建交岛国领导人举行集体会晤；2018 年 11 月，习近平主席赴莫尔兹比港出席 APEC 领导人非正式会议，访问巴布亚新几内亚并再次同建交太平洋岛国领导人集体会晤。对于中国而言，南太平洋地区可发挥"经济伙伴""政治依托""安全保障"等战略作用。越来越多该地区国家选择与中国建交，最新的进展是 2019 年 9 月所罗门群岛决定与中国建交。参见徐秀军：《中国发展南太平洋地区关系的外交战略》，载《太平洋学报》2014 年第 11 期，第 16 页；Jian Yang, Pacific Islands in China's Grand Strategy: Small States, Big Games. New York：Palgrave Macmillan, 2011, pp. 127 - 141.

将不断超越传统的"小周边"外交,从而获得更大范围内的地区话语权与影响力。就具体的策略方向而言,中国周边外交需要东西兼顾、海陆并重与"点"(重点国别层面)、"面"(区域整体层面)结合,通盘考虑在各个板块所面对的主要议题、目标与挑战,从而保持基本战略取向的统一性与政策运用的灵活多样性。总的来看,随着近年来中国周边外交的不断创新发展,周边地区的弹性外延在很大程度上反映了中国所拥有的日益增强的外交自信与能力。

(二)向"大周边"的拓展符合中国成长的需要

如果根据物质性的实力标准来进行划分,中国大周边国家主要包括以下几种类型:(1)少数地区性大国,如俄罗斯、日本、印度等;(2)一些中等国家,如韩国、印度尼西亚、越南、澳大利亚、巴基斯坦、哈萨克斯坦、伊朗等;(3)数量较多的小国,如文莱、老挝、柬埔寨、尼泊尔、不丹、塔吉克斯坦、吉尔吉斯斯坦、蒙古国等。通常来看,地区大国和中等国家的国际行为能力相对较强,某种意义上所拥有的区域影响力或话语权相对较大,在区域公共产品供给体系中所承担的角色地位较为突出,因此在周边外交中需要予以特别重视。[1] 在中国大周边地区,首先是美国、俄罗斯、日本、印度等大国在不同方向上复杂互动,试图维护和扩大在区域事务及相关多边机制中的影响力与话语权。对此中国积极维护与追求自身合理的安全与发展利益,其国际行为具有一贯的建设性、负责任、重道义等突出特点。作为一个发展中的社会主义大国,在相当长的历史时期内中国的战略利益仍主要集中于大周边地区。尤其是维护国家安全、主权和领土完整,遏制分裂势力的外部勾连,都首先需要在大周边地区展开。因此,中国亟须突破影响力投送的"短板"或"瓶颈",在实现从"小周边"到"大周边"战略拓展的基础上,向

---

① 就中等强国而言,韩国是这方面比较典型的例子——对于中国周边战略而言,韩国在地区安全、贸易及金融安排等方面都是一个重要角色。从韩国角度看,随着中国实力的增长,中美之间的紧张关系很可能会进一步加剧;如何应对地区秩序的变化,在崛起的中国与美国之间保持某种平衡,对韩国而言极具挑战。参见 Dong Ryul Lee, China's Perception of and Strategy for the Middle Powers. In Sook Jong Lee(eds), Transforming Global Governance with Middle Power Diplomacy. New York: Palgrave Macmillan, 2016, p. 61; Aekyung Kim, Jiyoung Kim, China's Aggressive "Periphery Diplomacy" and South Korean Perspectives. The Pacific Review, Vol. 31, Iss. 2, 2018, p. 267.

全球辐射更为全面的影响力。从逻辑上看，大周边是中国从地区大国成长为世界大国所不可逾越的环节与必经之地。纵观近代国际关系史上相关大国的成功崛起与地位维持，都离不开一定的区域战略依托。就发展利益而言，中国开放型经济的持续、稳定与健康发展，离不开大周边地区广阔的资源、市场与投资场所。尤其是中国经济社会发展所需的能源来源及其战略通道，也需要着眼于大周边地区海陆不同方向上加以统筹谋划，例如，中国与俄罗斯、中亚国家、巴基斯坦、缅甸等国卓有成效的油气及运输合作，从而最大限度地实现多元化保障。

2017 年特朗普政府上台后强调"美国优先"，并从全球及地区治理中明显退缩——包括 2017 年正式宣布退出"跨太平洋伙伴关系协定"（TPP）、一再要求其地区盟友承担更多责任，这在客观上反而为中国在大周边地区发挥更大作用提供了契机。包括本地区国家在内的国际社会对于中国进一步承担国际责任、增加区域公共产品供给产生了更高期待，周边地区在某种意义上成为中国外交新理念的先行先试之地。针对不同类型的公共产品，中国有必要依据目前自身的能力，把握好各类公共产品供给的可能性、可行性与可持续性。尽管美国在构建全球自由贸易制度方面有退出的迹象，但是目前中国尚不具备接替美国提供全球自由贸易制度建立这一公共产品的能力。中国应以提供区域公共产品为主，把精力主要放在区域内贸易投资自由化和便利化制度安排上，加快完成 RCEP 谈判。① 现阶段多边化区域主义的发展仍处在调整期，并表现为区域贸易安排（RTAs）范围不断扩大、内容逐渐深化、主导力量缺失以及亚太地区核心地位凸显。短期内多边化区域主义的发展取决于域内成员方的博弈，中国需要把握美国暂时缺席多边化区域贸易平台建设的机遇期，立足"一带一路"建设，加速推进 RCEP 谈判，从而促进多边化区域主义发展，重构全球贸易新规则。② 亚太多边化区域贸易平台的主导权关系到中美两国在未来多边贸易体系规则构建中的话语权，虽然美国退出 TPP

---

① 赵江林：《中国为什么不挑战现有国际秩序——新秩序观与国际公共产品贡献方向》，载《人民论坛·学术前沿》2017 年第 4 期，第 44 页。

② 张彬等：《多边化区域主义的新发展与中国的对策选择》，载《亚太经济》2017 年第 5 期，第 5 页。

结束了中美两国主导巨型 RTA 进行"双轨竞争"的格局，但是美国不会长期缺席亚太多边化区域贸易平台建设，中美就多边化区域贸易平台主导权的博弈会长期存在。作为实力相对上升的一方，中国经济规模上升较快，但整合区域能力仍需要持续提升，并进一步完善区域公共产品供给能力。FTAAP 是未来亚太多边化区域贸易平台建设的终极性目标，美国会对中国推动的 RCEP 谈判和 FTAAP 筹建进行牵绊。对此中国应把握契机，通过促进国内改革和制度建设提高区域整合能力等手段，促成 RCEP 协议尽快签署并部署 FTAAP 谈判的前期准备。① 就新时代对外经济战略而言，中国需要主动对接高标准国际经贸规则，推动多边、双边高标准自贸区建设，实现高水平开放。其中，由于与国际贸易竞争议题重要性相匹配的国际竞争规则在多边化的过程中陷入僵局，出现了从多边协调走向区域化构建的演进趋势。中国需要在引领国际竞争规则体系重塑的进程中，扭转发展中国家话语权不足的问题，矫正现有国际竞争规则的异化，加强国内法治与国际规则的"共益性法治互动"，在国际竞争规则重塑的进程中凸显话语权、发挥领导力。②

中国一再展示与周边国家守望相助、分享发展机遇的明确而真诚意愿，并以实际行动把"中国梦"与"亚洲梦"有机连接起来，在构建人类命运共同体的总体目标下不断拓展周边外交的内涵与外延。着眼于中国特色的外交转型与制度创新，近年来在国家层面上顶层设计与协调得到加强，外交机构的职能也在发生调整和转型。就相关机构职能来看，与上述中国周边的东北亚、东南亚、南亚、中亚、西亚与南太平洋等区域国家之间的合作交往，分别涉及中国外交部亚洲司、欧亚司、北美大洋洲司、西亚北非司等多个地区业务司，以及国家发展改革委、商务部、国防部、财政部、生态环境部、公安部、文化和旅游部、国家国际发展合作署等多个国务院相关组成部门或直属机构。就内在机理而言，国际公共产品终归需要在一国内部设计和生产，

---

① 杨勇：《中美对亚太多边化区域贸易平台主导权的争夺》，载《武汉大学学报》（哲学社会科学版）2019 年第 3 期，第 16 页。

② 王秋雯：《国际竞争规则重塑进程中的中国话语权构建》，载《当代世界与社会主义》2019 年第 4 期，第 139 页。

这就需要国内各相关政府主体（在某种意义上也包括一些地方政府）加强政策协调与联动，进一步激发新时代周边外交的内源性创新潜力与活力。① 就主动对外拓展安全与发展利益而言，近年来国内学者主要形成了"海上突破""积极西进""立足国内""外围拓展"四种主要的周边外交思路，可以在顶层设计与政策体系上对它们加以整合，使之相互配合与支撑。②

二、周边地区的多维审视

（一）鉴古知今，中国与周边地区关系的历史性重塑

中国传统上有着很强的地区观念或者某种"天下观"，自汉朝直至晚清的很长历史时期里，中国周边形成了在世界上独具特色的华夷秩序，其中尤以明清两朝最为典型。这一亚洲秩序以中国封建王朝为地区国际体系中心，以朝贡制度为主要纽带和互动形式，主要涵盖当今东北亚、东南亚、南亚和中亚一些国家；其中，中国是该地区的主导力量和区域公共产品的主要提供者。在这种朝贡体系下，中国秉持"以德怀远""厚往薄来"的原则处理与周边政权的关系，为本地区提供了相对稳定的政治秩序以及有保障的贸易往来、文化交流等区域公共产品。尤其在中国与朝鲜、越南、日本、琉球（今日本冲绳）这些东亚国家之间，自明朝建立至第一次鸦片战争朝贡制度开始瓦解，除仅有的几场战争外，总体而言维持了长期的和平。例如，明太祖朱元璋在《皇明祖训》中宣布将朝鲜、日本、琉球、安南（今越南北部）、暹罗（今泰国）、真腊（今柬埔寨）等15个周边政权列为"不征之国"；明成祖朱棣则对暹罗干涉侵略满剌加（今马来西亚马六甲一带）加以制止，在某种意义上发挥了地区争端仲裁者和秩序维护者的角色。历史地看，周边区域行为体对政治安全公共产品的认知与需求受到文化认同（是

---

① 地方政府层级的对外交往合作，可以从经济、社会领域的机制入手对国家决策产生影响，从而发挥防止冲突与建设和平的独特作用。参见 Mark Henderson, Tier 2 Diplomacy: Local Government Cooperation Amid Tensions in the South China Sea. In Jonathan Spangler, etc., (eds), Enterprises, Localities, People, and Policy in the South China Sea. Cham: Palgrave Macmillan, 2018, p. 97.

② 祁怀高、石源华：《中国的周边安全挑战与大周边外交战略》，载《世界经济与政治》2013年第6期，第25页。

否尊崇儒家）与战略信任（是否担心被入侵）两个因素的影响，而周边区域行为体对经贸领域公共产品的需求则在后期更多地受到域外成员（如 16 世纪以后的葡萄牙、西班牙、荷兰和英国等）竞争性提供区域公共产品的深刻影响。①

晚清以降，中法战争、甲午中日战争标志着华夷秩序逐渐走向解体，中国与周边各国大都经历了一个殖民地或半殖民地的过程。清王朝或中华民国时期自保尚有困难，更无力经营周边，自然难以系统性地提供有规模的区域公共产品。即便如此，在第二次世界大战期间及战后初期，中国国民政府还是对韩国、缅甸、印度、越南等亚洲地区的民族独立运动予以了某种同情或支持。② 中华人民共和国成立后，受制于自身实力、全球"冷战"格局以及两大阵营的对峙，在政治和军事上很长一段时期处于防御性态势，建交国数量也很有限，周边交往主要局限于少数邻国尤其是陆地邻国，它们主要是社会主义或民族主义国家。在最初的几十年里，中华人民共和国对亚洲地区尤其是东南亚民族解放运动给予了力所能及的支持。随着国际格局变化以及中国对外战略的调整，至 20 世纪 70 年代中期，中美关系正常化进程得到历史性推动，中国与马来西亚、菲律宾、泰国等东盟老成员国的关系出现重大突破，为中国从"革命外交"向"发展外交"过渡准备了外部条件。改革开放以来，周边地区被赋予更多的经济意义，并很快成为中国对外开放的重要对象，为中国发展外向型经济输入了资金、技术等要素。"冷战"结束后，中国与除不丹以外的所有邻国都建立了外交关系，周边外交架构至此最终搭建起来。③

周边国家与中华人民共和国建交情况见表 1 – 1。

---

① 赵思洋：《周边需求的视角：古代东亚体系中的区域公共产品》，载《当代亚太》2019 年第 2 期，第 41 页。

② 左双文、刘杉：《国民政府战时对缅关系及对印缅民族独立运动的关注》，载《社会科学研究》2018 年第 5 期，第 153 页。

③ 参见《中华人民共和国与各国建立外交关系日期简表》，2019 年 9 月 26 日，载 https：//www.fmprc.gov.cn/web/ziliao_674904/2193_674977/。

表 1 –1　周边国家与中华人民共和国建交情况（按时间顺序）

时间段	建交国名	建交时间
第一次建交高潮 （8 国）	俄罗斯（苏联）	1949 年 10 月
	朝鲜	1949 年 10 月
	蒙古国	1949 年 10 月
	越南	1950 年 1 月
	印度	1950 年 4 月
	印度尼西亚 *	1950 年 4 月
	缅甸	1950 年 6 月
	巴基斯坦	1951 年 5 月
第二次建交高潮 （4 国）	阿富汗	1955 年 1 月
	尼泊尔	1955 年 8 月
	柬埔寨	1958 年 7 月
	老挝	1961 年 4 月
第三次建交高潮 （5 国）	日本	1972 年 9 月
	马来西亚	1974 年 5 月
	菲律宾	1975 年 6 月
	泰国	1975 年 7 月
	孟加拉国	1975 年 10 月
"冷战"结束后 （7 国）	文莱	1991 年 9 月
	乌兹别克斯坦	1992 年 1 月
	哈萨克斯坦	1992 年 1 月
	塔吉克斯坦	1992 年 1 月
	吉尔吉斯斯坦	1992 年 1 月
	土库曼斯坦	1992 年 1 月
	韩国	1992 年 8 月

* 印度尼西亚与中国在 1967 年 10 月至 1990 年 8 月期间断交。

　　在世界现行的主权国家体系下，当今中国的大周边外交所要追求的战略及政策目标根本不同于古代中原王朝，甚至与改革开放前的阶段也存在较大差异。美国等一些国家以"一带一路"倡议与南中国海问题为借口,质疑中国崛起后将追求重回东亚支配者地位。而事实上,"一带一路"倡议并非以控制与掠夺为取向的西方传统"霸道"的复制,而是一种"互利共荣"的现代实践。中国的崛起不会对任何周边国家构成威胁,在南中国海问题上中国与东盟相关国家合作,共同提供有利于地区秩序稳定的公共产品(如制订中的《南海行为准则》、海洋科研、气象服务等)。纵观之,今天中国处理与外部世界关系仍然可以从一些传统的周边关系理念中汲取有益的成分,例如,包含"内圣外王""修己安人""仁义至上"等理念。传统上中国对于周边藩属更多地强调自身的吸引力与感召力,而很少使用"霸道"所推崇的武力压服,这类似于今天国际关系中对文化等软实力的运用。这一历史视野对于目前中国确立恰当的区域公共产品供给理念和模式,在实施过程中做到"有所为有所不为",并以此推动周边外交的转型升级,仍然具有很大的启发意义。当然,在古为今用时要扬弃传统周边关系模式中与时代主流价值不符的部分,以新型区域公共产品供给为杠杆,重塑中华民族伟大复兴背景下的周边外交新范式。当前的周边关系结构总体上正朝着中国综合实力优势更加突出的方向发展,正所谓"树大招风"或"成长的烦恼",中国所面临的地区矛盾与挑战会进一步凸显。事实上,周边国家不乏一些对中国复活某种朝贡体系、所谓"一带一路"倡议是中国版"马歇尔计划"的疑虑,认为这是中国在亚洲试图重获地缘政治支配地位、建立以自己为中心的地区秩序的一项大战略,担心因此在经济、政治或安全层面受到中国控制。[①] 对此,中国有必要充分评估和冷静看待周边国家尤其是中小国家对于中国快速崛起所产生的某种担忧或心理失衡,积极采取有助于增信释疑的措施,真正做到"国之交在于民相亲,民相亲在于心相通"。立足于地区现实,从亚洲各国的传统中挖掘和提炼共识,培育彼此分享的现代亚洲认同,对于中国在构建命运共同体基础上进一步加强观念性公共产品的供给提出了更高要求。在具体层面

① 参见金玲:《"一带一路":中国的马歇尔计划?》,载《国际问题研究》2015 年第 1 期,第 88 页;顾强:《积极变化与疑虑并存:越南对"一带一路"认知之变迁与对策思考》,载《云南民族大学学报》(哲学社会科学版)2018 年第 4 期,第 18 页;Abanti Bhattacharya, Conceptualizing the Silk Road Initiative in China's Periphery Policy. East Asia, Vol. 33, Iss. 4, 2016, p. 309.

上，命运共同体是一种具有高度政治共识和稳定合作预期、能够经受一定程度压力考验的关系，其成员通常不会把向对方施压以获取利益作为优先的政策手段。命运共同体建设高度契合了中国既定的和平发展道路，它既是提升中国与周边国家合作水平的重要方略，也是周边外交的重要目标，与亚太地区长期的和平、稳定与繁荣前景具有高度的内在一致性。[①]

（二）周边地区之于中国的地缘政治经济意义

从地缘政治经济的视角看，亚太地区日益成为 21 世纪全球新的战略重心，但热点和潜在冲突问题又比较集中，甚至存在某些全球典型的安全困境问题。目前，中国周边地区的大国博弈、核扩散、恐怖主义、军备竞赛等安全风险仍然比较突出，双边军事同盟体系依然占据亚太地区安全架构核心，区域整合趋势与碎片化现象都在并行不悖地发展，这对于中国供给区域安全公共产品构成了巨大挑战。近年来，美国在国家安全和地区战略中重提大国战略竞争，突出与中国在经济、安全、制度与秩序的矛盾，并将同盟体系视为与中国展开战略竞争的重要支柱。[②] 尤其是中国走向海洋强国的地缘政治环境十分复杂，在东南方向采取积极应对措施、进一步加强风险管控的必要性特别突出。当前，日本、印度等周边大国对地缘政治问题依然特别关切，中国在坚持和完善自身即将形成的海权强国地缘政治身份的同时，需要积极引领地缘政治与全球及区域治理的结合。[③] 其中，如何在发展和完善现有多边机制的基础上，推动构建地区安全共同体，应当成为区域安全公共产品体系的努力目标与发展方向。为此，中国倡导共同、综合、合作、可持续的亚洲安全观，并开展了一系列第一轨道和第二轨道的外交活动。[④] 而在地区经济一体化问题上，分别由不同相关方倡议的跨太平洋伙伴关系协定（TPP）、

[①] 周方银：《中国周边环境与周边外交的战略选择》，载《当代世界》2016 年第 10 期，第 13 页。

[②] 李晨：《中国与美国亚太同盟体系的共同演化》，载《中国军事科学》2018 年第 4 期，第 32 页。

[③] 杜哲元、梅然：《论中国外交话语体系中的"地缘政治"》，载《东北亚论坛》2019 年第 1 期，第 21 页。

[④] 所谓第一轨道外交，是指国家与国家之间的官方外交；第二轨道外交则是一种非官方的外交活动，其主体往往是学者、退休官员、公众人物等。参见 William D. Davidson and Joseph V. Montville, Foreign Policy According to Freud. Foreign Policy, No. 45, 1981, pp. 145 – 157.

区域全面经济伙伴关系（RCEP）等多边安排之间存在较大分歧和竞争性，它们为亚太自由贸易和投资的前景增加了一些不确定性。这是中国在供给区域经济公共产品时所必须要考虑的，以便更准确地评估和设计兼顾自身根本利益与地区一体化深入发展所需的新型高质量区域公共产品。如果着眼于全球、地区及国家等立体层次的考量，全球权力转移、地区结构性矛盾、一些亚洲国家较为高涨的民族主义，以及南中国海、中印边界、钓鱼岛问题等具体的主权争端，都会为中国的周边外交带来某些不确定性影响。为此有必要深入研究各国内部政治社会发展与转型趋势，在供给区域公共产品及开展相关合作时，更好地做到"知己知彼"、精准投放和风险应对。

基于周边地区是中国赖以成长的战略空间，与周边环境如何积极互动、相互塑造，既是一个物质性过程，也是一个社会化过程。中国与周边环境之间在输入输出物质性要素的同时，也存在一个彼此认知调适、分享规范和身份塑造的问题。在周边地区经济与政治问题、传统与非传统安全问题的综合治理过程中，加强沟通对话与政策协调，在追求自身利益的同时兼顾他国合理关切，才能更好地解决包括边界争端在内的棘手问题，最终彼此朝着伙伴关系而非对手或敌人方向发展。例如，"冷战"后中国与俄罗斯、中亚相关国家在互信基础上解决了彼此间的边界问题，并于 2001 年 6 月发起成立了上海合作组织（SCO），至今已发展成为亚欧地区包括 8 个正式成员国在内的重要综合性区域组织。它所倡导的以"互信、互利、平等、协商、尊重多样文明、谋求共同发展"为基本内容的"上海精神"，已成为指导本地区构建新型国际关系的重要理念。在欧亚大陆腹地这一方向上，相关成员国确保彼此行为的可预期性与可信赖性，它为中国的区域公共产品供给提供了可以借助的最重要多边平台之一。① 一般地，区域合作的根本目的是获取充足而高效的区域公共产品供应，以保障整个区域以及域内各成员共同利益的最优化，

---

① 苏联解体 20 多年来，随着在中亚影响力的不断上升，中国在某种意义上重塑了该地区的力量平衡。参见 Thierry Kellner, China's Rise in Central Asia: The Dragon Enters the Heart of Eurasia. In Bart Dessein (eds), Interpreting China as a Regional and Global Power. London: Palgrave Macmillan, 2014, p. 216.

使该区域逐步作为一个整体来应对域内外日益复杂的威胁与挑战。① 在与东亚地区合作过程中，中国扮演了一个有助于地区稳定与发展的建设性与利他倾向的角色，并为此不断提出相关倡议且积极付诸实施。例如，参与缅甸和平进程、主张朝鲜半岛问题和平解决、推动亚太自贸区建设以及倡导亚洲文明对话等。当前全球和地区层面的治理面临着比较严重的结构性挑战，国际安全、贸易与投资、气候变化等领域的一些集体行动难以达成，亟须解决信任赤字、合作障碍和发展制约等国际公共问题。这一方面在某种意义上为中国发挥更大引领作用、进一步确立大国角色提供了历史契机，但另一方面也对中国的国际公共产品供给能力提出了更高要求。

习近平总书记在 2018 年 12 月召开的中央经济工作会议上强调，"我国发展仍处于并将长期处于重要战略机遇期"。② 所谓"重要战略机遇期"，主要是指由一国内外部各种因素综合形成的、能为该国提供实现某一特定战略目标所必需的重大机遇，并对该国发展产生全局性、长远性、决定性影响的某一特定历史时期。③ 尽管受大国关系影响，中国与周边国家的关系会出现一些重大的新议题与新挑战，但应当以战略定力、耐心与辩证思维来看待外部条件和环境变化。在周边地区，包括中国在内的新兴市场国家和发展中国家正在群体性崛起，全球治理体系变革已成为涉及各方利益的根本问题。在继续坚持和平发展的大前提下，中国从不回避与周边国家之间存在的某些分歧与争端，也不允许个别国家挑战自己的主权、安全与发展等核心利益。中国主动塑造地区环境的能力显著增强，正在向具有更高自信与责任感的堂堂正正的大国外交历史性回归。着眼于大周边地区，中国奉行的仍然是"不称霸、不搞扩张"的防御性防务政策，它在谋求自身安全的同时也充分考虑和尊重他国的安全。作为第一个加入《东南亚友好合作条约》（TAC）的域外大国以及唯一承诺不首先使用核武器的联合国安理会常任理事国，中国在处

---

① 张英英：《东亚制度性区域公共产品供给模式与路径构建》，山东大学 2012 年国际政治专业硕士学位论文，第 1 页。

② 《中央经济工作会议在北京举行，习近平李克强作重要讲话》，2018 年 12 月 21 日，载 http：//www.xinhuanet.com/politics/2018–12/21/c_1123887379.htm。

③ 刘元春：《认识把握我国发展的重要战略机遇期》，载《人民日报》2019 年 5 月 22 日，第 13 版。

理与周边国家领土争端时一贯坚持互谅互让、协商谈判而不是恃强凌弱。进入 21 世纪，中国先后与俄罗斯、吉尔吉斯斯坦、哈萨克斯坦、巴基斯坦、阿富汗、塔吉克斯坦等国签署了《睦邻友好合作条约》，缔结了《上海合作组织成员国长期睦邻友好合作条约》，并积极寻求与东盟签订同类条约。中国始终参与了东盟地区论坛（ARF）、亚信会议（CICA）、香格里拉对话（SLD）、东亚峰会（EAS）、东盟防长扩大会议（ADMM＋）等一系列旨在完善地区安全体系的机制，积极促成和明确那些有利于维护地区和平与安全的共同责任和共同规范。中国的军事现代化除针对外敌入侵和国家分裂等威胁外，也将为本地区带来更多区域安全公共产品，如介入地区冲突治理、保护和转移侨民、开展海上搜救、联合打击海盗等，从更多方面增进与周边国家安全上的相互信赖。同时，在战略机遇期中国还需要积极促进国际经济与国际政治之间的良性互动，防止一些国家尤其是个别大国基于单边主义和保护主义需要而企图使国家间的经贸、科技、人文等问题政治化，从而最大限度地使国家间的相互依存与合作关系免遭破坏。

三、周边地区是一个复杂的互动系统

（一）以整体性、联系性思维看待中国与周边国家关系

在国际关系研究中，复杂系统思维强调认识对象的复杂性、整体性、相关性、联系性和互动性，主张从系统全局的角度认识和把握问题。① 对于当前中国的大周边外交战略而言，尤其需要以整体性思维来看待和谋划与周边国家的关系，充分评估周边各个区域之间的联动性，拓展周边合作的深度与广度，妥善解决彼此存在联系的地区热点问题。在把自身发展深深嵌入全球化与区域一体化的时空背景下，当今中国周边地区的外缘实际上已大大扩展，与西亚、南太平洋国家的物理距离在某种意义上已经被前所未有地拉近；而长期和多维的物质性与社会性互动，更是在中国与周边国家之间形成了难以割裂的联系性与整体性。尤其在经济领域，周边大多数国家与中国存在紧密

---

① 王帆：《复杂系统思维的整体观与中国外交战略规划》，载《世界经济与政治》2013 年第 9 期，第 145 页。

的经贸关系，并越来越受益于中国经济的持续强劲增长。作为世界上首个以"进口"为主题的大型国家级展会，2018 年 11 月首届中国国际进口博览会（CIIE）在上海开幕，显示了中国主动向世界开放市场的诚意，也是中国为发展开放型经济、构建人类命运共同体提供的又一项国际公共产品力作；与此同时，首届虹桥国际经济论坛召开，为国际政商学界共商国际重大前沿问题、促进开放合作与互利共赢搭建了一个新平台。一方面，这种经济上的相互依赖关系往往成为彼此关系稳定的压舱石；另一方面，它在某些情况下又具有一定的复杂性和敏感性。尤其是随着中国企业大量走出去，对外投资并购活跃，也面临着较为突出的政治、法律和社会风险；特别是在一些新兴高科技领域，相关国家通常都对其交易进行严格审查。2017 年度，我国企业共在 49 个国家和地区实施完成并购项目 341 起，实际交易总额达 962 亿美元，其中直接投资为 212 亿美元。[1] 2018 年度，共实施完成并购项目 405 起，实际交易总额达 702.6 亿美元，其中直接投资为 274.5 亿美元。[2] 这些跨国并购项目中有相当一部分分布于中国大周边地区，如澳大利亚、日本、马来西亚等国。这也引起了相关国家一些人士对所谓"国家安全"的担忧，加之中国与周边一些国家的产业结构存在一定的竞争性，国际经济关系的政治化现象有所抬头。鉴于此，中国需要多措并举、积极应对，进一步挖掘与发挥自身在金融创新、新兴科技、产业体系、贸易规模等方面的比较优势，在维护国际金融秩序、制定行业标准、创新经济模式、完善区域贸易规则等领域作出更大贡献，推动地区内各国形成更大的利益交集与共识，并通过地区合作架构加以确认和保障，从而实现更高水平的地区互利共赢格局。

在当今国际政治体系中，亚太地区对于世界地缘政治而言具有极端重要性。"冷战"结束后尤其是进入 21 世纪第二个十年，地区体系在结构、制度和体系观念三个层面都在发生着转型，尤其是权势转移特点明显，主要力量之间的互动深刻影响着地区制度的塑造，秩序理念之争较为突出。随着中国成为

---

① 《商务部发布 2017 年度中国对外投资合作数据》，2018 年 1 月 16 日，载 http://coi.mofcom.gov.cn/article/y/gnxw/201801/20180102699371.shtml。

② 《商务部合作司负责人谈 2018 年全年对外投资合作情况》，2019 年 1 月 16 日，载 http://www.gov.cn/xinwen/2019-01/16/content_5358369.htm。

世界第二大经济体及其地缘影响力的不断上升，一些大国纷纷加大了对中国周边地区的战略投入，大国博弈更趋复杂。在这一背景下，中国周边外交需要着眼于新时代外交战略布局的优化，在争取实现中国与世界双赢的同时深耕周边，从更全面的维度夯实自身和平发展的地区依托。客观来看中国对地区和国际社会的融入程度越来越高，并日益成为亚洲地区多边制度的发起者与建设者，但在进一步深化的过程中也面临着一定的信任"瓶颈"。由于历史以及体制的不同，中国在本区域的实力投射要做到进退有度，还需要一段很长的调适过程，才能最终被视为区域的良性力量。[1] 鉴于此，寻求与域内外国家尤其是相关大国之间更高水平的良性互动，通过机制化的合作实现区域公共产品的多边稳定供给，是降低周边政策敏感性的有效路径。例如，近年来中国对巴布亚新几内亚等南太平洋岛国援助的增加，引起了澳大利亚等该地区传统供应国的不安。这主要是因为中澳两国的对外援助理念存在较大差异，以及澳方对中国的发展道路及南太平洋地区政策存在误解等，使得当前中国在南太平洋地区面临的外交环境比较复杂。从南太平洋地区开放的区域主义及满足相关岛国对于多样化援助的实际需求来看，中澳双方可就南太平洋地区事务建立对话或磋商机制，并在联合国、太平洋岛国论坛（PIF）以及"一带一路"等框架下探讨可行的合作路径。例如，通过中澳自贸区的建设与创新带动中国与南太平洋地区的合作，从共赢或各方社会福利的增加来看，甚至可以考虑将"一带一路"倡议与澳大利亚的国家基础设施发展计划（尤其是北澳地区）实现对接。[2]

（二）地区体系内的制度互动不断加强

多边制度既是区域公共产品供应的主要载体，本身也是一种非常重要的公共产品。在区域一体化过程中，相关制度引导并约束着区域供给的模式以及每一阶段区域公共产品供给的种类，推动区域合作走向机制化。多边制度

---

[1] 《社论：中国崛起挑战和机遇》，2019 年 10 月 2 日，载 http://www.zaobao.com/forum/editorial/story20191002 - 993737。

[2] 参见汪诗明：《开放的区域主义与中澳在南太平洋岛屿地区的合作》，载《国际问题研究》2019 年第 1 期，第 54 页；徐秀军：《中国的南太平洋外交环境日趋复杂》，载《世界知识》2018 年第 20 期，第 54 页。

框架在亚洲地区体系中呈不断扩展之势，一系列地区性国际组织和机制在政治、经济和安全等领域产生和不断发展，对于推动互利合作、应对安全环境的不确定性和塑造地区秩序发挥了基础性作用。地区体系是崛起中的大国权力与地位得以巩固和提升的重要根基，它不仅是国家实力，尤其是大国实力分配的场所，而且是塑造国家之间态度、观念和身份特征的"熔炉"。在这个意义上，地区体系是决定权力转移的动力与结果、形态与特征最为关键的层次。只有一个确立和保持着主体性的亚洲地区，以及在该地区建立更加可持续与更具建设性的地区秩序架构和制度安排，才能够真正发挥缓解权力转移困境，进而增加全球体系与大国关系稳定性的作用。随着"冷战"后亚洲地区体系的发展演进，中国日益积极地参与并融入地区多边制度框架下的互动，增进自身与地区共享的利益和规范，已成为多边合作进程的关键推手。[1]在不断加强的地区制度化进程中，中国周边外交需要紧紧把握制度建设这一基点，进一步推动经济领域与安全领域区域公共产品的正向互动与协调供给，使域内经济发展与地区安全相互促进；特别要推动地区安全机制构建，朝着均衡性、协调性方向优化地区多边制度框架，顺应经济和政治因素之间相互影响越来越密切的趋势。其中，上海合作组织自成立以来实现了区域安全公共产品的有效供给，并产生了积极的外溢效应，例如，通过"上合组织—阿富汗联络组"（SCO – Afghanistan Contact Group）参与阿富汗问题的解决。随着印度和巴基斯坦两国的加入，相关的区域安全公共产品供求关系出现新的调整。基于此，上合组织有必要进一步协调和对接成员国的共同安全需求，继续发挥中俄两国的主导作用，深化与域内其他安全机制之间的合作，进一步完善区域安全公共产品供给机制。[2]

　　在相互依存的时代背景下，亚太地区是当今世界最有代表性且彼此关系最为复杂的两个大国——中国和美国利益交汇的地区，两国的共处之道或互

---

① 参见［美］沈大伟：《演进中的亚洲地区体系》，载《外交评论》2005 年第 6 期，第 24 页；马荣久：《中美权力转移与亚洲地区体系》，载《当代亚太》2014 年第 1 期，第 21 页；马荣久：《中国在亚洲地区多边制度框架中的国家角色》，载《山东大学学报》（哲学社会科学版）2015 年第 5 期，第 35 页。

② 陈小鼎、王翠梅：《扩员后上合组织深化安全合作的路径选择》，载《世界经济与政治》2019 年第 3 期，第 108 页。

动模式对于本地区乃至全球的前景都会产生深远的影响,并直接关系到亚太各国的共同利益。迄今美国仍然是亚太安全体系的主导者,但其经济影响力正相对衰落;中国则凭借其日益强大的经济辐射力,以及准确把握时机、审慎推动合作的区域策略,在地区经济体系中的地位进一步突出。随着中国区域公共产品供给能力与结构的提升和优化,周边国家"经济上靠中国,安全上靠美国"的二元格局将逐渐改观。而在某种意义上,政治安全议题的凸显是周边地区战略利益重新调整的必然结果。相对于高敏感性的传统安全领域,相互依赖性更强的非传统安全领域是较容易的合作切入点,例如,2011 年湄公河流域执法安全合作机制的建立、东南亚海盗(涉及印度尼西亚、马来西亚、菲律宾等海域)问题的联合治理等。中国着力推动区域安全公共产品供给理念与模式创新,倡导共同、综合、合作、可持续的新型安全观。该安全观具有鲜明的时代性,其复杂系统特征在理论上超越了新现实主义、新自由主义和建构主义等西方主流理论范式,能够更好地引领周边地区安全体系的构建。[①] 在未来亚太安全新架构建设过程中,因彼此存在认知和具体利益上的差异,相关国家之间的竞争和摩擦难以完全避免。中国作为亚洲政治安全格局的核心力量,需要与周边国家进一步建立信任措施,推进预防性外交、实施战略再保障和完善竞争规则,加强矛盾管理、危机管理和冲突管理相关机制,以使本地区国家之间的安全互动更有规范可循,因而也更加可以预期。[②] 对于周边地区诸多中小国家而言,中国在周边外交中需要进一步掌握其政策偏好与行为逻辑,保持必要的战略审慎姿态,理解和包容其中一些国家在中国与美国、俄罗斯、印度等大国之间实行的平衡政策。[③]

(三)地区体系内的价值互动意义凸显

一个成功的区域公共产品供给者应当同时具备道义上的优势,它往往是

---

① 王亚军、韩传峰:《亚洲安全观的复杂系统论》,载《中国软科学》2017 年第 2 期,第 1 页。

② 翟崑:《突破中国崛起的周边制约》,载《国际展望》2014 年第 2 期,第 16 页。

③ 在这方面,东南亚国家的态度最有代表性——相当一部分该区域国家对于中国迅速崛起的认识比较复杂,而非单面向的机遇或威胁、欢迎或警惕。参见 Evelyn Goh, China's Power in the Regional Context (Ⅱ): Southeast Asia. In Jae Ho Chung (eds), Assessing China's Power. New York: Palgrave Macmillan, 2015, p. 207.

开放、包容、进步和负责任的，绝非世界近现代史上那些"要大炮不要黄油"的畸形发展的帝国——这样的强权只会让人"畏而不敬"，无法实现由"权力"向"权威"的逻辑转变。中华人民共和国成立 70 多年以来，中国人民的生存权和发展权得到了历史性提升，获得感、幸福感、安全感达到了前所未有的水平，对于美好生活的追求正不断变成现实，这种以人民为中心的发展理念对周边国家尤其是发展中国家带来了很大的触动。作为负责任的大国，中国的政策价值取向与行为模式逐渐向内外统一发展。习近平主席在第 70 届联合国大会一般性辩论时提出，"和平、发展、公平、正义、民主、自由"是全人类的共同价值思想。为此，中国努力提升包括亚洲在内的发展中国家的发展能力，长期在基础设施及教育、卫生、农业等领域向它们提供发展援助，在积极开展人道主义援助的同时绝不干涉他国内政，为维护世界和平与发展作出了重要贡献。① 在具体层面上，中国需要进一步关注自身不断上升的实力及其外部运用方式在周边地区所产生的社会性影响，提升在周边地区的软实力和国际威望，致力于成为一个"仁智大国"，② 为地区秩序建设发挥更积极的作用。一方面，中国在区域公共产品供给方面承担起更大责任，并以此作为参与全球产品供给的有力切入点、关键进阶点和重要抓手，逐步增加经验、理念、制度等非物质性区域公共产品的供给。另一方面，公共外交和对外传播对于塑造新时代国家形象具有特别意义，有助于从社会基础层面诠释"中国梦"与"亚洲梦"的相融相通，使命运共同体意识在周边国家落地生根。通过对彼此利益诉求、价值偏好的相互适应与学习，中国与周边国家进一步明确在区域公共产品供求中的权责关系，从而更好地解决利益冲突与平衡问题，发展和提升各种层次与侧重点的伙伴关系。

　　从国别比较的角度看，目前周边国家大都处于现代化进程中，国内治理

---

　　① 中华人民共和国国务院新闻办公室：《为人民谋幸福：新中国人权事业发展 70 年》，2019 年 9 月 22 日，载 http://www.scio.gov.cn/zfbps/32832/Document/1665072/1665072.htm。

　　② 客观地说，目前中国的发展及其影响仍主要在经济方面，世界仍处在长期"量变"过程中。面对巨大成就与历史机遇，中国需要树立大国风范，继续保持稳amp向上的良好发展态势。为应对世界的不确定性，要清晰认识到自身的不足，弥补与发达国家在各方面的差距，实现从粗放的经济大国向精致的"仁智大国"（即"仁"的社会、"智"的外交）的转变。参见王逸舟：《从"经济大国"到"仁智大国"》，载《中央社会主义学院学报》2019 年第 4 期，第 41 页。

体系和治理能力尚不成熟，治理的有效性与合法性往往面临某些深层挑战，政治社会结构仍存在较突出的不稳定因素。而中国的经济社会发展和治理模式、相关经验既属于自身软实力的重要构成，又可以在某种意义上成为区域公共产品，为那些国情相近的周边国家治国理政提供有益参考。"桃李不言，下自成蹊"，事实上中国发展经验和模式的吸引力正在不断上升。2016 年 4 月，受中国商务部委托，北京大学设立南南合作与发展学院（ISSCD）；2017 年 8 月，国务院发展研究中心又负责设立了中国国际发展知识中心（CIKD），与包括周边国家在内的各国共同研究和交流适合各自国情的发展理论与发展实践。在深层次上，中国开展国内治理和国际治理的逻辑是一致的。"改革开放以来的中国外交，实质上是国家现代化进程由内向外的延伸，其主要任务是为国家现代化创造有利的国际环境"。[1] 当前，国际结构的变化进入关键期，多种进程并存角力的局面仍将持续。在国际环境不断变化的过程中，中国既是亲历者，也是重要的推动力量。[2] 而国际公共产品的相当一部分是在国内设计、生产的，在这个意义上，可以把国际公共产品供给视为国内公共产品供给理念及思路的外部延伸。一个在区域合作与治理进程中具备较高参与能力并为之提供高水平区域公共产品的国家，在逻辑上也应当是一个国内公共产品供应水平较高的国家。目前中国的国内治理实践与全球及地区治理之间形成越来越多具有通约性的理念和手段，其所提供的国际公共产品也必将更具时代性、适用性与多样性。

第二节　国际公共产品理论视角的引入

如前所述，提升和完善区域公共产品供给是新形势下拓展中国周边外交的重要突破口，也是以"亲诚惠容"为核心的中国周边外交新理念的应有之义。对新时代中国周边外交的发展趋势与转型特点进行深入分析和展望，就

---

① 崔立如：《和平崛起：中国追求现代化的旅程》，载《现代国际关系》2012 年第 7 期，第 2 页。

② 王健、顾炜：《新中国外交 70 年的国际环境变化：分期、演变和动力》，载《国际关系研究》2019 年第 4 期，第 3 页。

需要借助于一定的理论分析视角或架构。国际政治经济互动是当代国际关系的典型特征和深刻机理，财富与权力之间的相互作用已成为推动国际进程的基本动力。为此，在对国际政治经济学（IPE）中的国际公共产品理论进行梳理的基础上，准确把握和运用其中的区域公共产品供给视角，将成为本书考量新时代中国周边外交内在运行机理的恰当理论工具。

一、国际公共产品理论源流

（一）从公共产品到国际公共产品的理论延伸

国际公共产品（或作"国际公共物品"）概念源于政治经济学中的公共产品理论，该理论把社会产品分为公共产品与私人产品，并用于分析一国内部政府与市场的关系、政府职能定位等基本问题。[①] 而所谓国际公共产品，则是在特定时期内由若干国际行为体单独或者合作提供、国际社会广泛使用与普遍受益的一切物品，如国际秩序、国际安全、国际机制、基础设施、跨国通信、公共卫生等。[②] 国际公共产品供给是全球化与全球治理背景下一种复杂的国际政治经济现象，对于世界的发展、稳定与安全具有深远影响，也是分析当前中国外交尤其是周边外交一种非常有益的理论视角。而要准确把握国际公共产品这一概念，就需要从源头上认识公共产品理论，并重点掌握其如何实现在国际关系或国际政治学领域的转化与应用拓展。

公共产品理论虽可溯源于欧洲古典自由主义思想家和经济学家大卫·休谟（David Hume）、亚当·斯密（Adam Smith）等人，但更直接的来源则是20世纪六七十年代美国学者保罗·萨缪尔森（Paul A. Samuelson）、曼瑟·奥尔森（Mancur Olson）等人对公共经济学的发展，最初与"公共（或集体）消费产品"概念有关。萨缪尔森在1954年发表的《公共支出的纯理论》一文中指出，作为一个与私人产品相对的概念，公共产品的本质特征是集体消

---

① 参见 Peter K. Else, Further Thoughts on Public Goods, Private Goods and Mixed Goods. Scottish Journal of Political Economy, Vol. 35, Iss. 2, p. 115, 1988；曹远征：《公共产品提供与政府经济管理职能改革研究》，载《财政研究》2013年第3期，第29页。

② 刘雨辰：《从参与者到倡导者：中国供给国际公共产品的身份变迁》，载《太平洋学报》2015年第9期，第76页。

费。个人对该产品的消费并不因别人同时消费而发生效用上的降低，或者说任何人对该产品的消费都无法排除其他个体的同时消费，也不影响其他人对该产品进行同等消费，即具有消费的非竞争性和受益的非排他性。① 最初公共产品理论仅限于一国范围内，用来界定一国政府为全体社会成员所提供的以满足公共需求的产品与劳务。鉴于私人缺乏供给公共产品的动力，供给的责任主体只能是该国政府；产品形式或外延则包括无形的国防、外交、法制、治安等公共秩序，以及有形的道路、桥梁、路标、灯塔等社会基础设施；供给的目的则是满足公共利益、优化社会资源配置和推动社会经济发展。奥尔森认为，集体中的任何一个人对该产品的消费都无法被有效阻止或排除，纯粹的公共产品并不会因人们的消费而导致他人对其消费的减少。总之，要深入理解公共产品理论，就需要把握公共产品供给的目的与方式、成本与收益之间的平衡，以及公共产品所具有的外部性问题——公共产品的生产与消费会对第三方产生何种效应。

作为公共产品概念在国际领域内的延伸和拓展，这一时期开始出现与国际公共产品接近的"国际集体产品"概念。奥尔森与理查德·泽克豪泽（Richard Zeckhauser）首次使用这一概念，并认为某种公共产品的供给是所有国际联盟得以成立的初衷或应有的功能；他们以"冷战"时期的北大西洋公约组织（NATO）为案例，分析了国家间共同维护安全的问题。② 奥尔森还把国际公共产品分为三大类：一是稳定的国际金融货币体系、完善的国际自由贸易体制、协调的国际宏观经济政策与标准化的度量衡；二是国际安全保障体系以及公海自由航行；三是国际经济援助体系。20 世纪 80 年代，美国学者托德·桑德勒（Todd Sandler）也使用了国际公共产品这一术语，并把它区分为纯国际公共产品和准国际公共产品两大类。在此基础上，后来又有学者把其进一步划分为纯粹公共产品、不纯粹公共产品、俱乐部产品和联产品等更为具体的类型。其中，纯粹的国际公共产品应当为国际社会所有成员所

---

① Paul A. Samuelson, The Pure Theory of Public Expenditure. The Review of Economics and Statistics, Vol. 36, No. 4, 1954, p. 387.

② Mancur Olson, Jr. and Richard Zeckhauser, An Economic Theory of Alliances, The Review of Economics and Statistics, Vol. 48, No. 3, 1966, pp. 266 – 279.

享用，这在国际关系实践中只占少数。所谓俱乐部产品，是指非竞争性消费的排他性公共产品；它需要通过一定的制度安排使俱乐部成员形成对产品的价值认知，并相应支付费用（即设立准入门槛），从而轻易地做到排他。而所谓联产品，则是指单个活动产生了两个或更多结果，这些结果的公共性特征并不相同。此外，公共资源在消费上具有竞争性但又难以有效地排他，也被视为一种不纯粹的公共产品。可见，在实践中国际公共产品常常并不具有完全的非排他性或非竞争性，而是会设计一定的门槛机制以创造和增加合作动机，同时避免或减少"搭便车"行为。

美国学者查尔斯·金德尔伯格（Charles Kindleberger）进一步把国际公共产品理论引入国际关系领域，用于分析近现代国际政治经济关系——例如，1929 年世界经济危机的成因，从而直接推动了国际政治经济学的学科发展。[1]另一新现实主义学者罗伯特·吉尔平（Robert Gilpin）则将这一概念纳入"霸权稳定论"的分析架构，显著扩大了国际公共产品理论在国际关系领域的学术与政策影响。该理论强调霸权国家与国际公共产品之间的内在联系，认为在政治、经济、军事和科技等方面占据绝对优势的霸权国家，通过向国际社会提供稳定的国际金融体制、开放的贸易体制、可靠的安全体制和有效的国际援助体系等国际公共产品，来获得体系内其他国家对由霸权国所建立的国际秩序的认同和支持，从而实现体系内的稳定与繁荣。[2] 学者们认为，近代只有英国和美国真正承担过这种产品供给者的角色，即所谓"不列颠治下的和平"（Pax Britannica）与"美利坚治下的和平"（Pax Americana）。就霸权与全球经济治理的关系而言，基于霸权收益与公共品供给均存在预算软约束等现实，通过建立博弈论模型的实证研究表明：霸权国相对实力越强大，越能以更低的成本获得霸权收益，实现国家利益的最大化；霸权国相对实力越强，越倾向于不断索取剩余效用，不劳而获的偏好越强烈；霸权国必将陷入公共品供给困境，效用衰减和霸权衰退难以避免，霸权国只有与其他大国

① Charles Kindleberger, Dominance and Leadership in the International Economy: Exploitation, Public Goods and Free Rides. International Studies Quarterly, Vol. 25, No. 2, 1981, pp. 242–254.

② 樊勇明：《区域性国际公共产品——解析区域合作的另一个理论视点》，载《世界经济与政治》2008 年第 1 期，第 8 页。

合作提供公共品才能维护全球经济治理体系的稳定。① 可见，国际公共产品的稳定供给是需要巨大成本的，随着边际成本递增而边际收益递减，以及"搭便车"现象的存在，霸权国的地位最终将走向衰退。邓肯·斯奈德尔（Duncan Snidal）、巴里·艾肯格林（Barry Eichengreen）等一些学者则补充认为，仅霸权国一国也不足以提供国际公共产品，在该体系下国际合作仍然必须且重要；霸权国的存在与国际政治经济体系稳定性之间的良性互动关系很难确定，只要参与国际集体行动的行为体数量足够少，这些国家就能够联合起来提供公共产品，反之则增加行动的难度。②

综上所述，国际公共产品一般用来指成本和获益超越一国边界、跨越不同民族的共享产品，如稳定的国际金融秩序、国际自由贸易、国际安全保障机制、区域合作机制、国际环境保护、国际疫病防控以及公海航行自由等；它们往往能够产生积极的外部效应，即具有正向的国际外部性。如果按部门领域划分，国际公共产品包括环境型、经济型、社会型以及制度型、基础设施型等众多类型。纯粹的国际公共产品也具有公用性即非排他性和非竞争性特点，因而不限制使用国家的数量，而且一国的使用不会造成别国的损失，因此容易产生"搭便车"问题——经济理性使每个使用者都希望别人付出成本，而不愿自己付出成本；因为无论其付费与否都不影响他对该产品的实际消费。而集体行动困境则是造成国际公共产品供给严重不足的主要原因，它的存在致使国际社会在全球治理和稳定秩序等方面难以开展有效协调和集体行动，③ 进而影响国际公共产品的可靠性和持久性。当然这一困境并非不可克服，在博弈中形成有效的国际制度安排——选择性激励、替代性制度设计和集体结构优化，能够通过重塑各国的成本—收益结构，使其选择供给的收益高于不供给时的收益，进而在具有异质性并承担不同角色的国家之间形成合意激励，促进国际公共品供给的实现。其中，亚投行、金砖国家开发银行

---

① 程永林、黄亮雄：《霸权衰退、公共品供给与全球经济治理》，载《世界经济与政治》2018年第5期，第131页。

② 强晓云：《从公共产品的视角看上海合作组织能源俱乐部发展前景》，载《上海商学院学报》2014年第6期，第50页。

③ 陈明宝、陈平：《国际公共产品供给视角下"一带一路"的合作机制构建》，载《广东社会科学》2015年第5期，第6—7页。

就是这一逻辑的很好例证，它们较好地解决了成员国的"搭便车"倾向和机会主义行为问题。①

（二）"冷战"后国际公共产品理论的发展与实践

20世纪90年代以来，随着全球化进程的不断深入和区域一体化的最新实践，国际公共产品又被进一步区分为全球性与区域性公共产品。从空间维度来说，国际公共产品可分为全球、区域、次区域、区域间等层次。其中，按照侧重经济学的解释，全球公共品是指那些具有很强跨国界外部性、能使不同地区的许多国家或全球所有国家受益、需要全球合作才能提供的货物、服务、资源、环境、规则和体制等。② 英吉·考尔（Inge Kaul）等学者对全球公共产品作出了较为完整的界定，认为消费中的公共性、决策中的公共性和净收益分配中的公共性构成了公共产品的三角结构，并将其进一步划分为全球自然共享物品、全球人造共享物品和全球条件三大类。③ 全球性问题的凸显和全球治理机制的内在缺陷，使得国际社会对于全球公共产品的需求趋于紧迫。进入21世纪，世界银行（WB）专家的研究报告指出，国际公共产品是那些具有实际跨国外部性的物品、资源、服务、规则系统或政策体制，它们对于发展和减贫意义重大；但只有通过发达国家与发展中国家之间的合作与集体行动，其供给才有可能得到保障。④

其中，作为一种较早形态的国际公共产品，对外援助旨在消除贫困和促进发展，在这方面西方国家和联合国开发计划署（UNDP）、世界银行、国际货币基金组织（IMF）、亚洲开发银行（ADB）等政府间国际机构是传统的提供者。由提供对外援助转向供给国际公共产品，反映了20世纪末以来国际社

---

① 参见李娟娟：《国际公共品供给中的集体行动逻辑》，载《理论与改革》2015年第3期，第79页；李娟娟、樊丽明：《金砖国家开发银行成立的经济学逻辑——基于国际公共品的视角》，载《中央财经大学学报》2015年第5期，第12页；李娟娟、樊丽明：《国际公共品供给何以成为可能——基于亚洲基础设施投资银行的分析》，载《经济学家》2015年第3期，第5页。

② 邱东、徐强：《全球公共品视角下的SNA》，载《统计研究》2004年第10期，第4页。

③ 参见［美］英吉·考尔等：《全球化之道——全球公共产品的提供与管理》，张春波、高静译，人民出版社2006年版，第21页；李新、席艳乐：《国际公共产品供给问题研究评述》，载《经济学动态》2011年第3期，第133页。

④ Development Committee, Poverty Reduction and Global Public Goods: Issues for the World Bank in Supporting Global Collection Action. Dc/2000 – 16, World Bank, Sep. 6, 2000.

会对于全球化和全球治理进程的更深入认识。全球经济的变化对开发合作机制产生了重要影响，出现了联合国"千年发展目标"（MDGs）等新的合作形式。[①] 一方面，全球化推动了全球范围内的资源配置与要素整合，大大加快了各国间的一体化进程；另一方面，全球化也伴随着碎片化、逆全球化等现象，如 21 世纪出现的国际金融危机、气候变化问题的博弈、欧洲民族主义的回潮、美国政府的贸易保护主义等。着眼于全球和区域治理的转型需要，传统的对外援助在有效性方面遇到挑战，难以满足新形势下受援国对于区域公共产品的迫切需求。只有从源头上完善国际公共产品的生产、供给与管理机制，才能够从根本上解决长期存在的供不应求问题。在供给的上游环节，能力较强的发达国家（如欧盟）与少数大国显然负有更大责任。理论上，在国际公共产品既有供应方与新兴供应方之间，通过协调与合作来促进供求关系的平衡，有利于稳定国际政治、经济与安全秩序。其中，中国在稳定国际经济和金融体系、提供对外援助、参加国际人道救援以及促进科技创新和进步等方面的成就产生了积极的外部效应，这在很大程度上增加了全球公共产品的供给量。例如，作为首批加入《日内瓦公约》及其附加议定书的国家，中国始终积极承担国际人道主义责任，先后为 100 多个国家提供人道主义援助，帮助它们渡过危机。尤其是中国坚持正确义利观，向发展中国家尤其是最不发达国家提供力所能及的帮助，包括搭建新型发展与合作平台、设立相关基金、建立金融机构、发放专项贷款等具体形式。随着近年来所倡导的新型公共产品不断涌现，中国已经从全球公共产品消费大国转向典型的供给大国。[②]

在国际社会无政府状态这一基本假定前提下，联合国等权威的国际组织对于国际公共产品的供给主要发挥协调与管理作用，其背后仍然离不开那些重要国家或国家集团的支持及资源投入。归根结底，全球公共产品的供应迄

① Meine Pieter van Dijk, From Development Aid to Fostering Global Public Goods: The Role of Institutions and Institutional Change. In G. M. Gómez, P. Knorringa (eds), Local Governance, Economic Development and Institutions. London: Palgrave Macmillan, 2016, p. 118.

② 曹德军：《中国外交转型与全球公共物品供给》，载《中国发展观察》2017 年第 5 期，第 33 页。

今仍主要由少数大国主导，并通过主权国家和相关国际组织来落实。有的学者从供给主体——国家外交决策的角度，来考察各国提供全球公共产品的不同方式。根据不同国家相关决策过程存在的差异，可以将全球公共产品供给区分为主动供给、被动供给和无意识供给三类；由于各国内在供给动机存在积极与否的差异，使得不同种类的公共产品供给在实践中表现出不同的外部特征。如果把国家特征、外交互动与国际观念同国际公共产品的特性结合起来，可以发现国家在一定条件下愿意为全球公共产品供给作出不同程度的贡献，而并非始终选择做"搭便车者"。[①] 2014 年 8 月，时任美国总统奥巴马在接受《纽约时报》专访时指责中国在中东等国际安全事务中一味"搭便车"，这明显违背了中国所扮演的国际角色以及中美关系的事实。[②] 事实上，在常见的国际威望策略中，一些国家为了取得某种国际领导地位或实现某种政策目标，也会主动供给公共产品以获取他国认同等非物质性收益。这在实践中会形成国际公共产品供给权的竞争现象，竞争者往往拥有各自的比较优势，它们在同一地理范围或问题领域内展开竞争，例如，有关大国在东南亚地区经济或安全领域展开的竞争。在当前国际权力结构发生重大调整的背景下，基于新时代中国的国际定位和外交战略目标，它将在推动全球及区域治理、加强国际公共产品供给以及促成相关集体行动等方面发挥更大作用。尤其是在亚太地区，中国与美国等其他大国之间的竞争目前仍主要是包容性的，竞争与合作并存是大国关系的常态；它并不必然导致冲突，除非在主客观因素共同作用下不可逆转地发展为与结构性矛盾有关的对抗性竞争。

二、区域公共产品理论及其实践价值

（一）区域公共产品理论顺应了区域一体化的发展需要

自 20 世纪末尤其是进入 21 世纪以来，区域性国际公共产品作为一个理论分支在国内外学术界得到了很大发展，如前述美国学者托德·桑德勒、拉

---

① 杨昊：《全球公共物品分类：外交决策的视角》，载《世界经济与政治》2015 年第 4 期，第 122 页。

② 《奥巴马指责中国"搭便车"30 年，歪曲中国贡献》，2014 年 9 月 10 日，载 http：// column. cankaoxiaoxi. com/g/2014/0910/491481. shtml。

维·坎布尔（Ravi Kanbur）、瑞典学者帕特里克·斯塔尔格林（Patrik Stalgren）、西班牙学者安东尼·安斯特瓦多道尔（Antoni Estevadeordal）以及中国学者樊勇明等所作出的突出学术贡献。① 学者们着眼于公共产品的外溢范围，认为区域公共产品一般是指只服务和适用于本地区、其成本又为域内国家所共同分担的国际性安排、机制或制度；因其利益仅惠及特定区域，从供给绩效看更容易接近最优供给水平。无论依靠霸权主导还是国际机制，全球公共产品供给在具体实践中都显得尤为困难。这是因为："搭便车"在全球治理环境中最为严重，全球性的超国家治理容易与国家主权产生冲突，参与主体过多导致治理效率低下，而若霸权国介入治理，则公共产品极可能被霸权国私物化，即"霸权国将原本应该服务于整个国际社会的公共产品变成为本国利益谋取私利的工具"。② 事实上，长期以来世界银行、国际货币基金组织等全球性公共产品被美国"私物化"的倾向明显，这促使一些区域的国际公共产品消费者们去达成较小规模的集体行动，以拓展更加符合本区域实际的国际公共产品来源。比较而言，霸权国供给国际公共产品往往着眼于全球，难以顾及区域的个性化偏好，无法充分满足区域国家的具体需求；而区域公共产品则具有匹配性强、对应性突出等优势，提高了公共产品在供给主体与消费主体之间的配置效率。

近年来，各种逆全球化因素正在挑战、侵蚀和削弱战后形成的全球公共产品供给体系，而多极化的发展客观上也使供给主体和来源更为多元，传统大国的地位受到挑战。在多边主义退却的地方，区域、俱乐部公共产品和国

---

① 从供给范围看，区域公共产品是仅适用于一定区域且由域内国家筹措、运营和管理的机制或制度，例如，托德·桑德勒所指出的区域公共产品"在更为有限的地理范围内产生了非竞争性和非排他性收益"。参见 Todd Sandler, Global and Regional Public Goods：A Prognosis for Collective Action. Fiscal Studies, Vol. 19, No. 3, 1998, pp. 221–247；Ravi Kanbur, The Future of Development Assistance：Common Pools and International Public Goods. Overseas Development Council, 1999, p. 106；Patrik Stalgren, Regional Public Goods and the Future of International Development Co - operation. A Review of the Literature on Regional Public Goods, EGDI Working Paper, Ministry for Foreign Affairs of Sweden, Stockholm, 2000；Antoni Estevadeordal et al., eds., Regional Public Goods：From Theory to Practice. Inter - American Development Bank, 2004, p. 1；樊勇明：《区域性国际公共产品——解析区域合作的另一个理论视点》，载《世界经济与政治》2008 年第 1 期，第 7 页。

② 樊勇明、薄思胜：《区域公共产品理论与实践——解读区域合作新视点》，上海人民出版社 2011 年版，第 23 页。

家战略可能需要补进。① 在全球公共产品供应严重不足以及存在"私物化"缺陷这一背景下，共同的利益需求将会驱使区域内国家或国家集团联合起来提供某些区域公共产品，如"10 + 3"框架内的东亚金融合作、上海合作组织框架下的反恐合作。增加区域公共产品由此成为实现全球公共产品增量的一个中间环节，客观上构成对后者的重要补充。例如，中国通过上海合作组织所提供的区域安全、经济等公共产品，有效地弥补了中亚地区国际公共产品不足的问题，为全球治理树立了新范本。今后，上海合作组织的主要发展模式应以安全合作为基础和主导方向，满足成员国在反恐等安全事务上的合理利益需求；并与以"发展对接"为共识的经济合作并行，同时注重人文合作的纽带作用，构建更紧密的"上合组织命运共同体"。②

中国学者樊勇明等人将区域公共产品与区域一体化理论的新发展结合起来，用来考量东亚等地区的一体化实践，研究内容涉及该地区的主要合作机制以及中国的路径选择。③ 他们认为，区域公共产品遵循公共产品融资活动中受益人支付原则，由相关国家共同提供而非由霸权国单独供给；区域公共产品外溢范围与受益地区边界相一致，涵盖范围较小，各国得到的收益和需付出的成本之间关系比较清晰，能够避免全球公共产品中普遍存在的"搭便车"现象。且其中一般不存在具有压倒性优势的国家，因而被某个大国"私物化"的可能性较小；即便在一些区域合作中大国占据主导地位，其权力运用也要受制于错综复杂的地缘政治经济关系。比较而言，区域公共产品能够直接反映区域内不同类型国家的需求，从而使相关机制和制度更为契合地区稳定和发展的需要。总之，区域公共产品建立在共同需求的基础上，并有赖于国家间的供给与合作动力来维系；共同利益的扩大使较小的行为体不致破坏其运行，从而在一定范围内产生非排他性和非竞争性收益。此外，区域公

---

① Harlan Grant Cohen, Multilateralism's Life Cycle. The American Journal of International Law, Vol. 112, No. 1, 2018, pp. 47 – 66.

② 曾向红、李孝天：《上海合作组织的安全合作及发展前景——以反恐合作为中心的考察》，载《外交评论》2018 年第 1 期，第 66 页。

③ 参见樊勇明：《从国际公共产品到区域性公共产品——区域合作理论的新增长点》，载《世界经济与政治》2010 年第 1 期，第 143 页；樊勇明等：《区域国际公共产品与东亚合作》，上海人民出版社 2014 年版。

共产品还具有集体供给性、利益的不可分割性以及独占的不可能性等特点，它要求区域内各国联合起来，解决共同面临的跨国问题，从而与区域合作治理联系起来，并为此吸收非国家行为主体的多元参与。综上所述，区域公共产品的供给结构反映的是一个地区公共产品供给总规模中不同类型公共产品的供给状况及彼此地位关系，它涉及供给结构稳定性与变动性之间的统一，以及公共产品质的规定性与量的规定性之间的统一。区域公共产品与全球公共产品的主要差异见表1-2。

表 1-2　区域公共产品与全球公共产品的主要差异

主要指征	区域公共产品	全球公共产品
影响范围	区域性，相对有限	全球性，高度开放
主要供给者	区域国际组织或国家联合	实力较强的大国
供给模式	国家间协商	大国主导
产品特点	针对性较强	广泛性更高
被"私物化"风险	较低	较高
"搭便车"现象	较好避免	较为严重

（二）区域公共产品的概念界定

所谓"区域"，地理划分和功能导向是学者们作出界定的主要依据。首先，区域表示一个地理范围，大多是指地理相邻的国家组成的特定区域，如东南亚、东北亚、南亚等。它既可以是一定数目的国家因地理关系和一定程度的相互依存而联系在一起，也可以是地理上明显关联的一群国家，它们之间有着某种共同的历史经验以及对地区问题的共同认知。在最广泛的意义上，甚至可以把"区域"定义为除全球和单个国家以外的任何跨国空间范围。对于大部分区域公共产品而言，它们都是以地理为基础进行划分的，如东亚区域公共产品、中亚区域公共产品等。[①] 但是，在一些情况下也可依据功能导向（如某种贸易或优惠经济安排）确定区域范围，从而使不属于同一个地理

---

① 张群：《东亚区域公共产品供给与中国—东盟合作》，载《太平洋学报》2017年第5期，第44页。

范围的国家也能够享有同一区域性国际公共产品。功能主义理论的代表、英国学者戴维·米特兰尼（David Mitrany）认为，在一体化区域内各国可以通过合作得到直接利益，为此应建立开展跨国行动的国际组织，以满足交通、贸易、生产和福利等方面的基本功能需要。[1] 总之，适度的区域概念是进一步界定区域公共产品的基础，其成员或参与者至少应受到特定公共产品的外部性影响，但区域公共产品的溢出范围也具有一定的不确定性。例如，湄公河联合执法机制的参与国包括中、老、缅、泰四国，它们合作提供某些国际安全公共产品——主要是打击跨国有组织犯罪、保障贸易通道顺畅、维护区域和平与安全，从而形成了区域安全公共产品供给的"湄公河模式"，提供区域安全公共产品的"中国方案"也从中得到了有效验证。中国主动参与区域和次区域安全合作，努力调适安全合作机制和创构安全公共产品，其直接受益者是该区域上述国家，但其显然也会对中国与整个东盟的执法安全合作产生积极影响。[2]

从注重行为分析的博弈论角度看，世界各国加总提供并不是国际公共产品供给的最佳模式；因为参加博弈的行为体数量越多，博弈的复杂性就越大，困扰合作的"囚徒困境""公地悲剧""搭便车"等问题就越难解决。多哈回合贸易谈判、全球气候谈判等大型多边进程，往往因利益关系难以协调而陷入僵局。与成员复杂多样的大集团相比，小集团可以减少信息收集与交流成本，更容易促使各成员为了实现共同目标而采取一致行动。由此可见，集体成员的个数能够影响公共产品的供给，因而加强本地区少数国家之间的合作与全球性合作比起来会更有效率。[3] 基于此，在当前全球治理难以取得更大进展的情况下，中国应准确把握集体行动的范围与限度，首先立足于亚洲

---

① 胡望舒、寇铁军：《区域性国际公共产品研究评述》，载《地方财政研究》2016 年第 9 期，第 81 页。

② 参见雷珺：《区域性安全公共产品供给的"湄公河模式"——以湄公河流域联合执法安全合作机制为例》，载《南洋问题研究》2015 年第 3 期，第 28 页；谈谭：《中国主导湄公河次区域国际公共产品供给的路径分析——以中老缅泰四国湄公河联合巡逻执法为例》，载《同济大学学报》（社会科学版）2017 年第 4 期，第 49 页；关键：《区域安全公共产品供给的"中国方案"——中老缅泰湄公河联合执法合作机制研究》，载《中山大学学报》（社会科学版）2019 年第 2 期，第 187 页。

③ 徐增辉：《全球公共产品供应现状及我国的策略》，载《山东社会科学》2008 年第 6 期，第 120 页。

及太平洋地区，强化与周边国家的区域公共产品供给合作。

总的来看，区域公共产品就是在区域内繁荣和稳定等共同需求和利益的驱使下，由该区域实力较强的国家单个或多个联合起来，共同创设一套涉及安全、卫生、环境、基础设施与金融稳定等具体领域的机制、制度和安排，并愿意为之共筹资金、分摊成本，实现特定区域内的供给与消费。可见，区域公共产品利益惠及的范围介于国家与全球之间，其供给范围决定了比全球公共产品更接近供给最优水平；它包含物质（如跨国基础设施、资金援助）与非物质（如区域多边机制、共同遵守的规则）两类基本形态。区域公共产品也可进一步分为器物型、制度型和观念型三种：器物型公共产品主要指的是物质投入，如基础设施的互联互通；制度型公共产品主要涉及区域合作的机制平台，如亚信会议；观念型公共产品则主要涉及区域价值观，如亚洲新安全观。[1]

区域公共产品具有如下基本特征：主要由域内成员联合提供，采取集体决策模式，合理分摊供给成本，实现利益共同分享，且外部性的存在决定了不排除域外大国或国际机构的参与。[2] 区域公共产品的供给有赖于供给动力（内部的积极利益诉求或外部的消极安全威胁）的出现、集体行动的达成（成员数量多少具有关键意义），以及特定机制的保障（域内成员均可参与且须符合区域实际）。就其供给模式而言，依据供给者数量或个体贡献与总体结构之间的关系，又可分为霸权国供给、区域内国家合作供给、区域内大国主导供给等模式。其中，在霸权国供给模式下区域行为体较少，"搭便车"行为较易得到控制；基于自身的国际战略需要，霸权国对于推动区域公共产品建设通常抱有强烈的政治意愿。由于区域内实力分配极不平衡，霸权国有能力在公共产品建设中发挥强有力的领导和协调作用，从而减少成员间博弈的政治成本。不过在最新的区域一体化实践中，单靠一国独立承担国际公共产品供给成本的可能性越来越小。而区域国家联合供给模式的政治敏感性最低，即通过域内国家集体协商、共同决策及联合行动，经由一定的公共选择

① 陈小鼎：《区域公共产品与中国周边外交新理念的战略内涵》，载《世界经济与政治》2016年第 8 期，第 51 页。

② 樊勇明等：《区域国际公共产品与东亚合作》，上海人民出版社 2014 年版，第 53 页。

程序来决定区域公共产品的生产、分配和消费等问题。该模式的开放性和平等性决定了收益可以为区域内成员所共享，相关思路与方案应当成为考量中国周边地区区域合作问题的一个重要视角和参照系。作为一个国家利益（尤其是海外利益）不断拓展的新兴大国，中国坚持并贯彻"共商共建共享"理念，通过提供优质新型、定位准确的区域公共产品，促进亚洲地区新阶段的经济一体化，进而参与和引领区域治理与全球治理。概而观之，改革开放 40余年来，中国已成为现行国际体系和国际事务的参与者、建设者和贡献者；在深度参与全球经济、安全治理的基础上，中国正在向环境、反恐、互联网、极地等更多领域提供公共产品，引领建立合作共赢的国际新机制，并向国际社会提出影响广泛的全球治理新理念。[1]

（三）区域公共产品供给的地区实践

就供求关系而言，区域安全、区域性法律制度、区域经济秩序、区域基础设施等公共产品供不应求的矛盾在亚洲地区较为突出。鉴于此，除了建立有效顺畅的供给机制外，还需要更有针对性地满足区域内国家的产品需求偏好，例如，朝鲜对于区域安全公共产品的优先需求、大湄公河次区域国家对于发展型公共产品的迫切需求。从消费者—供应者双向互动的模式来看，那些兼具供应者与消费者双重角色的大国，所获得的收益又往往大于单纯的消费者，因为大国通常会利用其拥有的国际制度和规则制定方面的主导权，来保证其获得某种垄断性利益。以供应权竞争或博弈为视角，可以更直观与全面地审视国际公共产品供应不足问题的成因，这对于中国周边外交的思路调整和政策制定也很有启发意义。经验地看，发生在同一领域的供应权竞争未必是零和博弈；但如果某一供应方企图将公共产品供应的领域性垄断转化成为地理性垄断，就极有可能与其他供应方形成零和博弈。[2] 例如，近年来中国和日本围绕亚洲基础设施投资的竞争较为激烈，致使双方都付出了过高的成本代价；此外，由于两国在国家实力对比、伙伴关系发展、地区制度偏好

---

① 杨娜：《改革开放 40 年：中国参与全球治理的特点及启示》，载《教学与研究》2018 年第 8期，第 41 页。

② 张春：《国际公共产品的供应竞争及其出路——亚太地区二元格局与中美新型大国关系建构》，载《当代亚太》2014 年第 6 期，第 59 页。

等方面也存在着明显的竞争。而竞争不合作带来的国际风险与代价较高，一味竞争可能带来双输局面。相对来看，两国开展合作的成本较低，彼此的共同利益基础、共同制度联系有助于降低合作难度，适宜的时机也为中日接近提供了便利。所以2018年日本政府开始摆脱零和博弈的惯性思维。2019年8月，两国在时隔7年后重启战略对话。中日两国具有各自的比较优势，完全可以在促进亚洲基础设施建设等方面实现包容与互补的合作，共同开拓泰国等亚洲第三方市场，最终实现双赢乃至多赢。在区域经济一体化、区域安全等方面，中国的目标与日本等周边国家是兼容的，彼此在地区秩序塑造中往往是竞争对手与合作伙伴双重关系。①

区域公共产品与全球公共产品通常由不同层次的多边机构或国际组织来分配，其中由相对较少国家组成的区域组织是区域集体行动的催化剂或黏合剂；通过发挥聚合、生产、传递知识以及协助谈判、转移资金等功能，它们在区域公共产品供给中扮演着越来越重要的角色。在这方面比较典型的实践案例是欧洲、北美和东亚三大区域，它们分别代表了不同侧重主体的供给模式。欧盟（EU）代表的是轴心国家（即20世纪60年代以来的法、德两国）主导供给模式，并最终形成了一整套自成体系、自我发展并实现供给领域全覆盖的超国家性区域合作机制。北美自贸区（NAFTA）代表的是霸权国（即美国）主导供给模式，它主要提供市场、投资、金融、知识产权和环境保护等方面的区域公共产品。在东亚地区，则形成了以"10 + 3"机制为代表的小国联盟（即东盟）主导供给模式，中、日、韩三个域内强国属于参与者。

除域外国家援助供给区域公共产品外，建立在域内国家间相互依赖关系基础上的区域合作，可以创设出更为适合并服务于本区域共同繁荣的公共产品。在这样的区域互动情境下，域内各国通过合作都能够获得比以往更多的经济发展机会和更可靠的安全环境。由此形成的域内国家联合供给区域公共

---

① 参见刘洪钟、丁文喻：《中日在亚洲的基础设施投资：竞争与合作》，载《辽宁大学学报》（哲学社会科学版）2019年第1期，第172页；孙忆：《竞争者的合作：中日加强经济外交合作的原因与可能》，载《日本学刊》2019年第4期，第1页；Xiaoyu Pu, To Dream an Impossible Dream: China's Visions of Regional Order and the Implications for Japan. In Yul Sohn, T. J. Pempel (eds), Japan and Asia's Contested Order. Singapore: Palgrave Macmillan, 2019, p. 65.

产品的模式根本不同于单向的援助供给或者霸权供给模式，其立足点是合作共赢，即通过联合提供、集体决策、成本合理分摊而实现利益共同分享；而区域合作的不断发展既实现了参与国的共赢，又为提供新的区域公共产品创造了更大可能与动力。例如，在孟中印缅（BCIM）经济走廊建设过程中，四国亟须提供作为基础制度环境的区域公共产品，在明确权利与职责、成本与收益等问题的同时进一步加强相关领域的功能性合作；通过改善区域公共产品供给现状，超越主导权竞争（尤其是中印之间），使该区域合作成为具有自我延续与运转能力的国家间集体行动。[①] 一般而言，机制化程度决定着全球合作和区域合作的水平，较高的机制化程度有利于增加公共产品供给，解决"集体行动困境"。但次区域合作存在着"软机制性"、政府间主义以及坚持不干涉成员国事务等不同的原则和特点，就"孟中印缅经济走廊"来看，存在着机制初创成本高昂、共同意愿缺乏、关键性大国缺失、成员国数量少导致小国不敢"搭便车"等因素，这就决定了该次区域合作一定时期内机制化的合理限度。机制化水平的提高并不一定有利于提升次区域合作水平和增加公共产品供给，因此对于中国而言需要灵活应对，不一定把高机制化设定为所有次区域合作所追求的目标，而是保持必要的利益包容性与制度弹性。[②]

第三节　区域公共产品视角下的中国周边外交

从顶层设计角度看，党的十八大和十九大在促进中国外交的积极进取方面具有一致性，在国际事务中奋发有为日益成为新时代中国的一种新常态。而作为其具体表现和实现路径，提供更多领域、更高质量的国际公共产品，已成为包括周边外交在内的中国外交总体发展趋势。引入区域公共产品理论，能够进一步充实和拓展新时代中国睦邻友好政策的内涵，为中国负责任、建

---

① 杨怡爽：《区域合作行为、国家间信任与地区性国际公共产品供给——孟中印缅经济走廊推进难点与化解》，载《印度洋经济体研究》2015 年第 6 期，第 48 页。

② 刘晓伟：《"一带一路"倡议下次区域合作机制化限度研究——以"孟中印缅经济走廊"为例》，载《南亚研究》2019 年第 1 期，第 101 页。

设性地参与区域事务、倡导新机制以及引领区域治理提供有生命力的理论支撑。改革开放以来，中国的区域公共产品供给身份发生了深刻变迁，地区贡献者的新向度日益凸显；通过为周边地区提供越来越多从经济到安全、社会领域的公共产品，彼此基于发展与治理之上的命运共同体意识不断增强。在促进区域合作与治理的过程中，中国逐渐形成了具有自身特色的区域公共产品供给模式；它不仅重视器物层面的供给行动（即提供物质性公共产品），还日益成为本地区新的共有观念与机制的倡导者与引领者（即提供制度性与观念性公共产品），① 从而使中国的周边外交定位和目标日益上升到塑造权威、承担责任、构建战略等更高层面。

一、供给区域公共产品是中国周边外交转型的方向

（一）供给区域公共产品符合中国外交的自主发展规律

一个国家提供国际公共产品的实际数量与水平除了受到诸如国际实力分配、内外部激励机制推动等综合因素的作用外，还和该国对现存国际体系、国际秩序以及对自身国际角色的认知程度相关，而这些维度都与国际定位有关。② 例如，美国在第二次世界大战后才成为一个真正的全球性大国，并主导了联合国、世界银行、国际货币基金组织等战后主要的国际制度设计，这是一系列国际政治主客观因素共同作用的结果。着眼于宏观的世界历史，一个现代国家在世界舞台的成长必须解决生存、发展和责任三个问题。从外交所服务的国家利益的层次性来看，在安全利益（关乎国家生存）、发展利益和价值利益等基本构成中，当一国的低级利益得到基本满足后，通常高一级的利益需求就会出现。而积极履行国际责任，通过作出国际贡献来获取更高国际威望，获得更多其他国家的尊重、支持和追随，通常属于较高层次的国家利益。

近年来，随着中国向全面意义上的全球性大国加速成长，中国与亚洲和

---

① 王义桅：《"一带一路"提供新型公共产品》，载《参考消息》2017 年 5 月 9 日，第 11 版。
② 蔡拓、杨昊：《国际公共物品的供给：中国的选择与实践》，载《世界经济与政治》2012 年第 10 期，第 112 页。

世界的关系都出现了一些前所未有的重大变化。实力增长所引起的结构性矛盾在全球和区域层面均有所凸显，由不同力量主导的周边区域多边制度之间竞争重叠现象较为突出。党的十八大以来，中国周边外交顺势而为，着眼于理念和思路创新，主动创制了一系列新型国际公共产品。向世界和本地区提供更多公共产品的思路，被新时代中国特色大国外交思想吸收并不断政策化、系统化，中国周边外交工作也随之进入一个深入调整和转型时期。中国外交不仅体现出愈加积极主动与全方位的新特征、新态势，而且更加强调周边外交、多边外交以及注重顶层设计和全局统筹。中国外交的这一深刻转型，与当前国际环境、中国国家实力、国家利益和身份认同的变化以及中国领导风格和国内社会变迁等因素密切相关。①

　　中国创造性、建设性地参与全球及地区事务，无意挑战或颠覆现有的国际和地区秩序，更不是所谓的"修正主义国家"；恰恰相反，作为"世界和平的建设者、全球发展的贡献者、国际秩序的维护者"，供应全球和区域公共产品已成为中国诠释外交新理念、回应国际社会期待的最重要对策思路之一。担负与自身国力、国际身份相符的国际责任，是世界范围内大国社会性成长的基本规律。目前中国仍主要是地区性大国与发展中国家，其主要精力仍须放在完善国家治理和周边区域治理上，因此相对于全球治理而言周边区域治理在某种意义上具有优先性。周边地区作为中国供应国际公共产品的重点对象，在其发展和治理过程中充满着机遇与挑战。这就需要中国找准自身优势与本地区需求实际的契合点，以区域经济治理和冲突治理为重点，积极引领区域公共产品的合作供给。例如，中国倡导的"一带一路"、亚投行、丝路基金、上海合作组织及其筹建中的开发银行等区域合作与治理机制，都主要契合了周边地区的发展治理需求。中国还积极介入当前中东地区热点问题的解决，明确在该地区的新角色，通过执法合作、警察培训、与海湾国家主权财富基金进行合作等形式，② 为促进地区发展与和平稳定发挥自身独特作用。鉴于中东在中国大周边战略中的地位日益突出，中国已成为塑造中东

---

① 高小升：《新时期中国外交转型的原因与影响》，载《教学与研究》2015 第 5 期，第 44 页。

② 杨力、虞玎：《中国与中东主权财富基金合作探析》，载《国际展望》2018 年第 4 期，第143 - 145 页。

秩序的决定性力量之一：2015 年 7 月，中国与其他相关方共同促成了伊朗核问题全面协议的达成，主张通过谈判等方式政治解决中东热点问题；在叙利亚冲突问题上，中国一贯主持正义，反对武力干涉叙利亚内政；并向其多次提供人道主义援助，以及积极参与该国战后重建。①

如前所述，区域公共产品遵循受益人支付原则，有助于激发区域内各国的主体性。这样既能避免大国的"私物化"与小国的"搭便车"倾向，又能推动区域合作，培育彼此间的政治互信，进而塑造稳定的区域秩序——被普遍接受的良好的区域秩序本身也具有公共产品属性。区域公共产品供给所蕴含的价值取向与当前中国周边外交的"亲诚惠容"核心理念十分契合，可以此作为拓展周边外交的重要突破口，来推动塑造中国周边外交新格局。中国周边外交新理念的战略内涵可概括为以下四点：深化新型区域合作的战略定位，塑造集体认同的战略目标，践行大国责任的战略取向，发挥比较优势的战略思路。② 在实践层面上，中国秉持正确义利观，通过倡议、参与和主导区域公共产品供给行动，让周边国家真切感受到中国带来的发展机遇和实际利益，为区域和平与发展作出更大贡献。通过这种区域公共产品的"外溢效应"，本地区也必然会积累越来越多对于中国的角色认同与信任，从而带动周边国家参与到相关区域公共产品供给的集体行动中去，切实改变目前亚洲地区公共产品整体供应不足的局面。③

（二）供给区域公共产品符合中国重构周边关系的需要

此外，着眼于区域公共产品的某些制度性特征，还可以从软实力角度考量中国向周边地区提供公共产品的行为。鉴于区域性机制、规则、秩序以及观念产品的战略重要性，中国需要在促进地区认同、分享共有知识方面作出进一步努力，使彼此关系不断实现从利益认同到价值认同的升华。制度是规则化的思想或观念，为本地区其他国家提供有吸引力的思想产品，

---

① 参见唐志超：《中东新秩序的构建与中国作用》，载《西亚非洲》2014 年第 5 期，第 67 页；章波：《中国参与叙利亚重建：优势与挑战》，载《当代世界》2017 年 11 期，第 43 页。

② 陈小鼎：《区域公共产品与中国周边外交新理念的战略内涵》，载《世界经济与政治》2016年第 8 期，第 37 页。

③ 王健：《中国周边外交要注重地区公共产品的构建》，载《文汇报》2013 年 2 月 5 日，第 12 版。

突出体现在那些基于自身成功经验与模式而形成的中国智慧与中国方案。所谓"渡人先渡己"，当前中国的国家治理和发展模式，能够为那些国情相似的周边国家寻求创新与可持续发展提供参考和借鉴，为它们走向现代化提供全新选择。① 这种基于某种价值认同而产生的吸引力，正使得越来越多的发展中国家对于中国的信赖建立在对其国内治理的深层认知上。基于此，在构建国内公共产品体系时应当具备更为开放的周边视野，把区域公共产品的供给纳入国内公共产品的完善和提升层面，使二者有机结合、协调推进。尤其是当前国际规则正处在推陈出新的历史拐点，国家间、地区间围绕国际规则制定权、国际合作主导权展开新的竞争。而"一带一路"倡议是中国参与重塑国际经济规则的重大机遇，在推进相关国际规则体系建设过程中，中国作为富有活力的倡议者、引领者角色，应着力强调公正合理、包容透明、开放共赢等易产生广泛认同力的原则。由此，进一步提炼和丰富新时代中国的国际合作理论，积极进行相关制度建设，从而牢牢把握规则制定的前沿话语权。②

中国的区域公共产品供给以互利共赢、共同发展为目的与伦理取向，使周边国家能够较为均衡地从中获益，总体而言它们对于中国的信赖感得到稳步提升。以"亲诚惠容"为核心的周边外交新理念具有丰富的传统文化内涵，反映了其中的关联性思维和交互性伦理——"亲"强调的是亲缘纽带关系，体现了中国与周边国家在地缘、人缘、文缘方面的相通和亲近感；"诚"既有真诚无妄的一面，也包含诚实守信、不欺侮的意味，体现了中国对待周边国家真诚有信的态度；"惠"强调的是互惠互利，坚持正确的义利观；"容"在承认周边国家和地区文化差异性的同时，追求实现差异中的和谐共存。③ 在某种意义上，"亲诚惠容"理念极大地提升了中国周边外交软实力，从而成为中国展示"魅力外交"的重要途径。从"亲"的理念看，中国与周

---

① 刘建武：《新时代的中国智慧和中国方案》，载《求是》2017 年第 22 期，第 50 页。

② 门洪华：《"一带一路"规则制定权的战略思考》，载《世界经济与政治》2018 年第 7 期，第 19 页。

③ 邢丽菊：《从传统文化角度解析中国周边外交新理念——以"亲、诚、惠、容"为中心》，载《国际问题研究》2014 年第 3 期，第 9 页。

边国家因地缘邻近和人文联系密切而具备天然的亲近基础；但更重要的是提供区域公共产品的行为取向提升了中国的亲和力与感召力，拉近了彼此间的心理距离，增强了区域成员间的亲近感和凝聚力，进而有助于塑造区域层面上的某种共有身份。它与"诚"一起，显示了中国融入地区社会的积极意愿以及对于加强相互信任的重视，旨在增进与周边命运共同体相关的区域认同。向本地区及世界表达中国对外交往、关系发展以及解决问题的诚意，是中国周边外交政策及话语的重要内容，它反映了中国外交中的伦理因素。[①] 从利益关系角度看，"惠"的理念则与区域公共产品的精髓直接相通。作为负责任的新兴大国，中国首先强调带动周边地区和国家的发展，然后才追求与后者的相互施惠与对等受益。"容"的理念表明新时代中国更加开放、自信和大度，愿意为周边国家提供共同发展的充分机遇和空间，使之能够包容和均衡地分享中国发展的红利。这些理念超越了"自己活也让别人活"（live and let live）的宽容共存原则，而是追求更高层次的目标，如"自己活得好也让别人活得好"（live better and let live better），或者"共同活得好"（live better together）。而制定并实施完整、清晰、可持续的周边战略，以及一套与之相匹配的卓有成效的区域公共产品供给政策，则是对"亲诚惠容"理念的最生动诠释与最有效贯彻。

（三）供给区域公共产品有助于中国周边战略创新

在 21 世纪的第二个十年里，中国周边环境出现了复杂而重大的变化，中国与美国之间构成了新兴发展大国与守成霸权国之间的结构性矛盾和对冲。周边环境面临着以下较突出的挑战：部分周边国家对华疑虑与域外大国介入相互作用；中国自我认知与周边对华认知之间存在一定错位；海上安全挑战与陆上安全问题并发；各方主导的亚洲地区多边架构和倡议之间竞争较为激烈，碎片化的区域安排与域外大国的高度介入叠加，制度整合难度大；边疆发展相对滞后制约了周边环境的优化。对此，中国周边战略需要新的战略思

[①] 中国外交中的诚意信号表达是中国在国际社会中的形象、地位和利益展现的重要内容，其基本渠道包括政策宣示、行为信用两种。"冷战"结束以来，在中国与东盟以及中国与美国的双边关系中，均可发现中国的和平、合作以及责任等诚意信号表达。参见尹继武：《诚意信号表达与中国外交的战略匹配》，载《外交评论》2015 年第 3 期，第 1 页。

维，并在周边国家与外部大国对我联合制衡的消弭、中国自我认知与周边对华认知错位的调适、海权与陆权的并重、亚洲区域多边制度的设计、边疆发展与周边外交的统筹五个方面作出努力。①

而提升区域公共产品供给水平，是中国新型区域合作战略及其实践的重要标志。新时代中国的责任、权力、利益意识比以往更为清晰，也更加重视对区域多边规则及区域价值链的塑造，周边战略在理念、架构与机制方面得到新的构建。中国力所能及地承担起区域公共产品供给的责任，为周边地区互联互通、共同发展作出具有自身优势的贡献，如推动打击贩毒等司法合作、开展对东南亚国家的"高铁外交"、② 设立旨在提供投融资支持的"丝路基金"、与马来西亚等东盟国家联手发展"数字经济"、共建"绿色丝绸之路"等。为此，2018 年 4 月中国政府成立了国家国际发展合作署，该机构与美国国际开发署（USAID）、日本国际协力机构（JICA）、澳大利亚国际开发署（AusAID）等发达国家的援助外交体制具有类似职能。它整合了商务部（对外援助司）和外交部原有相关职能，将更有效地发挥对外援助在中国外交中的杠杆作用，也有利于加强中国对周边地区的公共产品供给。此外，中国国家发展改革委员会、财政部等相关机构以及云南、广西、新疆等地方政府在推进"一带一路"、区域合作和周边交往等方面的职能也在进一步实现统筹协调，以系统规划和推进区域公共产品供给行动。例如，2018 年 8 月，中国国家发展改革委员会与国家开发银行合作，为大湄公河次区域国家的高级官

---

① 石源华、祁怀高：《未来十年中国周边环境的新挑战与周边外交新战略》，载《中国周边外交学刊》2015 年第 1 辑，第 33 页。

② "高铁外交"是中国外交转型的直接体现，也是"一带一路"合作尤其是互联互通的重要组成部分，但并非如某些观点所认为的是中国改变地区均势战略的一部分。近年来中国在东南亚的"高铁外交"取得了巨大进展，但也面临着彼此间认知差异的挑战，其反映了内政与外交互动更加密切、经济外交逐渐转向规则（建构）竞争、"第三方因素"（如日本）影响上升等动因。日本也在 2014 年 6 月发布的"经济成长战略"架构下，积极推行对东南亚的"高铁外交"。围绕着基础设施建设而展开的外交博弈，在某种意义上反映了亚洲地区秩序的变迁之争。参见任远喆：《"一带一路"与中国在东南亚的"高铁外交"实践》，载《东南学术》2019 年第 3 期，第 140 页；丁梦：《从高铁外交审视中日两国在东南亚的竞争》，载《学术探索》2017 年第 10 期，第 46 页；Dragan Pavlićević, Agatha Kratz, Testing the China Threat paradigm: China's High-speed Railway Diplomacy in Southeast Asia. The Pacific Review, Vol. 31, Iss. 2, 2018, p. 151；Laurids S. Lauridsen, Changing Regional Order and Railway Diplomacy in Southeast Asia with a Case Study of Thailand. In Li Xing (eds), Mapping China's "One Belt One Road" Initiative. Cham: Palgrave Macmillan, 2019, p. 219.

员提供互联互通与产能合作方面的培训；2018 年 10 月，中国国家发展改革委员会与澳大利亚维多利亚州政府签署了"一带一路"合作谅解备忘录，这是澳大利亚各州区政府同中方签署的首个"一带一路"合作协议。中国省级及以下地方政府的参与，则使区域公共产品的供给渠道更加多元化。例如，广西承办的中国—东盟博览会（CAEXPO）在促进中国与东盟国家经贸合作方面具有优势，而贵州承办的"中国—东盟教育交流周"则已成为中国与东盟国家教育合作的重要平台。[①] 而根据 2019 年 8 月中国国务院发布的《六省（区）自由贸易实验区总体方案》，其中三省为沿边省区，分别是广西、云南、黑龙江。其中，广西自贸试验区旨在畅通国际大通道、打造对东盟合作先行先试示范区和打造西部陆海联通门户港等，云南自贸试验区主打创新沿边跨境经济合作模式和加大科技领域国际合作力度等，黑龙江自贸试验区则致力于加快实体经济转型升级和建设面向俄罗斯及东北亚的交通物流枢纽等。而作为非沿边省份，山东自贸试验区则以培育贸易新业态新模式、加快发展海洋特色产业和探索中日韩三国地方经济合作等为主要目标。

提供金融、贸易、安全、环境等诸多领域的区域公共产品，是新形势下中国推动区域治理的重要路径。区域一体化所能取得的成效及进展，在很大程度上有赖于区域公共产品的数量、质量及其维持情况。在有限的国家范围内，通过联合提供区域公共产品，各国能够以较小成本获得和使用公共产品；彼此还可以建立信任激励，培育合作者的利他主义价值取向，构建对相关方具有约束力的协议和制度，为下一步更深层次的合作奠定基础，从而推动各国更充分地融入亚洲经济体系。[②] 这些公共产品可以是物质及制度层面的区域安全、区域组织、区域经济一体化，也可以是观念层面上的共享价值观或集体认同。周边国家大都属于发展中国家（其中还有多个最不发达国家），能够承担的成本很有限——有的甚至只能"搭便车"，因此需要结合它们对

---

① 参见钟惟东：《中国地方政府参与"一带一路"沿线区域性公共产品提供的路径和风险研究——以新疆、云南、广西、黑龙江为例》，载《复旦国际关系评论》总第 22 辑，2018 年第 1 辑，第 283 页；以及"中国—东盟教育信息网"，2019 年 9 月 26 日，载 http://www.caedin.org/index.jsp。

② 杨海燕：《区域公共产品的供给困境与合作机制探析——基于合作博弈模型的分析》，载《复旦国际关系评论》2015 年第 1 期，第 31－32 页。

于区域公共产品的需求偏好、接受能力和收益预期等因素来制定相关政策。事实上，基于战略互动与供需转换等逻辑前提，公共产品的供给国已经考虑到其他国家"搭便车"的可能性，并将其视为扩大对外战略规模效应与影响力的可行路径。从需求与供给关系角度看，新兴大国有可能且有必要在适当条件下扩大相关投入，基于"义利兼顾、有予有取"的新义利观，参与国际公共产品的"经营"与治理。① 基于此，中国向周边地区创新性地提供和补足区域公共产品，有助于提升区域合作的稳定性与有效性，为区域治理注入必要的资源要素和动力机制，自身也能够实现合理有效的战略收益。尤其是近年来美国等西方国家提供国际公共产品的意愿和能力相对下降，② 在亚太地区的自由贸易、金融稳定、生态环境保护、地区和平等领域，中国所扮演的角色更加不可或缺。

二、周边地区公共产品供给的历史与现状

（一）周边地区公共产品供给的格局变迁

亚洲是世界上最为多元的地区，域内外大国围绕区域公共产品的设计、生产与供给展开复杂博弈，长期难以形成符合地区发展需求的区域公共产品体系。"冷战"时期，在美苏争霸、两大阵营对立的大背景下，亚洲也深受影响并发生了朝鲜战争、越南战争、阿富汗战争等数场局部热战，致使地区公共产品的生产处于零散的萌芽状态，且发展一直缓慢。③ 其中尽管东盟成立于 1967 年，但直至 20 世纪 80 年代其区域影响力仍然很有限。就其自身而言，水平较低、进展缓慢的地区合作进程，很大程度上是由于该地区的公共产品供给不足而引起的。在东亚区域内，东盟加强与中日韩等东北亚主要国家的合作，逐渐成为满足内生性需求、实现区域公共产品增量的路径选择。

---

① 刘毅：《国际公共产品的战略面向："一带一路"义利观新论》，载《新视野》2019 年第 3 期，第 115 页。

② 王亚军：《"一带一路"倡议的理论创新与典范价值》，载《世界经济与政治》2017 年第 3 期，第 7 页。

③ 沈陈：《区域性公共产品与中国亚洲外交的新思路》，载《国际观察》2013 年第 1 期，第 69 页。

自 20 世纪 90 年代以来，尤其是在 1997 年东南亚金融危机的刺激下，中国周边地区各种层次的区域一体化取得了长足进展，形成了诸如"10＋3"、清迈倡议（CMI）、《南海各方行为宣言》（DOC）等区域性机制。在这一时期经济领域的区域公共产品中，以贸易类公共产品为主，投资类公共产品为辅，总体而言质量层次不高、成本相对较低。尽管本地区主要国家间的经济联系日益紧密，但由于主导力量缺失、彼此战略取向存在分歧，地区合作机制建设难以取得全面突破，以至于至今尚未形成一套成熟整合的区域公共产品供给与消费体系，这在地区安全领域表现得尤其突出。除了既有的以东盟为中心的区域合作制度设计需要变革外，区域公共产品供给的种类和结构也迫切需要从经济领域向社会、安全等更多领域扩展，超越过于倚重经济类公共产品的既有供给思路和模式，使之更加均衡和可持续。虽然以市场为主要取向的发展主义曾经在亚洲地区主要经济体和区域一体化的启动及推进过程中发挥过巨大作用，但在向区域治理转型的背景下，越来越多问题的解决超出了经济范畴。国内层面以及地区层面的发展不平衡、跨国有组织犯罪、环境污染、传染病防控、水资源管理与利用等问题凸显出来，有必要通过相应的区域公共产品供给（包括引入新兴的跨国市民社会力量），实现更有效、网络化的合作治理。

针对亚洲地区因大国竞争和制衡而形成的"制度过剩""领导赤字"等影响集体行动的深层次原因，由某种主导性力量对多边利益进行协调，对于推动地区一体化深入发展具有关键意义。其中，日本、美国以及澳大利亚是亚太地区传统的公共产品供应者，它们在当今全球价值链中仍具有显著优势；而中国和印度、东盟等则属于新兴角色，在高科技、金融、市场成熟度等方面与前者相比仍存在着较大差距。就区域合作尤其是经济整合的制度设计而言，域内国家和域外国家、发达经济体和发展中经济体之间存在较大的偏好差异。其中美国政策取向的影响尤为突出——随着其战略重心向亚太地区转移，美国在经济上继续反对建立把自己排除在外的东亚集团（这与特朗普政府决定退出"跨太平洋伙伴关系协定"并不矛盾），在安全上更加强化以自身为中心的同盟体系。作为域外大国，美国的亚洲政策首先服务于自身利益；其参与亚洲事务更多的是基于维护自身全球霸权的战略考量，在根本上与亚洲地区深化公共产品供给合作的方向并不一致，在弥补亚洲地区安排的缺陷问题上不能对美国的作用抱有过高期待。鉴于此，中国可以充分发挥自身的比较优势开展错位与补位竞争。相对于其他传统供应方，中国具有在亚洲海陆复合的地缘禀赋以及巨大的基础设施、制造业、互联网和数字经济等产能合作潜力，加之在地区金融、贸易等领域的突出地位，这些都为中国周边外交提供了有力的资源支持。但由于周边地区存在一些主权争端等深层次安全矛盾，短期内还不可能根本改变一些国家对于美国的某种安全依赖。中国不会因此挑战本地区传统的公共产品供求关系，而是在相互尊重、公平正义、合作共赢的基础上开展良性竞争，共同促进本地区各类公共产品的增量与合理配置。

（二）中国供给区域公共产品在某种意义上是对"金德尔伯格陷阱"的超越

当前，世界权力的转移也会对亚洲地区公共产品的供给结构带来深刻影响。国际社会存在某种担心，即在孤立主义和贸易保护主义的影响下，如果美国持续采取强硬的对华政策，导致中国的国际公共产品供给意愿下降、相关政策出现转向，那么领导力的空缺会使亚洲地区出现公共产品青黄不接的局面，即出现所谓"金德尔伯格陷阱"。[①] 其本质是指在全球权力转移过程中，如果新兴大国不能承担相应的领导责任，就会因国际公共产品短缺而造成全球经济混乱和安全失序。其实，这一思维与"霸权稳定论"的内在逻辑是一致的，即都需要某个大国来主导提供国际公共产品，并为之付出相应的"公共成本"，以维持国际秩序和体系的稳定运行。从金德尔伯格到吉尔平，"霸权稳定论"一脉相承，旨在论证美国在近半个世纪的时期里主动成为全球公共产品的"供给者"。当前全球化并未停滞而是动能仍在，国际秩序的不稳定现象在某种意义上是因为世界经济格局正由美国主导的全球化模式换轨到中国引领的全球化方案，全球化的路径与游戏规则相应需要进行调整。约瑟夫·奈（Joseph Nye）等美国学者之所以担心"金德尔伯格陷阱"，是因

---

① 蔡昉：《金德尔伯格陷阱还是伊斯特利悲剧？——全球公共品及其提供方式和中国方案》，载《世界经济与政治》2017年第10期，第4页。

为他们高估了当前美国在维持国际经济秩序中的作用,同时也低估了以中国为首的新兴市场国家的能力与意愿。① 在这个意义上,"霸权稳定论"已成为对国际公共产品的过时解释。在世界权力趋于多元分散的背景下,由一国单独提供国际公共产品并承担相应国际责任变得越来越不现实。中、美等大国完全可以在自己的能力和责任范围内,共同承担起国际公共产品的供给责任。美国学者罗伯特·基欧汉(Robert O. Keohane)在探讨"霸权之后的合作与纷争"时,强调了现有国际机制在霸权之后一段时期的重要意义,但未能进一步考虑国际制度的分配与正义问题,也未触及霸权之后新兴(非霸权)国家建立国际机制的可能性及必要性。霸权与国际公共产品的提供并无直接联系,中国无论在实力还是意愿上都不是一个霸权国家,但非霸权行为体也可以探索政府间更有效的全球治理机制。事实上,美国主导的国际公共产品日益呈现出狭隘的"俱乐部"特征,即成员参与方式由基于多元化的鼓励加入转变为根据美国的需求有条件准入。② 而中国以合作共赢、责任分担、协作领导、公正平等为原则的供给理念能极大地避免国际公共产品被"私物化"的可能性,也减少了国际公共产品供给动力不足的问题,其中亚投行就是美国霸权相对衰落后新兴经济体进行国际机制构建的成功尝试。③

迄今,中国仍然是世界上最大的发展中国家,其提供国际公共产品不会超越自身的实际能力和国际定位,但也不会回避与之相称的国际责任。面对纷繁复杂的国际利益诉求,中国准确把握最具代表性的时代需求,通过创造性地提供优质国际公共产品来彰显自身的领导力。例如,推动区域自由贸易、加强投资和产能合作、促进基础设施互联互通、提升安全互信等,从而保障周边地区的持续健康发展和稳定。在即将进入 21 世纪第三个十年之际,中国日益站在地区事务的中心位置,秉持共商共建共享的治理观,为地区治理贡献新时代的中国理念、中国智慧和中国方案。纵观之,中国提供国际公共产品经历了从中国

---

① 朱云汉:《世界需要担心金德尔伯格陷阱吗?》,载《探索与争鸣》2018 年第 1 期,第 34 页。
② 高程:《从规则视角看美国重构国际秩序的战略调整》,载《世界经济与政治》2013 年第 12 期,第 92 页。
③ 张雪滢:《国际公共产品与中国构建国际机制的战略选择》,载《复旦国际关系评论》(第 22 辑)2018 年第 1 期,第 253 页。

机遇到中国经验再到中国智慧三个阶段；在继续为地区合作创造新机遇的同时，目前已进入向全球和本地区提供中国智慧的新时代。① 在国际治理中，中国越来越同时提供物质产品与观念产品，并兼具具体参与者与理念引领者的双重角色；中国的感召力和塑造力不断提升，这将对新阶段的地区一体化（所谓"3.0"时代）尤其是方向引领和规则塑造产生重大影响。

在区域治理体系的变革和完善方面，当前亚洲地区各国需要就经济、基础设施、环境、社会、安全等领域国际公共产品的供给进一步凝聚共识，以实现更高水平、更有效率的供给，并就公共成本的分担达成合理的解决方案。作为影响力不断上升的区域公共产品供给者，中国充分评估自身与需求方以及其他供应方的关系，优先从基础设施、产能合作、新经济形态以及生态安全、打击海盗等非传统安全领域入手，以更好地撬动政治安全等更为复杂和敏感领域的合作。长期以来，周边地区尤其是东北亚面临着历史恩怨、领土争端、民族主义、信任缺失四大安全合作障碍，加之中美两国竞争性的供给模式导致区域公共产品相对不足，也影响了区域安全合作的持续深入进行。② 鉴于地区安全结构现实以及自身实力因素，目前中国所能供应的区域安全公共产品主要是某些机制、观念、行动及其积极效应，以便为未来更高水平或更具实质性的区域安全合作打下基础。在这方面，中国的具体方案是倡导本地区主要相关方超越单边主义与零和博弈，谋求联动发展与合作共赢，推动构建周边和人类命运共同体，最终跨越所谓的"金德尔伯格陷阱"。③

三、区域公共产品供给与中国周边外交塑造力

（一）区域公共产品供给是中国塑造周边新秩序的杠杆——以亚洲金

---

① 李双伍：《从中国经验到中国思想——中国提供供给公共产品进入新时代》，"中国提供国际公共产品的路径选择"学术研讨会论文集，2017 年 11 月 25 日。

② 李国选：《东北亚安全合作：以区域公共产品供给为视角》，载《国外理论动态》2018 年第 8 期，第 105 页。

③ 就"金德尔伯格陷阱"这一重大的国际关系理论热点问题，《人民日报》相关栏目专门约请了高飞、陈志敏、郑振清、梁亚滨等学者进行了探讨，他们认为中国一直在积极承担国际责任，并提供与自身实力相称的国际公共产品。参见《跨越"金德尔伯格陷阱"之道》，载《人民日报》2018 年 1 月 7 日，第 5 版。

融领域为例

　　当今亚太地区秩序正处在深刻调整之中，权力重新分配和部分转移已是不可避免。理性地看，相关方需要积极适应权力关系变化所造成的利益新格局，并协调彼此在区域公共产品供给问题上的政策，共同维护地区体系的发展与稳定。在中国与周边国家的深层次互动中，区域公共产品供给已经成为中国塑造周边新秩序的重要路径和手段。例如，在国际金融这一战略性领域，中国的外交塑造力已取得显著提升。在周边外交中，金融外交是国家战略实施、维护国家权益的重要工具和有效手段。根据"10 + 3"框架下达成的清迈倡议多边化（CMIM）协议，2010 年 3 月，中国与日本、韩国、东盟共同发起成立了初始总额为 1200 亿美元的区域外汇储备库。中国稳步推进人民币国际化战略，扮演着亚洲区域的金融稳定器角色，促进了国际金融治理机制的不断合理化。从金融和贸易安全以及构建开放型经济新体制的角度看，人民币国际化是中国提供国际金融公共产品的一项长期战略，它将使包括周边国家在内的世界各国拥有更多替代性选择。随着中国经济影响力的快速上升和对外经贸规模的不断扩大，目前人民币已成为全球最重要的贸易融资货币之一，在全球支付货币中也居于前列，并逐渐具备了储备货币功能，这在一些东南亚国家中尤其明显。2015 年 10 月，人民币跨境支付系统正式启动。2016 年 10 月起，人民币被国际货币基金组织纳入特别提款权（SDR）货币篮子，所占有的权重（10.92%）仅次于美元和欧元，其国际储备货币和"可自由使用货币"的身份得到权威认可。[①] 着眼于本地区各国的根本利益和国际金融治理的需要，中国在主动实施内部金融改革、开放与创新的同时，也在由内而外、温和渐进，积极参与国际金融新秩序建设，寻求在国际金融规则制定或修改方面的更大影响力。落脚到地区层面，中国发挥自身在国际金融基础设施建设方面的比较优势，积极加强区域金融合作、创新多边金融机制，在完善亚洲金融秩序方面已取得若干重要进展。

　　在上述国际金融领域，近年来中国采取更为积极的多边主义，在促进国

---

　　① 宋效峰、黄家亮：《国际金融视角下的英美权力转移及其启示》，载《江南社会学院学报》2018 年第 1 期，第 57 页。

际公共产品供给的同时，自身的结构性和制度性影响力也得到显著提升。①来自周边新兴国家和发展中国家的支持，已成为中国金融力量崛起的基本依托。20 世纪 90 年代末亚洲金融危机爆发，中国以负责任大国身份伸出援手，推动中国和东亚国家在西方国家主导的全球性金融机制之外，着手加强本地区金融与货币合作。2008 年全球金融危机客观上为人民币国际化带来了机遇，加快了亚洲地区的货币合作步伐；中国与多个东亚国家或地区签订双边货币互换协议，为这些国家或地区提供流动性支持。如前所述，中国作为最大的出资国之一（占总出资额的 32%）与东亚国家共同发起成立亚洲区域外汇储备库，其规模目前已升至 2400 亿美元，已成为东亚地区应对金融冲击的重要公共产品。中国经济的稳健表现及其充足外汇储备所支撑的人民币正在被周边国家和地区所广泛接受，成为区域性的"良币"。通过区域经济一体化和金融合作，中国在全球金融博弈中有了较稳固的战略依托。

中国还与金砖国家一起，创立了总部位于上海的金砖国家新开发银行；在"一带一路"架构下，中国出资 400 亿美元设立丝路基金。更重要的是，中国发起成立的亚投行（中方作为最大股东约占总投票权的 26%）成员国已达 100 余个，超过亚洲开发银行等发达国家主导的传统多边金融机构，已成为仅次于世界银行的全球第二大多边开发机构。作为体系外创制的一部分，中国还将推动设立上海合作组织开发银行，这些新兴多边金融机构都是以发展中国家为主体、以共商共建共享为特点的，开创了发展中国家组建多边金融机构之先河，已成为现有国际金融机制的重要补充和完善。它们通过贷款、股权投资以及提供担保等方式直接为区域公共产品融资，从而成为亚洲及"一带一路"沿线区域公共产品生产资金的重要传输机制，也促进了国际金融资源的更合理配置。亚投行侧重服务于发展中国家的基础设施建设，中国为之提供了重要的资金与信用支持、基础人才资源的支持，并对亚投行开放高效运营机制的建立起到了重要助推作用。从其运营和发展来看，成员的普遍性在不断增强，业务活动范围在不断拓展，在大规模的基础设施建设、环

---

① 参见王红英、杨国梁：《从韬光养晦到有所作为——中国的金融小多边主义》，载《国际经济评论》2015 年第 2 期，第 151 页；孔玥：《新时期中国周边金融外交战略——以亚投行筹建对 GMS 成员国影响为例》，载《云南社会科学》2015 年第 5 期，第 24 页。

境保护与项目实施地区经济的可持续发展之间实现了较好的平衡，通过国际合作增强了与现有国际金融体制的契合性。[1]

（二）区域公共产品供给是提升中国地区制度性话语权的有效路径

随着中国对地区事务的参与度越来越深，中国创设新区域机制，或者在既有区域机制下积极发挥作用，制度性话语权不断上升。所谓制度性话语权，是指一国在参与国际机制的过程中，通过议程设置、规范塑造、规则制定、倡议动员以及制度性理念提供等方式影响国际机制的设计与运行，谋求自身在国际机制中的主动权或主导权，从而将本国政策话语国际化、合法化的权力。[2] 制度性话语权属于典型的复合权力，其中通过创造性介入区域机制设计，提供制度类区域公共产品，塑造所期望的区域秩序，是提升制度性话语权的有效路径。

在当前地区秩序的调整中，除国际金融这一典型领域外，中国还不断加强在其他区域合作机制中的设置议程能力，相关的国际规则制定权显著扩大，在区域事务中的话语权大幅提升。这具体表现为中国建设性地提出自己的主张与方案，在更深广的领域提供区域公共产品，为构建区域命运共同体做好扎实铺垫。以此为政策抓手和着力点，中国塑造周边地区环境、引领本地区共同应对各种挑战以及促进地区和平稳定和发展繁荣的外交能力稳步提升。在互动关系日益制度化的地区环境中，中国外交需要顺应地区秩序在多边制度框架中的逻辑延展而因势利导、顺势而为，积极提升制度性话语权。具体来说，中国遵循地区制度框架的参与和构建、地区制度框架下互动议程的设置以及共享理念的倡导三条路径，可以弥补当前结构性权力的不足，提升周边政策的有效性，推动以资源来衡量的潜力和实力向以塑造其他行为体预期和行为来衡量的话语权和影响力进一步转化。[3] 在战略层面上，新时代中国

---

① 彭代琪格：《试析中国在基础设施投资领域提供公共物品的角色——以亚投行（AIIB）为例》，载《区域与全球发展》2019 年第 4 期，第 121 页。

② 韩雪晴：《全球视野下的制度性话语权：内涵、类型与构建路径》，载《新疆师范大学学报》（哲学社会科学版）2019 年第 3 期，第 19 页。

③ 马荣久：《中国提升地区制度性话语权的路径探析》，载《山东大学学报》（哲学社会科学版）2019 年第 3 期，第 90 页。

统筹国内国际两个大局，合理配置和利用各种外交资源，积极经略周边，全方位、多层次、立体化的外交布局基本形成。尤其是通过"一带一路"等综合性合作深入供给区域公共产品，进一步增强了中国周边外交的塑造力和主动性，有利于更好地实现国内发展进步与国际体系稳定之间的相互促进。

第二章 中国周边外交的动力机制与区域公共产品供给

第一节 中国周边外交的内在逻辑与动力机制

70余载风雨路,"立国—富国—强国"构成了中华人民共和国大国成长的三个阶段;而天下主义与社会主义、独立自主与党管外交、王道传统与大国外交,为中国外交设定了正统基因、政治支柱和文化坐标,也在某种意义上构成了中华人民共和国外交的"路径依赖"。[①] 与世界其他大国相比,作为一个自身特质明显的东方文明古国、社会主义大国和新兴的发展中大国,中国的周边外交有其独特的发展逻辑和内在动力机制。它与不同时期中国的国际定位、地区环境、国际社会的阶段性特点,以及中国的外交理念或指导思想、战略目标等一系列主客观因素有关。[②] 而加强区域公共产品供给,正在为新时代中国周边外交注入新的动力,推动着中国特色周边外交进入一个继承与创新并进、理念与实践统一、互利共赢更高水平的新境界。

一、中国周边外交的逻辑演进

（一）"伙伴关系"反映了中国周边外交的继承与创新

"见出以知入,观往以知来"。中华人民共和国成立以来,历经五代领导

---

① 赵可金:《中国外交70年:历史逻辑与基本经验》,载《东北亚论坛》2019年第6期,第10页。
② 宋效峰:《试析中国周边外交的演进逻辑与动力》,载《西南石油大学学报》(社会科学版)2019年第3期,第88-94页。

人外交思想的不断继承与发展，在与亚洲国家发展关系时从未把寻求地区霸权或势力范围、支配地位作为自己的政策目标。中国不但反对其他国家在本地区搞霸权主义——例如，"冷战"时期先后反对美国、苏联和越南等大小霸权主义，自己也一再宣示永远不称霸。① 就是在今天中国的实力与以往相比已大大增强，而仍然强调要做地区治理体系和秩序的建设者和维护者。就其内在逻辑而言，中国所追求的国家利益及其国家角色定位，是其周边外交决策的基本出发点。由最初维护国家领土完整与安全等生存需要以及更广泛的合法性承认，到改革开放以来为实现经济发展营造稳定环境，再向更高层次的地区贡献者和塑造者提升，中国周边外交所追求的目标层次性和涵盖领域的广泛性体现得十分明显。当前作为周边关系的一种新常态，中国"结伴而不结盟"的周边朋友圈不断扩大，几乎与所有周边国家建立起了不同层次和不同定位的伙伴关系，彼此间的利益融合达到了前所未有的广度和深度。其基本情况如下（括号内为关系确立时间）：②

（1）中俄新时代全面战略协作伙伴关系（China – Russia comprehensive strategic partnership of coordination for a new era）：俄罗斯（2019 年 6 月）；

（2）全天候战略合作伙伴关系（all – weather strategic cooperative partnership）：巴基斯坦（2015 年 4 月）；

（3）全面战略合作伙伴关系（comprehensive strategic cooperative partnership）：越南（2008 年 5 月），老挝（2009 年 9 月），柬埔寨（2010 年 12 月），缅甸（2011 年 5 月），泰国（2012 年 4 月）；

（4）全面战略伙伴关系（comprehensive strategic partnership）：哈萨克斯坦（2011 年 6 月，2019 年 9 月宣布发展永久全面战略伙伴关系），马来西亚（2013 年 10 月），印度尼西亚（2013 年 10 月），蒙古国（2014 年 8 月），乌兹别克斯坦（2016 年 6 月），塔吉克斯坦（2017 年 8 月），吉尔吉斯斯坦（2018 年 6 月）；

① 参见习近平：《习近平谈治国理政》，外文出版社 2014 年版，第 267 页；习近平：《习近平谈治国理政》（第 2 卷），外文出版社 2017 年版，第 446 – 447 页。

② 由中华人民共和国外交部网站《声明公报》等相关资料整理而成，2019 年 9 月 26 日，载 https：//www.fmprc.gov.cn/web/ziliao_674904/1179_674909/。

（5）面向发展与繁荣的世代友好的战略合作伙伴关系（strategic cooperative partnership towards development and prosperity and featuring ever-lasting friendship）：尼泊尔（2019年10月）；

（6）战略合作伙伴关系（strategic cooperative partnership）：印度（2005年4月，后于2014年9月宣布构建"更加紧密的发展伙伴关系"），韩国（2008年5月），阿富汗（2012年6月），孟加拉国（2016年10月）；

（7）战略伙伴关系（strategic partnership）：土库曼斯坦（2013年9月）；

（8）与时俱进的全方位合作伙伴关系（all-round cooperative partnership progressing with the times）：新加坡（2015年11月）。

此外，目前中国与日本（战略互惠关系，2006年10月）、菲律宾（全面战略合作关系，2018年11月）、朝鲜（传统友好合作关系）的官方关系定位中，尚无明确的"伙伴"表述，但彼此也正朝着伙伴关系发展或实质上已具有伙伴关系的内涵。自1993年，中国在对外关系中首次使用"伙伴关系"一词以来，截至2019年9月已建立了110对伙伴关系，这种新型国家关系范式为中国的和平发展创造了良好的外部环境。[①] 但在复杂的国际政治经济互动形势下，"伙伴关系"建设也面临着如何进一步做大做实的问题。"一带一路"倡议的提出与推进为新时代"伙伴关系"的建设、维护与发展带来了新的机遇，通过对现有各种"伙伴关系"的重新定位和提升，构建层次分布合理、符合中国与相关国家实际的伙伴关系体系，可以为周边外交的深入开展提供稳定的支撑。[②]

从早期革命外交色彩浓厚到今天全面推进以平等、合作、开放为基本特点的"伙伴外交"，国家角色定位与利益认知的深层调整与变化，推动了当代中国周边外交的战略演进。其中，动态变化的国家实力、日益生成的国际主流价值观、70余年来的领导层代际转换以及外部世界对于中国角色的期待，是影响中国国家角色定位的主要内外部因素。具体来看，国家实力的变化是推动中国国家角色认知变迁的物质基础，国际主流价值观的演进和决策

[①] 王毅：《谱写中国特色大国外交的时代华章》，载《人民日报》2019年9月23日，第7版。

[②] 李渤等：《中国的"一带一路"倡议及同其周边国家的"伙伴关系"建设》，载《延边大学学报》（社会科学版）2017年第4期，第18页。

层的代际转换则决定了国家角色认知变迁的方向，与他国角色期望的持续互动则为国家角色认知的变迁提供了社会化动力。[①] 从国际政治的社会化角度看，国内政治与国际政治、地区政治之间联系与互动呈不断加强的趋势，仅用物质性因素或视角来解释是不够的，中国与周边国家的互动形态还受制于体系层次上不同类型的文化和规范；由此形成的彼此间的积极认知，对于伙伴关系的建构具有基础性意义。而新型国际关系作为一种符合全球化时代价值需要的范式，也同样适用于中国与周边国家之间，它反映了中国在国际社会和本地区中可预期、建设性、非对抗的行为取向。

（二）"冷战"时期中国周边外交政策受外部环境制约较大

早期中国周边外交政策的变化大致以十年为一个阶段，[②] 这种大幅度变化与国际格局变迁、周边环境变化、中国决策层的战略认识以及相应的对外战略调整有关。与此同时，自中华人民共和国成立之初起，便开始探索有自身特色的国际公共产品供应。20 世纪 50 年代，中国与印度、缅甸等周边国家共同倡导了和平共处五项原则，并最终使之从区域层面上升为普遍性的国际关系准则。这五项原则传承和凝练了包括中国在内的亚洲人民崇尚和平的思想传统，成为中国贡献给全世界的一项宝贵的观念公共产品，集中体现了中华人民共和国成立之初便开始探索有自身特色的国际公共产品供应。当时中国周边外交的一大任务是在上述五项原则指导下，与相关国家共同解决华人双重国籍、边界划定等历史遗留问题。但受制于"冷战"这一大背景，中国与周边国家的关系十分复杂，在实践中和平共处五项原则难以得到完全的贯彻。而极"左"思潮和某种意义上的"输出革命"也曾经对中国与周边国家关系造成一定消极影响，中国外交所追求的国家利益与国际义务目标之间出现某种程度的冲突和失衡。在某种意义上中国向国际社会提供的国际公共产品主要是国际共产主义意识形态，在长达约 30 年的时间里，承担了超过自身实力地位的国际责任。中国的对外援助经历了以偏重政治发展为中心到以

[①] 田松：《国家角色的嬗变：中国周边外交的演进动因》，山东大学 2017 年国际政治专业硕士学位论文，第 7 页。

[②] 石源华：《论新中国周边外交政策的历史演变》，载《当代中国史研究》2000 年第 5 期，第 38 页。

偏重经济发展为中心的路线转型——1976 年以前，我国曾向朝鲜、越南等110 多个国家和地区提供过经济援助。以越南为例，1955 年虽然中国国内大米供应紧张，但仍援助了越南 3 万吨大米以及 300 吨面粉等。① 这使得中国在处理与周边国家关系时长期把安全利益放在突出位置。

1964 年初，中国政府宣布了著名的对外经济技术援助八项原则，除非洲国家外，周边地区的朝鲜、越南、柬埔寨、缅甸、锡兰（今斯里兰卡）和巴基斯坦等国也都是中国对外援助的重要对象。这八项原则包括：根据平等互利的原则对外提供援助，从不把它看作单方面的赐予；严格尊重受援国的主权，绝不附带任何条件或要求任何特权；以无息或低息贷款方式提供经济援助，尽量减少受援国的负担；提供援助的目的不是造成受援国对中国的依赖，而是帮助受援国逐步走上自力更生、独立发展的道路；援建项目力求投资少、收效快，使受援国能够增加收入、积累资金；提供中国所能生产的、质量最好的设备和物资，并根据国际市场价格议价；对外提供任何技术援助时，保证使受援国人员充分掌握这种技术；派到受援国帮助进行建设的专家，不容许有超出受援国本国专家的任何特殊要求和享受。② 在中国早期的对外援助工作中，尽管援助模式等存在一些不足，但这种国际主义取向促进了中国与包括周边国家在内的第三世界国家的友好合作。

在"冷战"的大部分时期里，先后或同时来自美国或苏联等超级大国不同方向上的威胁，直接影响中国对周边国家的政策，使得传统安全问题成为中国与周边国家关系中居于首要地位的重大课题。在具体层面上，周边外交的领域和手段都比较单一，经济、社会等其他领域的关系难以取得更大突破；同时对双边外交的重视和熟悉程度显著超过多边外交，直到 20 世纪 80 年代中国对本地区多边机制的参与度都很有限，这仅包括 1981 年设立常驻联合国亚洲及太平洋经济社会委员会（ESCAP）代表处、1986 年加入亚行等。按照毛泽东等第一代中国领导人的国际战略理论，除个别国家外周边国家都可以先后放到"中间地带"或"第三世界"范畴里看待。在以邓小平为核心的第

---

① 张婷婷：《如何理解"一带一路"的国际公共产品性质？》，2019 年 8 月 7 日，载 http：//www. rmhb. com. cn/zt/ydyl/201908/t20190807_800175298. html。

② 周恩来：《周恩来外交文选》，中央文献出版社 1990 年版，第 388 - 399 页。

二代中央领导人时期，中国确立了"真正的不结盟"原则，针对与周边国家之间存在的某些领土争端问题采取"搁置争议、共同开发"策略，并调整了对外援助政策和方式等，确立了"平等互利、讲求实效、形式多样、共同发展"四项原则，① 这些对改革开放以来周边外交政策的制定产生了深远的影响。中国顺应国际国内形势的变化，不断地调整其对外援助的政策、方式和管理体制。从动因看，以援助与合作为行为特点的新的对外援助实践，主要基于政治上伙伴关系的确立带来的政治目标、践行人道主义以及市场经济推动。从关系角度看，则涉及中国与援助国的关系、援外行为与国内环境的关系以及援外行为与国际环境的关系。中国的国家身份，是塑造中国对外援助特色的决定因素；而文化传统、现代市场力量和援外体系则共同影响着中国的对外援助行为。② 中国日益成为国际经济体系的参与者和建设者，通过对外援助来承担国际责任、改善国家关系与塑造国际环境的能力逐渐上升。

客观地说，受制于当时的"冷战"格局以及自身实力，早期中国主动塑造周边环境的能力并不成熟和强大，不得不在较短周期内对外交环境作出某种反应而大幅度调整其周边外交政策。改革开放以来，中国周边外交的塑造能力和主动性、稳定性或连续性不断增强，以加强经济合作、实现区域经济一体化为重要目标，最终为国内经济建设服务。具体来说，它又经历了一个从"睦邻"到"睦邻、安邻、富邻"的深化和转变。随着国际关系的时代变化，当代中国从初期的"睦邻"外交到改革开放以来的"安邻"外交，21世纪进一步朝着面向周边地区整体意义上的"富邻外交"方向拓展。中国传统"睦邻"外交政策的着眼点在于确立中国与周边国家的平等友好关系，而"睦邻、安邻、富邻"外交政策的整体性提出则表明，中国开始将实现同周边国家的共同安全和繁荣确定为自己新世纪周边外交的努力方向。③ 中国周

① 周弘：《中国对外援助与改革开放 30 年》，载《世界经济与政治》2008 年第 11 期，第 33 页。
② 既往的对外援助经验对于今天的启示是：作为一个崛起中的大国，尽管国际社会期许中国承担更多国际责任，但中国应该避免掉入通过对外援助引发大国对抗的陷阱，而是以此推动构建全球伙伴关系体系，突破传统的结盟范式，更好地促进世界和平与发展。参见任晓、郭小琴：《解析中国对外援助：一个初步的理论分析》，载《复旦学报》（社会科学版）2016 年第 4 期，第 155 页。
③ 王光厚：《从"睦邻"到"睦邻、安邻、富邻"——试析中国周边外交政策的转变》，载《外交评论》2007 年第 3 期，第 38 页。

边外交政策的这一转变和升华，是在其自身发生变革的同时，不断协调同外部世界关系的过程中实现的。

（三）"冷战"结束后中国周边外交的自主性与特色不断增强

在某种意义上，"冷战"时期的中国是一个没有地区政策的地区大国。"冷战"结束以来，国际格局和中国周边安全环境都发生了重大变化，稳定周边成为中国首要的对外目标。其周边政策先后经历了过渡期、调整期而进入成熟期——从全面建交和大力开展经济外交，到周边外交主要围绕地区重要大国展开并受制于大国关系和大国战略，再到次区域—双边—地区多层政策结构的成型，反映了中国的国家发展战略日益均衡，国内战略与对外战略之间的联动性增强，多层次、多领域的多边合作已成为中国塑造理想地区环境的重要手段。① 除南亚地区的不丹外，"冷战"后中国与周边国家全部建立或恢复了正常的外交关系——其中包括与新加坡、沙特阿拉伯、文莱、韩国、以色列、中亚国家等实现建交以及与印度尼西亚复交。除印度、不丹外，中国已同 14 个陆地邻国中的 12 个划定和勘定了边界，2.2 万多公里的陆地边界已有 90% 以上得到划定。同时，中国的综合国力快速增长，新形势下周边外交战略调整和改革的压力不断增大。② 中国的全方位外交加快向纵深发展，周边国家在外交全局中的重要性不断上升，但经济关系仍是主要内容。1992年 10 月中共十四大召开，"睦邻"外交进入一个新阶段，其中经济外交的分量进一步加重。所谓经济外交，是指一国中央政府及其所属具体职能部门围绕经济事务，针对他国政府、国际组织或者跨国公司所展开的官方交往活动。③ 作为国家意志的体现，经济外交反映着一国对国际秩序的认知判断、对自身国家利益的权衡排序，以及对战略意图之实施方案的选择。④ 经济外交既需要以国内生产力量的均衡优势与充分发展为基础，又需要以足够的政

① 吴琳：《冷战后中国周边政策的历史演进》，载《国际论坛》2010 年第 3 期，第 43 页。
② 吴志成：《中国周边外交需更加重视战略谋划》，载《现代国际关系》2015 年第 1 期，第 25 页。
③ 李巍：《改革开放以来中国经济外交的逻辑》，载《当代世界》2018 年第 6 期，第 22 页。
④ 孙伊然：《新中国 70 年经济外交：观念与选择》，载《世界经济研究》2019 年第 10 期，第 27 页。

治力量与观念力量作支撑。经济外交以问题为导向，往往因事而异、因时而变、因势而进，蕴含着刚与柔、义与利之间的对立统一关系。[①] 中国在不同阶段特有的秩序观和利益观，构成了关于其决策背景和追求目标的理解，进而影响和塑造了具体的路径选择。在中国经济实力仍然较弱的背景下，强调外交工作服务于经济建设这一中心，形成了某种"经济实用主义"的逻辑——为了争取有利于自身经济建设与发展的外部环境，往往倾向于"以妥协求和平，以和平保经济建设"。[②] 为此，中国外交尽量寻求搁置与亚洲周边国家的政治争议，积极发展与它们的经济合作，以经济利益的增进带动政治问题的解决，以经济相互依赖关系来保障彼此政治关系的稳定。

这一时期，中国的地区多边主义也开始趋于积极，这体现在人文、经贸、安全、政治诸领域：1990 年 9—10 月，北京举办了第十一届亚洲运动会；1991 年 11 月，中国加入亚太经济合作组织；1997 年 3 月，中国正式加入东盟地区论坛；1999 年 11 月，中国提出建立中国—东盟自由贸易区（CAFTA）；2001 年 11 月，中国与东盟国家达成南海各方行为宣言。改革开放以来经江泽民、胡锦涛为首的两经代领导集体的继承和不断发展，中国周边外交思想不断走向成熟，相关战略和政策也更趋清晰、系统和自主。在"睦邻、安邻、富邻"的基础上，"伴邻、亲邻"的理念得到充实和加强，说明中国周边外交在物质和观念手段上更趋于均衡，中国对于周边国家的吸引力和感召力也在不断提升。但直至 20 世纪末，中国周边外交政策仍在很大程度上受制于中国与大国关系及其大国战略这一基本面。

进入 21 世纪的第一个十年，中国外交政策变得更加开放和务实，覆盖范围更广，对国际规范更加投入，处理国际事务的能力也显著提升，相对独立的周边外交战略架构和定位基本成型。2002 年 11 月，江泽民在党的十六大报告中指出，要"继续加强睦邻友好，坚持与邻为善、以邻为伴，加强区域合作，把同周边国家的交流和合作推向新水平"。[③] 同年，中国与东盟国家正

---

① 白云真：《经济外交研究的分析性视角及其路径》，载《广东社会科学》2019 年第 4 期，第 35 页。

② 阎学通：《历史的惯性：未来十年的中国与世界》，中信出版社 2013 年版，第 181 页。

③ 江泽民：《江泽民文选》（第 3 卷），人民出版社 2006 年版，第 567 页。

式宣布在 10 年内建成中国—东盟自贸区。2005 年，胡锦涛在联合国成立 60 周年首脑会议上提出"建设一个持久和平、共同繁荣的和谐世界"战略构想，构建和谐周边、和谐地区、和谐亚洲成为中国周边外交的政策目标。总体而言，中国周边外交逐步走向成熟和稳健，其政策取向具有显著的"环境友好"特征——积极参与和融入区域一体化，致力于成为区域和平、发展及秩序的建设者、维护者和贡献者。在 2007 年 10 月党的十七大报告中，胡锦涛提出"大国是关键、周边是首要、发展中国家是基础、多边是重要舞台"的外交政策，主张"坚持与邻为善、以邻为伴，巩固睦邻友好，深化互利合作，努力使自身发展更好惠及周边国家"。[①]

在这一时期，中国周边外交以"与邻为善、以邻为伴"为方针，以"睦邻、安邻、富邻"为手段，以构建"好邻居、好朋友、好伙伴"为目标，同时确立了东南亚和中亚两个周边区域为重点经营方向——就前者而言中国拥有显著的经济优势，后者则在某种意义上被视为中国的"战略归宿"，二者目前都有较好条件成为共建"一带一路"和构建人类命运共同体的样板。其中，中国的中亚外交与中亚国家现实需要和利益诉求高度契合，因应了中亚区域治理的迫切需求，对中俄在中亚地区的战略协作起到了促进作用。相对而言，中亚地区是中国较易进行战略塑造和积极作为的外交方向，中国日渐成熟的中亚地区主义战略体现了以推动地区治理践行睦邻外交的新态势。该战略的主要内涵包括：供给地区性公共产品，以形成地区合作的制度基础；以创新机制引导非国家行为体参与，寻求地区主义和地区化的相互促进；以多种机制综合配置战略资源，安全与发展并举；立足于中国与周边的命运共同体建设，更多地以自身发展惠及邻国，培养地区共同体认同和共同利益观念，构建新的地区意识和地区主义。[②] 在东南亚方向，中国力求"主动出击、文武兼备、捍卫利益、共建共享"，主动塑造国际战略环境的能力显著提升，

[①] 胡锦涛：《胡锦涛在党的十七大上的报告》，2007 年 10 月 24 日，载 http://politics.people.com.cn/GB/1024/6429094.html。

[②] 参见邓浩：《"一带一路"倡议与新时期中国的中亚外交》，载《当代世界》2019 年第 6 期，第 10 页；雷建锋：《中国的中亚地区主义与周边命运共同体的生成》，载《教学与研究》2016 年第 10 期，第 79 页。

在处理域内外关系方面真正做到了"张弛有度、兼容并蓄、扬长补短、弹性思维、深耕基层"。①

二、新时代中国特色周边外交的继承与创新

(一) 新时代中国特色大国外交要求周边外交更加积极有为

2012 年 11 月党的十八大召开以来，以习近平同志为核心的党中央在继承中发展和创新，进一步拓展和丰富了周边外交的理念与战略，使之更加重视统筹谋划，目标和手段也更加积极有为，从而成为新时代中国特色大国外交思想的重要组成部分。② 中国周边外交在战略理念和战略实践两个层面实现了重大的改革创新：在战略规划上确立了以周边为优先方向，在指导思想上提出了"亲诚惠容"、周边命运共同体等方针，在实践上开创了"一带一路"等地区合作新布局，推出了一系列周边外交新举措，强化了公共外交、民间外交和人文交流等新领域。之所以出现这些从守成转向进取的改革创新，内因在于国家实力与领导风格的变化，外因则在于地区秩序与周边形势的变化。③ 在 2013 年 10 月中央周边外交工作座谈会上，周边外交被置于比以往更为优先的地位。在 2014 年 11 月中央外事工作会议上，习近平同志强调，中国必须要有自己特色的大国外交，并切实抓好周边外交工作。中国特色大国外交理念的适时提出，正是基于对自身实力变化和国际体系转型而确定的当下中国时代新坐标，即中国正前所未有地靠近世界舞台中心，前所未有地接近实现中华民族伟大复兴的目标，前所未有地具备实现这一目标的能力和信心。④ 2017 年 10 月党的十九大召开，标志着奋发有为、内涵丰富的中国特色大国外交理论体系趋于完善。总的来看，新时代中国外交战略的基本目标是为改革开放营造和维护和平的国际环境以及良好的周边环境，为实现"两个

---

① 邱琳：《十八大以来中国外交对东南亚国际战略环境的主动塑造评析》，载《印度洋经济体研究》2019 年第 3 期，第 1 页。
② 卢光盛、田继阳：《习近平周边外交思想：理论渊源、时代意义和实践方向》，载《当代世界》2018 年第 8 期，第 4 页。
③ 金新：《习近平周边外交战略的改革创新》，载《西部学刊》2019 年第 2 期，第 5 页。
④ 习近平：《习近平谈治国理政》，外文出版社 2014 年版，第 35 页。

一百年"奋斗目标、实现中华民族伟大复兴中国梦服务，它在立足于中国本位方面体现了连续性。

针对中国自身发展与外部环境的新变化，习近平主席重视核心利益的底线思维，妥善处理走和平发展道路、维护地区稳定与坚定维护国家正当权益之间的关系。合作与竞争、斗争相结合，是中国周边战略的具体实施路径。为此中国的区域策略和手段更加刚柔并济、软硬结合，[1] 在寻求与相关方谈判与合作的同时积极提升对地区局势的控制能力，更加主动地经略和塑造有利于和平发展的周边外部环境。在可资利用的资源和手段比以往显著增多的条件下，中国已不再满足于实用主义色彩较为突出、以经济利益为主要取向的外交范式，安全和政治利益被提到更为突出的位置，从而使周边外交所追求和捍卫的国家利益目标更为均衡。目前，中国的周边安全环境仍面临着大国权力竞争、制度竞争和观念竞争等主要问题。从国家利益层面分析的视角看，中国周边地区存在的安全问题通常涉及核心利益、重要利益和一般利益三个层次，其中核心利益问题会触及中国的底线，是中国周边外交所坚决捍卫的。

（二）中国周边外交要维护和利用好重要战略机遇期

新一代领导人科学评估了中国快速发展背景下周边外交面临的新环境和新挑战，认为中国战略机遇期有望继续延长；在此基础上确定了周边外交作为中国外交重心的新定位，提出了周边外交新理念、新战略，并形成了新的实施路径，从而作出了中国周边外交理论和实践的又一次重大创新。[2] 而前述相互尊重、公平正义、合作共赢等理念原则，不但是新型国际关系的价值精髓，也已成为中国处理与周边国家关系的核心政策取向。中国与周边各国的交往进入了更加多层次、多领域、立体化和纵深发展的新阶段，各种版本的"中国威胁论"在周边地区的存在空间被大大压缩。一般地，国际秩序的

---

① 参见周方银：《中国外交软与硬的标准是什么》，载《人民论坛》2013 年第 12 期，第 56 页；Tiang Boon Hoo, Flexing Muscles Flexibly: China and Asia's Transitional Polycentrism. In Alan Chong (eds), International Security in the Asia – Pacific. Cham: Palgrave Macmillan, 2018, pp. 101 – 127.

② 石源华：《推进中国周边外交历史性变化研究》，载《中国社会科学报》2017 年 2 月 24 日，第 5 版。

塑造需要遵循从本地区到全球的路径，因为地理空间在全球化时代仍然是一个极其重要的约束因素，外交能力的投射会受到地理距离的极大制约。而稳固的地区（秩序）是不可或缺的力量源泉：如果一个国家所在的地区内耗不断，它必将无力应对其他地区事务；一个在本地区都不能建立稳定秩序的国家，也难以赢得其他地区国家的认同。因此，中国需要优先经营东亚地区，继续推动与中亚等区域之间的协调与合作，维持好相关地区的和平。① 当前，中国正积极运用自身巨大的经济影响力，为周边合作供给发展、安全等各类公共产品，在亚洲建立一个以中国为中心的地区命运共同体，从而引领制定全球治理新规则，同时使自身的规范性权力得到相应提升。②

习近平主席首先针对亚洲地区提出共同、综合、合作、可持续的新安全观，强调尊重和保障本地区各国的安全利益，统筹传统与非传统安全；鉴于国家间利益关系的复杂多维性，在追求本国安全利益时应兼顾他国合理关切以及本地区和国际社会的共同利益，通过对话与协商促进地区与国际安全，坚持发展与安全并重。③ 在坚持和平发展道路的大方向指引下，积极构建和实施整体性的周边安全战略，中国周边外交在当前所处的重要战略机遇期仍可大有作为。这包括与周边相关大国或地区性力量开展各层面的战略协调，继续深化地区政治互信与多领域合作，明确和巩固本地区不断增长的共同利益；积极承担自身应尽的地区责任，寻求破解相关国家之间和地区层面上存在的信任赤字及安全困境等问题，探索建立一个共享、共赢的亚洲安全合作新架构。不过，困扰中国周边安全的一些结构性矛盾和历史性难题在短期内仍难以解决，中国的实力增强并不会自动带来周边影响力特别是认同力、亲和力的上升。周边国家目前对中国大多采取一种欢迎与警戒并存的态度：一方面积极搭乘中国经济增长快车，另一方面又在安全上对中国有所担忧。有的国家利用中美"二元格局"左右逢源，甚至采取"远交近攻"策略，在一些涉及中国核心利益或重要利益的问题上屡屡制造麻烦。国家能力、自身定

① 唐世平：《国际秩序变迁与中国的选项》，载《中国社会科学》2019 年第 3 期，第 198、201 页。

② William A. Callahan, China's Asia Dream: The Belt Road Initiative and the New Regional Order. Asian Journal of Comparative Politics, No. 3, 2016, p. 239.

③ 习近平：《习近平谈治国理政》，外文出版社 2014 年版，第 354 – 355 页。

位等差异决定了周边各国在战略诉求和利益关切上存在差异，这就需要中国在处理与它们的关系时要充分注意这种不对称性，通过构建与实施适当的周边战略与政策来推动周边关系更加融洽。以往中国更多的是通过经济手段来解决周边问题，随着近年来这种手段的边际效应下降，中国周边外交需要更多地树立权威、增进互信。①

三、中国周边外交的动力机制

（一）塑造有利于中国发展的周边关系与周边环境

周边关系与大国关系客观上存在很大程度的竞合，它们在中国外交战略全局中均占有极其重要的地位，共同作用于中国外交所要维护和追求的国家安全、政治稳定、经济发展乃至国际地位改善等目标所赖以实现的外部环境。② 从运筹大国关系的需要看，美国虽然是域外大国，但其在中国周边地区的影响力巨大；而俄罗斯、日本、印度等大国则同时又是中国的邻国。周边国家的政策制定几乎都要受到中美关系的影响，中美两国之间的制度化接触和互动对于亚洲地区秩序和安全架构的走向和塑造具有关键性的意义。因此，化解与守成大国之间存在的结构性矛盾，是中国周边外交的主要任务之一。要构建不同于以往的中美新型大国关系，就需要相互尊重对方在亚太地区的重大利益关切，避免形成根本性的冲突与对抗，寻求通过合作与协调实现在本地区的利益共赢。客观地说，中美两国在寻求地区影响力、区域公共产品供给等方面存在一定的竞争关系。在这方面美国与一些亚太国家仍然持有旧的对抗思维，例如，特朗普政府为了恢复有利于美国的所谓地区力量平衡、安全平衡和体系平衡，把中国定位为最重要的战略竞争对手，试图在"印太"框架下，构筑对中国的地缘战略制衡。③ 美国学者约瑟夫·奈对此所作的批评不无道理：若美国将中国视为敌人，那么中国就会变成美国的敌人。

---

① 凌胜利：《新时期中国周边外交战略》，载《中国社会科学报》2018 年 1 月 11 日，第 4 版。
② 石源华：《论新中国周边外交政策的历史演变》，载《当代中国史研究》2000 年第 5 期，第 38 页。
③ 刘胜湘、辛田：《均势制衡与特朗普政府"印太"战略论析》，载《当代亚太》2018 年第 6 期，第 53 页。

其实中国参与和倡导的周边合作仍以经济为主要特色且都是包容开放和建设性的，与美国在本地区的利益完全可以兼容。自 2008 年全球金融危机爆发以来，中国对世界经济增长的贡献率高达 30%，远超过美国等发达国家。为此，相关大国应正确看待各方在亚太地区的竞争关系，尽快适应因中国崛起而重构的亚太地区秩序新现实，探索权力共享共治的新模式，让本地区国家在处理与中美两国的经济和安全关系时不再面临两难选择。[①] 总之，竞争性共存已成为中国周边外交与大国外交需要面对的一种常态。对大国之间的竞争与合作关系进行必要的管控，在贸易、科技、金融、投资、能源、基础设施、防扩散、非传统安全（如网络安全、打击跨国犯罪）等领域扩展利益交集，而不是"脱钩"或走向战略对抗，[②] 也是中国周边外交持续面临的重大议题。

在中国与周边国家关系中，改革开放以来涉及发展等领域的地区性公共问题相对上升。中国与周边国家相互依赖加深，国内政治经济与国际政治经济之间的相互联系、相互转化加强；公共问题开始取代传统的双边问题，逐步成为中国对外关系中的重要课题。[③] 尤其是"冷战"结束以来，中国的周边环境发生了重大变化，与邻国的对立、对抗关系基本得到消解；同时自身国力的增强和国际地位的提高，也使中国拥有了主动塑造周边地区环境的较强能力，这为中国更为积极地参与和创制区域公共产品提供了条件，在经济、安全、社会等领域的区域治理中出现了更多中国声音和中国方案，中国特色的区域合作观逐渐成型。中国周边外交的政策取向与行为方式发生了明显变化，围绕着区域性制度而展开的多边主义外交成为一项新的重要原则。与周

---

① 美国特朗普政府单方面挑起贸易战，对中美关系构成严重影响，结构性矛盾使两国从战略竞争走向战略对抗的可能性增大；同时，美国积极推进所谓"印太"战略并于 2019 年 6 月正式发布首份《印太战略报告》，而东南亚正处在"印太地区"的中心。历史地看，在当前中美关系形势下，东南亚国家坚持不"选边站"的立场面临着极大挑战。参见陈奕平、王琛：《中美关系周期变化与东南亚国家的外交选择》，载《东南亚研究》2019 年第 1 期，第 48 页；傅聪聪：《东南亚国家对中美的外交政策趋于分化》，载《国际政治科学》2018 年第 3 期，第 142 页。

② 王悠、陈定定：《中美经济与战略"脱钩"的趋势及影响》，载《现代国际关系》2018 年第 7 期，第 24 页。

③ 苏长和：《周边制度与周边主义——东亚区域治理中的中国途径》，载《世界经济与政治》2006 年第 1 期，第 9 页。

边国家达成的这些区域性多边制度安排，既包括正式的区域组织，也包括非正式的多边共识、规范，其约束力也不尽相同。以求同和渐进为出发点，中国的多边主义政策因区域方向和议题领域不同而存在差异。从消极看待到主动接受、积极参与甚至领导区域多边机制建设，与周边国家的良性多边互动使中国在有效维护和实现自身利益的同时，也真正发挥了作为亚洲第一大国的地区稳定器作用。[①] 中国越来越善于运用自身不断增长的外交资源，通过灵活的多边主义与本地区国家进行互动与磨合，把经济实力逐渐转变为某种更有助于贯彻自身地区战略的结构性权力。由此，为了改变长期以来国际话语权偏弱的局面，中国努力提升自身的制度、规则和议程创设能力，在周边外交中把自己的利益目标更好地嵌入地区议程之中。

（二）不断精细化与差异化的周边政策

当前，从获得更大制度性权力、推动区域制度建设等自身长远利益和地区整体利益出发，中国更加积极主动地提供区域公共产品，甚至承担某些超出本国短期收益的成本。一般地，一国的区域公共产品供给涉及投入和收益、长期和短期效应、综合效应和经济效益等问题，需要结合经济回报、政治关系、地区信任、国家声誉等多个维度加以考量。[②] 作为地区事务的重要利益相关方和建设性力量，中国在不同区域方向上采取了差异化的区域公共产品供给模式，并充分考虑与其他相关方的关系。在国内因素和国际因素的双重作用下，新时代中国的周边地区政策逐渐形成了次区域—双边—地区的多层次立体框架。在国内层面上，社会转型背景下的多元利益主体组成不同的"国内联盟"，它们通过跨部门、跨层次、多渠道的相互博弈影响着中国在不同地区议题上的决策；在国际层面上，中国周边近邻的四个区域因其自主性不同而导致中国与之互动的社会化模式、角色扮演及其政策取向存在显著差异。而差异化是中国周边外交走向成熟的重要标志之一，在未来中国塑造周

---

① 庞中英：《中国的亚洲战略：灵活的多边主义》，载《世界经济与政治》2001 年第 10 期，第 30 页。

② 王健：《中国提供公共产品不应拒绝域外大国》，2013 年 1 月 18 日，载 http：//news. sina. com. cn/o/2013 - 01 - 18/063926063999. shtml。

边环境和构建地区秩序过程中会进一步完善层次化、差异化的周边地区政策。①

具体而言，在中亚方向上，中国通过上海合作组织这一区域平台实现了"主导参与"，并积极倡导新安全观，在打击"三股势力"（即暴力恐怖势力、民族分裂势力和宗教极端势力）、禁毒、经贸和能源合作等领域提供公共产品，这对于中国新疆等西部地区开发和稳定乃至国家能源安全都具有重大影响。面向亚欧大陆的"西进"战略，构成了新时代中国大周边外交基本战略框架的重要组成部分，它与"丝绸之路经济带"建设等一起，能够起到以中亚为核心辐射南亚、独联体、中东的地缘作用。在东北亚方向，中国通过朝鲜半岛和平进程（包括此前的朝核问题六方会谈）、图们江次区域合作、东北亚环境合作、中日韩合作、东方经济论坛（旨在促进俄罗斯远东开发）等机制，实现了对该区域安全、经济等公共产品供给的"深度参与"。中国主张进一步发展和完善东北亚区域安全机制，在提高制度化水平的同时积累和扩散共有规范、降低相关问题的敏感性以及增进彼此间的信任基础，进而在一定规则和价值基础上形成某种地区认同，促进区域安全共同体的形成。中国与东北亚国家之间还存在着紧密的生产及贸易关系，推动中日韩自由贸易区（CJKFTA）谈判进程有助于实现各国的经济增长、贸易平衡和消费者福利增加。在东南亚方向，中国通过"10＋1""10＋3"、东亚峰会、东盟地区论坛、打击跨国犯罪等一系列复杂多样的机制实现了"积极参与"。中国支持东盟倡导的"区域全面经济伙伴关系"谈判，落实《南海各方行为宣言》，加强在大湄公河次区域的功能性合作。② 除亚洲开发银行倡导的大湄公河次区域经济合作机制外，2016 年 3 月中国倡导的澜沧江—湄公河合作机制启动——它在某种意义上是"一带一路"框架下的早期收获项目，更有效地满足了该次区域国家对于经济和可持续发展等领域公共产品的迫切需要，促进

---

① 吴琳：《"冷战"后中国周边地区政策的动力机制研究》，中华书局 2016 年版，第 1 页。

② 中国与东南亚经贸关系的发展，有利于深化双方在政治、安全等领域的合作，从而在很大程度上超越由于历史或现实原因所造成的对于中国角色的某些负面认知。参见 Hsing - Chou Sung, China's Geoeconomic Strategy: Toward the Riparian States of the Mekong Region. In Y. Santasombat (eds), Impact of China's Rise on the Mekong Region. New York: Palgrave Macmillan, 2015, p. 23.

了中国与这些国家之间的互联互通、产能与跨境经济合作等。该区域国家毗邻地区的地方政府也成为次区域合作的重要行为体，参与区域公共产品供给的多重博弈。

在南亚方向，考虑到印度在该区域的传统中心地位，中国主要通过成为南亚区域合作联盟（SAARC）观察员以及其他双边合作机制实现"适度参与"。① 由于印度莫迪政府主要以地缘政治竞争的态度看待"一带一路"倡议，试图挤压中国在南亚的战略空间，这对其他南亚国家产生了较大影响。但巴基斯坦、斯里兰卡、尼泊尔等国面临着经济发展的紧迫任务，与中国进一步密切相关合作是符合它们国家利益的理性选择。对此，中国的南亚外交政策需要更加清晰化，在未来南亚区域格局变迁过程中着力处理好中印关系，使该区域其他中小国家能够尽可能地避免在中印之间作出两难选择。② 在地区格局正处于深度调整的西亚，中国抓住历史性机遇，对参与中东事务的态度经历了从"韬光养晦、总体超脱"到"有所作为"，再到强调发挥大国作用的转变。在具体层面上，中国的中东政策从一开始主要宣示原则立场，继而向积极参与解决地区热点问题、提出中国思路和方案，再向提出"和平发展、合作共赢"和推动构建新型国际关系与人类命运共同体等中国特色大国外交深度发展。尤其是中阿合作论坛以及"一带一路"合作向西亚地区的扩展，使全面合作、共同发展、面向未来的新时代中阿战略伙伴关系得到快速发展；目前对西亚外交越来越积极主动的新思路、新政策，有望把该地区打造成为我国大周边外交的重要支点。③ 总体而言，中国秉持开放的区域主义、反对霸权供给模式，愿意与其他供应方合理分配区域公共产品的供给成本；并严格控制因环境污染、跨国河流水电开发等可能产生的跨国负外部性，以

---

① 石源华：《中国周边外交十四讲》，社会科学文献出版社 2016 年版，第 285 页。

② 参见林民旺：《"一带一路"建设进展要求中国南亚外交更加清晰化》，载《世界知识》2018 年第 6 期，第 74 页；徐菲、文富德：《印度"新邻国外交"战略及其对华影响》，载《国际展望》2018 年第 2 期，第 52 页。

③ 参见李伟建：《从总体超脱到积极有为：改革开放以来的中国中东外交》，载《阿拉伯世界研究》2018 年第 5 期，第 3 页；王猛：《"一带一路"视域下的中国中东外交：传承与担当》，载《西亚非洲》2018 年第 4 期，第 21 页；田文林：《地区格局变动中的中国特色中东外交》，载《西亚非洲》2017 年第 4 期，第 50 页；郭锐、樊丛维：《构建新型周边关系与中国的西亚外交政策》，载《中国周边外交学刊》2017 年第 1 期，第 109 页。

免影响与周边国家的关系，损坏中国所努力塑造的负责任、讲道义的国际形象。

（三）推进新形势下周边外交的路径与能力提升

在推进区域合作的过程中，通常遵循由易到难、由"软"到"硬"的路径，实现由经济领域（如境外产业园区、次区域开发、经济走廊和自贸区建设）向更高阶的政治与安全领域的功能外溢。当然，经济合作的这种外溢效应也不应被夸大，因为对于主权国家来说，其利益构成是有不同层次和轻重缓急之分的，那些与生存有关的安全利益矛盾很难被逾越。换言之，经济发展并不能自动带来安全和政治问题的解决，单靠经济合作也无法破解地区安全难题（如海洋权益争端）。随着近年来中国与周边国家经济及总体实力对比的深刻变化以及周边安全与战略环境的复杂化，中国周边外交也在一定程度上面临着经济投入成本与政治收益不相称的问题，"以经促政"的战略效果开始下降，甚至出现某种"玻璃天花板效应"。例如，美国、日本、印度等大国对东南亚地区的战略投入，使中国与东盟的经济合作不仅面临着有力的外部竞争，经济外交为中国崛起带来的安抚效果也大打折扣，东盟国家的大国平衡策略则加剧了大国的竞争效应；马来西亚、越南、印度尼西亚等一些东盟国家对在经贸领域过分依赖中国表现出某种担心，经济民族主义有所抬头。[1] 这导致中国与东盟经济合作的边际效益正在逐步递减——随着让利政策的持续，获益方会对让利的感知越来越不明显，只能开辟新的合作领域并进一步提高经济外交能力，例如，通过寻找各方利益契合点、灵活运用正负面经济手段、提供更多更有效的区域公共产品等方式来维护中国在东南亚地区的政治经济利益。[2] 如前所述，国际关系中的收益具有多样性和复杂性，单纯以经济学上的成本—收益分析难以完全解释；从市场与权力的双重运行逻辑来看，政治收益和信任积累往往是一个大国更看重的战略性收益。中国

---

① 参见许利平编：《民族主义：我们周围的认同与分歧》，社会科学文献出版社 2017 年版，第 1－2 页；王箫轲、张慧智：《大国竞争与中国对东南亚的经济外交》，载《东南亚研究》2015 年第 1 期，第 27 页。

② 陈琪、管传靖：《中国周边外交的政策调整与新理念》，载《当代亚太》2014 年第 3 期，第 13－15 页。

着眼于地区整体利益和需求来提供公共产品，本质上是一种双向获利的政策行为，长远来看其最终成本和收益还是基本一致的。在新时代构建周边命运共同体这一内涵更为丰富的目标指引下，中国需要进一步转变"经济导向"思维，全面看待周边国家对于中国的经济、政治和安全等诉求或期待。对于周边地区的中小国家而言，长期以来大国的选择性激励降低了它们获得某些区域公共产品的成本，而开放的区域主义和美国等域外大国的有限介入，也推动了亚洲地区外部性的内在化。

此外，随着中国向全球性大国的不断迈进，国家利益的内涵和外延构成都发生了深刻变化；在周边地区形成了主体多元、内容多样的复杂海外利益格局。首先，中国企业和公民大量"走出去"，需要中国提高相应的利益保护能力，完善利益保护体制。而周边国家往往存在着政治局势、恐怖袭击、社会治安、民族主义、自然灾害等风险因素，其中比较典型的是 2014 年 5 月越南发生的暴力打砸中资企业事件。① 在 2017—2018 年，亚洲地区是较重大领事保护案件最集中的地区，占总量超过四成。立足于外交为民这一原则，中国在周边国家持续打造海外民生工程，通过更有针对性和更高效的外交与领事工作，为本国公民及企业等主体在周边国家的合法权益提供有力保障。② 其次，除规模巨大的对周边国家贸易与直接投资等经济利益外，中国还需要安全可靠地获得自身发展所需的能源与资源，确保相关的贸易和能源海上通道安全。尤其是随着"一带一路"建设在大周边地区的推进，中国日益娴熟地运用外交、经济、法律乃至军事手段来维护海外利益，开展了如 2015 年 3 月"也门撤侨"等一些重大行动。最后，中国还需要进一步加强与国际体系的互动，积极参与相关的国际与地区制度建设，多层次、多角度地提升海外利益保护能力。可以说，经济实力的快速增长和中国海外利益保护的迫切要求，是中国成为区域公共产品供应者和倡导者的重要动因。在某种意义上，海外利益的拓展与保护是中国嵌入国际社会关系中国际行为体互动的结果，

---

① 卢文刚、黎舒菡：《2014 年中国在东南亚地区领事保护状况、问题及改善对策研究》，载《东南亚纵横》2015 年第 5 期，第 25 页。

② 石彩霞、宋效峰：《习近平新时代国家利益思想研究》，载《重庆科技学院学报》（社会科学版）2018 年第 2 期，第 2 页。

关系治理与海外利益存在紧密的因果关系；中国在与其他国家行为体互动的过程中，实现了和海外利益的彼此互构。鉴于周边一些国家行为体和国际环境存在的不确定性，中国需要构建更加广泛、有序与和谐的关系互动模式，通过加强相关公共产品供给，最终实现沿线地区关系互动的正向引导，从而更有效地保护中国的海外利益。[①]

四、中国周边外交的多边取向增强

（一）多边主义契合中国国际角色的变迁

比较而言，基于规则的多边主义是迄今最合理的国际秩序形态。多边主义是当代国际关系民主化的体现，是多边机制运作和发展的基础，是推进全球及区域治理的必然要求，也是维护世界和地区和平、促进共同发展的有效途径。多边主义的基本原则是，国际上的事情要由各国商量着办，要按大家同意的规则办，兼顾各国正当利益和合理关切。[②] 传统上中国的外交工作侧重于双边外交，而现在中国越来越多地通过多边合作机制来商讨和解决问题，从而更好地消除国际社会对于中国的各种担忧。新时代中国特色多边主义根植于中华文化"协和万邦""四海一家"理念，继承发展了新中国优良外交传统，顺应了时代潮流。其特色主要体现在：道义为先，讲信重义；平等协商，以理服人；和而不同，开放包容；循序渐进，广聚共识。

历史经验表明，建立广泛的国际协作，以多边主义的途径和方法解决重大国际问题，是一国外交政策获得成功的关键，它可以使该国有效地避免陷入孤立局面，从而成为真正的全球治理与合作领导者。[③] 从 20 世纪末开始，随着国际形势的变化以及中国综合国力和国际地位的不断提升，多边主义逐渐融入中国的外交理念与战略规划之中。中国外交政策中多边主义的发展与其国际责任话语的上升相一致，并日益从对多边主义的实用态度向战略对待

---

① 肖晞、宋国新：《关系治理与"一带一路"沿线的中国海外利益保护》，载《探索》2019 年第 1 期，第 56 页。

② 外交部政策规划司：《以习近平外交思想为指引，深入推进中国特色多边主义》，载《学习时报》2019 年 10 月 25 日，第 2 版。

③ 闫勇：《一带一路创造国际多边合作平台》，载《中国社会科学报》2019 年 5 月 15 日，第 3 版。

转变。中国不仅积极参与现有多边机制，还共同发起了一批新的多边机制（主要集中在亚洲）。在实践中，中国的"多边责任外交"也需要平衡和调适与其传统外交原则、国家利益、自身能力和外部期待之间的关系。① 中国的多边外交在形式上是多样化的，可进一步将它分为观望、参与、规避和塑造四种策略；由于自身利益越来越深地与国际制度领域产生关联，中国总体上将越来越积极地参与国际多边进程。②

多边主义具有多方参与、多样诉求、多元博弈的特点，它主要通过协商和协调来达成共识、统一规则与采取行动，以有利于共同应对挑战和解决问题。其中，地区多边和周边多边的兴起，以及多边外交与周边外交的互动和互补加强，是中国周边外交所面临的新局面。周边大量的国际组织，是中国周边外交的对象和内容；发展与周边国家的关系，多边机制是一个重要途径和舞台。在这个意义上，着力于多边、经营好多边，是新时代中国周边外交的战略需要。③ 面对当前国际社会的建制、改制和创制问题以及逆全球化现象的集中升温态势，全球治理"赤字"日益凸显，这也对亚洲地区的发展与稳定产生了深刻影响。全球治理及地区治理的短板在于国际公共产品的缺失，而国际制度作为一种国际公共协调产品，正是为了克服国际政治经济市场失灵和解决公共成本问题而建立的。④ 国际制度得以存在的根本原因，在于国际社会无政府状态下对于国际公共产品的刚性需要。未来即便美国霸权真正衰落、后霸权时代完全到来，国际社会对公共产品的需求仍然存在；并且随着国际合作的深入发展，这一需求将变得更加急迫和广泛，对国际制度的需求和促成国际合作的动力也将始终存在。而区域合作的关键就在于整合多方利益需求，塑造区域多边制度架构，培育彼此战略互信，缓解权力竞争对于区域公共产品供给体系造成的负面影响。鉴于单一霸权国家已无法承担起整

---

① Chen Zhimin, International Responsibility, Multilateralism, and China's Foreign Policy. In Mario Telò (eds), State, Globalization and Multilateralism. Dordrecht: Springer, 2012, p. 79.

② Joel Wuthnow, Xin Li, Lingling Qi, Diverse Multilateralism: Four Strategies in China's Multilateral Diplomacy. Journal of Chinese Political Science, 2012, Vol. 17, Iss. 3, pp. 269 – 290.

③ 张贵洪：《多边主义是中国外交的"金钥匙"》，载《环球时报》2019 年 8 月 14 日，第 14 版。

④ 孟于群、杨署东：《国际公共产品供给：加总技术下的制度安排与全球治理》，载《学术月刊》2018 年第 1 期，第 96 页。

个国际社会公共产品的制度性供给，新的供给者和供给方式便应运而生，国际公共产品的供给将逐渐由主导国家供给向国际制度框架下的合作供给转化，从而促成某种区域和国际治理新范式。① 其中，中国的角色正在从国际公共产品供给体系的"参与者"向"研发者"转变，同时也从积极参与国际机制开始进入创设国际机制的新阶段。中国全面参与和引导全球和地区多边机制发展方向——作为现有国际机制的新生力量，上海合作组织、金砖国家、亚洲基础设施投资银行等多边机制的不断完善，为多边主义的发展持续注入正能量。而作为中国为世界提供的最大公共产品，共建"一带一路"也极大地丰富了国际经济合作新理念和区域多边主义实践。

多边合作是中国提供区域公共产品的基本形式，在参与区域公共问题的治理过程中，中国与周边国家达成许多相关制度安排，从而实现区域公共产品的制度化供给。这些灵活多样的区域多边主义实践，在很大程度上表明了中国越来越愿意接受一定的多边制度约束，从而有助于增强战略透明度，降低周边国家对于中国战略意图的疑虑。作为亚洲稳定与发展的建设者和贡献者，中国越来越多地诉诸正式与非正式的规则路径与周边国家进行互动，新时代自信、开放的国家形象得到充分展现。相反，那些在国际关系中不遵守国际规则的行为往往会对国家形象带来"另类""异质""不可信赖"等负面影响。通过供给规则、秩序等相关区域公共产品——例如，与周边国家共同构建地区规范、增加对区域性国际组织的资源投入，彼此的正面认知与亲邻关系得到增强，中国作为"共同体一员"的身份越来越广泛地得到地区社会的接受。历史地看，中国在国际制度领域的经验相对不足，在很长一个时期里甚至逊色于日本和印度，这导致国际话语权往往受制于人，从结构上制约了自身国际公共产品供给能力的提升。多边主义是促进中国崛起的有效途径，中国由改革开放早期较为被动地参与区域多边主义，到后来积极参与并主动建设多边主义构架，与中国自身发展所产生的内外部动力有关，如所要承担的区域与国际责任越来越大。另外，中国的多边主义实践在有效性上尚

---

① 王家曦：《"后霸权时代"的世界秩序重构》，2017年1月21日，载 http://www.zaobao.com/forum/views/opinion/story20170121-716256。

存在欠缺，其所推动的区域秩序还不能被本地区国家所普遍接受，所倡导创立的区域性国际组织与多边机制尚有待进一步发展与成熟。① 为此，中国不断增强在制度适应、创新与议程设置方面的能力，积极参与周边地区建章立制进程，从而把自身利益与地区多边议程更好地结合起来。在策略上，中国周边外交可遵循稳健、创新以及尽可能凝聚共识的原则，建制、改制和创制多管齐下，通过更高水平的制度类公共产品供给来获得更大国际公信力。

在中国与周边地区的多边互动中，基于不断增长的共同利益，围绕着经济、安全、社会等领域的地区性公共问题逐渐形成了一系列治理的多边规范、原则和制度，其具体形式因不同的区域方向和议题领域而存在差异。其中，多样化的非正式制度占有很大比重，其约束力通常要弱一些，但较为符合特定阶段地区治理的实际。在很大程度上归因于亚洲国家重视协商、强调集体主义与团结协作的传统，这类机制有助于激发域内国家的参与意愿，因其较高的"合意"水平而使区域公共产品的供给绩效得到提升。在深度全球化背景下的地区治理中，② 越来越多跨国性问题的解决需要诉诸多边渠道，即通过区域性的建章立制进程来实现资源要素的优化配置，并为此在协商一致基础上采取相应的集体决策和行动。当前中国的周边政策充分肯定和顺应了相互依赖关系的深入发展，重视对地区机制和规则的遵守、维护和构建，并积极倡导和参与本地区第二轨道的多边外交。例如，中国倡导博鳌亚洲论坛（BFA）、北京香山论坛（Xiangshan Forum）、世界和平论坛（WPF）、万寿国际安全研讨会、上海论坛（Shanghai Forum）等，③ 还积极参与香格里拉对话

---

① 当然，在区域合作战略实施过程中，多边主义和双边主义孰轻孰重并不是绝对的。在中国的区域合作进程起步阶段，多边主义为周边战略的展开提供了有效的路径。但在美国等大国针对中国的地缘战略加强以及多边主义战略的自身局限，中国与周边国家发展双边关系的重要性相对上升。参见宋伟：《中国的周边外交：多边主义还是双边主义》，载《上海交通大学学报》（哲学社会科学版）2015年第4期，第5页；郑永年：《反思中国多边主义外交》，载《联合早报》2015年2月3日。

② ［美］马科斯·特罗约：《深度全球化、去全球化、再全球化——正在塑造"再崛起市场"未来的大趋势》，载《国际社会科学杂志》（中文版）2017年第1期，第119页。

③ 北京香山论坛由中国军事科学学会主办（2015年第六届起与中国国际战略学会共同主办），世界和平论坛由清华大学主办，万寿国际安全研讨会由中国人民争取和平与裁军协会（CPAPD）主办，上海论坛由复旦大学和韩国高等教育财团（KFAS）共同主办。另外，博鳌亚洲论坛设立全球经济发展与安全论坛（GEDSF），并于2021年10月18日召开了首届大会。

会、亚太安全合作理事会（CSCAP）等智库或半官方机制，共同创造和扩散区域性共有知识。比较而言，中国在东南亚方向上参与的多边机制最为复杂多样，典型意义也最为突出——其中既有东盟整体层面上的，也有湄公河、北部湾等次区域层面上的。这在很大程度上是因为东南亚是地缘政治意义上的破碎地带，东盟国家在发展程度和权力制度文化上存在巨大差异，这决定了它们在参与地区博弈时的策略偏好有显著差异。

（二）区域公共产品越来越多地通过多边平台供给

以大湄公河次区域为例，原有亚行主导的 GMS 机制已不能满足区域治理的新需要，2016 年中国倡导的澜湄合作机制已成为该次区域公共产品供给的新生力量。澜湄合作机制确立了政治安全、经济和可持续发展、社会人文三大合作支柱，以及互联互通、产能、跨境经济、水资源、农业减贫五个优先领域，并进一步向其他领域拓展。中南半岛是中国经略东南亚乃至整个亚太地区的桥头堡，是中国走向全球的战略起点。澜湄合作机制自建立以来经历了从"培育期"到"成长期"的转变，目前正从以问题为导向到以结果为导向转化，未来还将进一步朝着以愿景为导向的阶段发展。中国在每一个阶段都扮演着重要角色——从规则的构建者、合作推动者到精神引领者，促进澜沧江—湄公河次区域的整体发展，为实现澜湄命运共同体贡献自身力量。[1]澜湄合作机制短期内在制度建设、项目实施以及成员国关系建构等方面取得卓越成果，这是以各成员国的强烈合作意愿为前提的，也得益于制度结构设计合理、地缘优势、成员国经济互补性强和社会文化相近等有利基础，未来仍需进一步完善澜湄合作相关制度安排、拓宽合作领域与丰富合作内容、协调域外力量并增加利益攸关方。[2] 在周边各个区域，中国与相关国家深入开展互联互通、能源、减贫、环保、海上救助、反恐、禁毒等领域的功能性合作，进一步发挥了区域公共产品的积极"溢出效应"。中国的区域治理实践进程已经超越了单纯的参与实践，正在以制度组织为依托平台，通过制度重

---

[1]　任慕、彭旭：《"人类命运共同体"背景下澜湄合作机制的推进路径与中国角色》，载《经济视角》2019 年第 3 期，第 87 页。

[2]　李巍、罗仪馥：《中国周边外交中的澜湄合作机制分析》，载《现代国际关系》2019 年第 5 期，第 17 页。

建和新建制度，开展积极主动和全方位的制度实践。① 这些区域制度实践，一方面为落实共商共建共享、构建中国特色的全球治理理论提供了重要的经验与知识来源，另一方面，也体现了中国采取的与邻为善、勇于担当、经济优先、互利共赢、管控分歧、永不称霸等周边外交策略，有助于促进以区域安全稳定和经济繁荣为宗旨的地区一体化。②

区域公共产品作为一种由地区国家联合提供、共同消费的产品，是深化多边外交的有效形式。中国参与尤其是发起成立周边地区某些多边机制，在某种意义上为区域治理提供了具有规范价值的公共产品。反观之，这些多边机制的生命力及合法性更多地有赖于其在区域公共产品供给方面的绩效水平，上合组织、亚投行、澜湄合作机制等莫不如此。作为本地区的负责任大国，中国越来越倾向于通过多边合作模式，来解决地区经济和安全领域的治理难题，并以制度化的形式加以保障。以周边安全合作相对薄弱的区域——东北亚为例，中国积极推动朝鲜半岛由停战机制向和平机制转变，由相关各方在区域安全公共产品的制度化供给问题上共同作出努力，构建符合各方利益的区域多边安全机制，而非强化目前以美国为中心的军事同盟体制。多边制度有助于消除相关方之间的信息不对称、增进彼此间的信任基础，降低利益纷争的敏感性，以及破解安全困境产生的结构根源。例如，在东亚地区的防空识别区划定问题上，日本、韩国和中国在东海等海域存在一定的重叠，彼此认识存在一定分歧。中国设立东海防空识别区是完全正当的，它符合相关国际法及国际惯例，也符合国家间的对等原则（日、韩先于中国而设立）。为平衡和保障各国享有的海洋飞越自由与沿海国享有的划设防空识别区的自由，东北亚相关国家有必要通过区域性的多边制度与规范建设，为基于预防性自卫而行使该项国家权利提供更多可共同遵循的规则。③ 在更广泛的周边地区，

---

① 王明国：《制度实践与中国的东亚区域治理》，载《当代亚太》2017 年第 4 期，第 86 页。

② 曹文炼等：《中国周边外交的形势分析与战略对策》，载《全球化》2014 年第 8 期，第 19 页。

③ 参见陈敬根：《论海上防空识别区划设的合法性》，载《政法论丛》2015 年第 6 期，第 109 页；张磊：《防空识别区与海洋飞越自由》，载《世界经济与政治》2015 年第 12 期，第 51 页；罗国强、田园馨：《论防空识别区的性质——"灰色地带"的成因与特点》，载《太平洋学报》2016 年第 5 期，第 24 页；林亚平：《我国划设防空识别区的正当性》，载《江西社会科学》2016 年 10 期，第 202 页；罗萨：《东海防空识别区规则的理论分析》，载《边界与海洋研究》2017 年第 1 期，第 61 页。

通过经济、政治、安全等领域日益活跃的地区多边倡议和制度建设，能够积累和扩散更多共有的地区规范，进而在一定规则和价值基础上形成某种地区认同，有助于培育区域安全共同体。总之，在新的国际及地区形势下，制度路径使中国周边外交布局得到进一步完善，为抵御全球或地区层面某些不稳定性或不确定性的冲击提供有效的支撑或缓冲。

第二节　区域公共产品供给为周边外交注入新动力

从求生存、求共处，到强调友好相处、和平发展，再到积极主动推进荣损与共的利益和命运共同体建设，新中国与周边邻国的关系一直处在调整之中。当前周边地区多样性与相融性并存，关系的多重性与利益的共享性并存，在某种意义上是中华人民共和国成立以来掌控周边大局能力最强的时期。[①] 在新时代中国特色大国外交背景下，区域公共产品供给已成为中国周边外交新的动力机制。中国以前所未有的规模和强度向周边地区倡导带有自身特色的国际合作方案，为亚洲地区的发展和治理提供越来越多聚合力强的高质量公共产品。总体而言，作为本地区合作共赢最重要的推动者和贡献者之一，中国已确立对区域公共产品供给的鲜明政策偏好，并内化于其周边外交政策与行动之中，对于多方利益博弈的协调能力和掌控能力也得到增强。

一、区域公共产品供给契合中国地区合作新理念

（一）区域公共产品供给赋予中国周边合作新内涵

区域公共产品的成本和获益超越单一国家边界，其共建、共享性与新时代中国倡导的地区合作观不谋而合。随着 21 世纪以来中国国际角色定位的深刻变化，自身的和平发展与国际贡献之间的关系被赋予了新内涵，其周边外交战略也相应发生了进一步转型。中国与周边国家努力寻求各种形式的合作共赢，在区域治理中的身份角色已经由国际公共产品供给的一般参与者向更

---

① 张蕴岭：《中国周边的新形势与思考》，载《国际经济评论》2014 年第 5 期，第 35 页。

高层次的引领和创制者转变。作为新兴的负责任大国，中国愿意为区域公共产品的充分、稳定供给承担必要成本，并促进相应国际权利与义务关系的调整，从而彰显中国的国际和地区领导力。无论是坚持正确义利观，还是"亲诚惠容"周边外交理念，都反映了中国在追求自身安全、发展等利益的同时，更为平衡和积极地看待自己对于周边地区和平稳定与发展繁荣所需承担的责任和所作的贡献。中国政府新组建并迅速投入运转的国际发展合作署，其对外援助职能便覆盖老挝、尼泊尔、斯里兰卡、巴基斯坦、阿富汗、蒙古国等周边地区众多发展中国家，成为参与和促进新型南南合作的重要力量。[①]而"一带一路"、亚投行等所代表的新型合作模式，充分考虑到周边国家的利益关切与舒适度，提升了中小国家在区域合作中的话语权，避免造成它们对中国的不对称相互依赖。

如前所述，依据部门领域不同可以把区域公共产品划分为若干类型。其中，环境型、基础设施型国际公共产品成本巨大，经济型、社会型国际公共产品难以调和使用者的不同偏好，而涉及和平与安全的制度型公共产品则政治敏感度太高。[②] 客观地说，中国自身尚不是一个高收入的发达国家，同时作为国际公共产品的新兴供给者，相关经验和能力还处在积累和成长之中。基于此，中国应当承担与自身能力相适应的国际责任，在积极作为的同时有所取舍，避免使自身的可持续发展以及稳定供给国际公共产品的能力受到影响。其中，中国倡导的"一带一路"建设无疑是一项宏大的系统工程，堪称当前周边地区最重要的一项国际公共产品，但它的重心仍然是经济和基础设施领域。在推进过程中，要尽可能避免使相关国家和国际社会产生误读，认为中国在寻求某种全面的地区支配地位。事实上，中国在更高水平上提供区域公共产品，也与自身进一步扩大开放的需要之间存在紧密的逻辑关系。中国倡导建立亚投行、丝路基金等新型开发机构，在促进国际产能合作与自身经济转型升级的同时，也使周边国家能够更充分地分享中国经济发展的红利，带动它们的经济社会发展。

---

① 参见国家国际发展合作署网站——《合作成果》，2019 年 7 月 31 日，载 http://www.cidca.gov.cn/hzcg.htm。

② 郑振清：《为世界提供更多国际公共产品》，载《人民日报》2018 年 1 月 7 日，第 5 版。

　　迄今为止，中国对经济类区域公共产品的供给偏好仍然明显超过其他类型的公共产品，加之本身就是区域一体化等公共问题的重大利益相关方，中国有理由主导甚至独立承担某些公共产品的供给，并容忍一定程度的"搭便车"行为；由此在实现区域治理目标的同时，中国可以获得相应的政治外交层面的国际威望或声誉作为补偿。例如，中国着力推动上海合作组织强化在供给区域经济公共产品方面的作用；除加强该平台的经贸合作功能外，已有的上合组织银行联合体（SCO Interbank Consortium）和酝酿中的上合组织开发银行（SCO Development Bank）都旨在加强成员国之间的金融合作。为此，中国愿意发挥自身的贸易、金融和产能优势，进一步强化上海合作组织的经济功能，以拓展中国在陆上丝绸之路沿线的经济辐射力，使中国在周边不同区域方向上的经济一体化进程更加均衡。目前中国已经成为上海合作组织框架内经贸领域区域公共产品的主要倡议者和融资者，为中亚国家提供优惠信贷、投融资、人才培训等具体支持。在这个意义上，区域公共产品供给正在把中国周边外交与经济外交、多边外交、对发展中国家外交等多个层面有机结合起来。

　　（二）区域公共产品供给能够给地区合作带来多领域、多层次的积极效应

　　中国与周边国家的合作旨在实现共赢，而通过提供优质区域公共产品，可以使自身的发展在诸多领域产生积极的外部效应。例如，"一带一路"倡议可以促进区域经济合作、贸易自由、设施联通以及安全互信等，使地区秩序更为合理公正。中国把亚洲地区的整体发展与自身的根本发展利益联系起来看待，选择合适方式改善本地区公共产品发展滞后的局面，以实际行动赢得周边国家对中国大国地位和发展伙伴关系的认同，从而使"中国机遇论"彻底取代所谓的"中国威胁论"。在全球化和区域一体化日益向纵深发展的背景下，中国与世界尤其是本地区的利益紧密相连。"打铁先要自身硬"，在力所能及的范围内提供国际公共产品，与完善国内公共产品供给并不矛盾，而是可以做到相辅相成、内外双赢的。中国可结合国内发展需要，优先在金融、基础设施建设等优势领域以及容易突破的区域范围内供给公共产品，使其他国家切实感受到区域合作带来的益处，提高它们参与区域公共产品供给

的积极性。^① 在国内，广西、云南、新疆、内蒙古、黑龙江、吉林等边疆省、自治区可以进一步发挥与周边国家在开展次区域合作中的主体作用，积极开展由内而外的跨境合作，构建从中央到地方政府、多元立体的区域公共产品供给和政策实施体系，同时促进中国西部和沿边地区的开放和开发（如新疆喀什经济特区）。其中，在大湄公河次区域经济合作（GMS）中，云南、广西两个省、自治区代表中国政府参与合作，并提供了大部分区域公共产品。而 2015 年 11 月启动的中国—新加坡（重庆）战略性互联互通示范项目迄今已涵盖了重庆、广西、贵州、甘肃、四川、云南、陕西、青海、内蒙古和新疆 10 个中西部省、自治区和直辖市，地方政府推动的国际贸易南向通道合作格局有望被纳入国家战略层面。^② 通过运用中国智慧、提出中国方案，中国正在为周边地区提供更多种类"适销对路"的国际公共产品，为中国与周边国家的关系注入了新动力。在当前国际贸易和世界经济尚存在较大不确定性的严峻形势下，中国更需要立足于亚太地区包括区域全面经济伙伴关系（RCEP）、中日韩自贸区、次区域合作、经济走廊在内的各层次合作机制建设，进一步扩大对外开放，促进自身产业结构的转型升级，增强国际公共产品供给的内部能力建设。

区域公共产品供给的状况关系到地区乃至全球治理进程的目标与效果，其中区域性国际组织作为国际公共产品的供给主体之一，虽然供给能力（包括来源和手段等）总体上不如主权国家，但它具有相对独立性、权威性或专业性等特点，有助于促进区域内各国之间的互信，对于促成地区合作方面的集体行动具有重要作用。中国按照自身的能力、责任与权利相一致原则，参与周边区域公共产品的供给，影响相关规则的制定，制度性话语权不断提升。^③ 通过与亚太经合组织、上海合作组织、东亚峰会、东盟地区论坛、亚

---

① 沈陈：《区域性公共产品与中国亚洲外交的新思路》，载《国际观察》2013 年第 1 期，第 71 页。

② 郝洁、李大伟：《将南向通道建设为西部地区全面开放战略大通道的思考》，载《中国发展观察》2019 年第 Z1 期，第 71 页。

③ 所谓制度性话语权，是指一个国家在国际组织运行、国际规则制定、国际道义维护、国际秩序组织等方面的引导力和影响力。参见苏长和：《探索提高我国制度性话语权的有效路径》，载《党建》2016 年第 4 期，第 28 页。

信会议（CICA）等相关国际组织的合作，一方面降低了公共产品消费国和其他相关方对于中国供给意图的敏感性（如担心受控制、被泛政治化），另一方面能够使中国的公共产品供给行为被赋予更大的合法性和道义性，在某种意义上提升了中国的多边外交能力。中国可以与周边国家和国际组织一起加强对区域公共产品潜在负外部性的控制，避免刺激或实质性地损害一些域外国家的利益。例如，如果东亚的一体化机制选择了封闭运行的模式，那么可能会使美国等域外国家在东亚和西太平洋的经济、政治和安全等既得利益受到影响。前述的区域全面经济伙伴关系和"一带一路"建设，都具有极强的包容性，从实践层面上体现了开放的地区主义；① 它们同时也表明，中国需要进一步将区域公共产品供给置于参与和引领地区及全球治理的架构下，坚持开放多边、务实合作的供给政策，促使国际组织、域内外大国等其他供给方在地区公共事务中发挥建设性作用，从而实现不同区域公共产品供给机制之间的良性竞争。例如，亚投行业务范围侧重于基础设施建设，与美国主导的世界银行、日本主导的亚洲开发银行等既有多边开发机构形成互补合作而非对抗关系，共同满足亚洲及其他地区发展中国家的项目融资需求。

二、区域公共产品供给与中国周边外交新取向

（一）区域公共产品供给反映了中国周边外交的内涵日益均衡

除了经济、基础设施等领域外，中国还日益关注区域社会领域的公共产品需求，通过促进地区民生和整体福利的改善，在社会层面上培育周边国家民众对于中国的正面认知，从而为营造和谐周边、构建地区命运共同体奠定民意基础。在这方面，中国的企业、民间组织甚至个人都可参与进来，在扶贫、教育、环保、慈善等低政治、非敏感的领域开展活动。区域公共产品是提升国际形象的有效手段，尤其是通过社会领域公共产品的供给，可以纠正以往"走出去"战略实施过程中过于注重经济利益、忽视当地民生和社会责

---

① 刘阿明：《中国地区合作新理念——区域全面经济伙伴关系与"一带一路"倡议的视角》，载《社会科学》2018 年第 9 期，第 35 页。

任所造成的消极影响，为中国赢得应有的尊重、信任和美誉度，从而成为塑造良好国家形象、提升国家软实力战略的应有之义。从长远来看，致密而复杂的社会交往网络有助于促进国民间的了解，减少国家间的错误知觉，为国家间关系托底，成为国家间良性互动的象征和助力，增加促进国家间关系积极发展的权威性声音。① 随着社会性区域公共产品供给能力的提升，即便周边国家如缅甸、斯里兰卡、马尔代夫、马来西亚、泰国等发生政治转型或政党轮替，也能够较好地保障中国的长远利益以及双边关系的可持续性。它们可以表明，中国积极参与并主导某些区域公共产品的供给，决非要控制别国、垄断地区利益进而谋求自己的地区霸权或势力范围。从国际政治社会化的视角来看，区域公共产品供给与某种国际规范的培育和扩散有关，它能够对一定区域内国际行为体之间的互动模式产生内在影响与形塑。而社会性区域公共产品的有效供给，能够在中国与周边国家正向互动的基础上，确立更多可分享的区域价值观。在策略层面，通过对所供给的区域公共产品种类和结构的进一步优化，可以更充分、合理地诠释中国的周边外交战略意图和政策目标，弥补中国周边外交中存在的某些薄弱环节。

当前中国与区域性多边机制之间的互动已进入一个新阶段，自身正在成为地区秩序的维护者、建设者和多边主义的倡导者、践行者。借助于本地区国家既有的双多边机制，中国谋求进一步搭建有效的区域合作平台，为周边各国创造福利和经济增长的更大空间。围绕着"发展（或经济合作）伙伴关系"定位，通过共商、共建、共享的方式实现区域公共产品的集团供给，中国与周边国家致力于打造政治互信、经济融合、文化包容的利益共同体、命运共同体和责任共同体。理论上，如果区域内国家与区域外国家的经济联系比区域内国家之间的经济联系更密切，则该区域国家对区域公共产品的需求将较小；区域内国家存在的国内政治、经济或社会危机越多，区域层面公共产品的供给水平就往往越低；区域内大国越积极地承担提供区域公共产品的责任，区域经济一体化进程就会越顺利；区域公共产品越是从政治、安全领

---

① 俞沂暄：《人文交流与新时代中国对外关系发展——兼与文化外交的比较分析》，载《外交评论》2019年第5期，第34页。

域扩展到经济领域，区域经济一体化就会越巩固。① 因此，在进一步加强与区域内各国经济联系、不断提高国家治理能力和治理水平的基础上，针对区域性问题积极承担大国责任，推动区域公共产品在不同领域间的扩展和功能外溢，对于新形势下中国坚持和完善开放多边的区域公共产品供给政策具有重要意义。

中国周边外交是一个软实力与硬实力、利益与价值、塑造与被塑造之间协调推进、磨合互动、均衡增长的过程。② 在当前多层次、全方位、高水平的周边经济外交中，中国坚持主体能动性和开放的新区域主义，在所涉及的更大地理范围、更为综合领域和更为多样化的议题中，积极参与相关国际经贸新规则的制定。鉴于当前全球贸易谈判进程陷入困境、一些发达国家和地区贸易保护主义抬头，区域贸易安排对于中国的重要性显著上升。早在 2007 年中共十七大报告中，便把实施自由贸易区建设确定为一项国家战略。其中，《亚太贸易协定》（APTA，原《曼谷协定》）是进入 21 世纪中国参加的第一个区域性多边贸易机制。目前，中国已与东盟、新加坡、巴基斯坦、马尔代夫、韩国、澳大利亚、新西兰等周边国家签订了双边自贸区协定，并正在与斯里兰卡、海合会等国家和组织推进自贸协定谈判。③ 这些国家与中国的地缘经济关系紧密，尤其是双方政治和外交关系良好，有建立自贸区的共同意愿；双方产业和进出口商品结构互补性较强，实现自由贸易不会对关系到国计民生的产业带来严重冲击；对方具有一定市场规模及贸易辐射作用，建立自贸区会产生较好的经济效益。④ 此外，中国还参加了一些约束力较弱的区域经济合作论坛性质的多边机制，并在较小范围内与相邻的国家开展功能性、制度化的经济合作，从而在这些不同合作形式之间形

① 吴澄秋：《地区公共产品的供需与区域经济一体化》，载《复旦国际关系评论》2009 年第 1 辑，第 184 页。

② 张蕴岭、任晶晶：《周边安全：磨合与塑造——中国周边安全形势评估报告（2014—2015）》，中国社会科学出版社 2015 年版，第 1 页。

③ 参见"中国自由贸易区服务网"，2019 年 9 月 26 日，载 http://fta.mofcom.gov.cn/index.shtml。

④ 张义明：《试析中国"自由贸易区战略"的新区域主义特征》，载《东南亚纵横》2009 年第 1 期，第 48 页。

成了多层次、交叉式的互动。

（二）中国周边关系的战略性日益加强

周边地区在中国的对外经济战略中具有优先和基础地位，其政策意涵往往超出单纯的经济意义。例如，促进中国国内可持续发展、保障能源资源安全与稳定的国际市场、构筑高水平的区域政治互信，从而在政治、安全或社会等更多领域产生深远的复合性影响。实际上，中国的周边经济关系涉及经济收益与非经济收益两个方面，它使中国的多边经济外交能力得到历练和提高，与制度遵守有关的透明度与可信赖度得到增强。在一定意义上，大国经济外交是推动全球经济治理制度演进的重要力量。比较而言，中国是经济外交战略运用的后起之秀。改革开放以来，经济外交助推中国从全球经济治理体系的融入者转变为建设者、改革者乃至成为新型全球经济治理的塑造者。中国加入 WTO 已有 18 年，目前除日本、印度等个别国家外，绝大多数周边国家已承认中国的"完全市场经济地位"；中国对区域和世界经济的影响力进一步提升，地区贸易枢纽地位逐渐确立，全球辐射力和拉动力不断增强。[1]在特朗普政府宣布美国退出跨太平洋伙伴关系协定谈判后，该机制易名为"全面与进步跨太平洋伙伴关系协定"（CPTPP），并于 2018 年底开始生效。[2]这将对地区经济贸易新规则产生重要影响，但亚太地区任何一个多边合作机制如果没有中国的参与，其完整性和有效性都会存在严重瑕疵。中国对于周边区域复杂多样的经济合作机制安排一直持开放包容态度，积极看待上述协定在推动区域经济一体化、构建和完善开放型经济新体制中的作用，认为RCEP 与 CPTPP 之间可以实现良性互动、合作互补。[3]

区域政治和区域经济两个层面是紧密互动、不可分割的，它们都是综合安全概念的应有之义。为此中国积极参与地区热点和冲突的解决，如促进阿

---

① 参见陈伟光、蔡伟宏：《大国经济外交与全球经济治理制度——基于中美经济外交战略及其互动分析》，载《当代亚太》2019 年第 2 期，第 67 页；朱旌：《联合国亚太经济和社会委员会发布报告称：中国仍是全球制造业的重要贸易枢纽》，载《经济日报》2017 年 11 月 1 日，第 8 版。

② 目前，CPTPP 共有 11 个成员国，其中包括中国周边的日本、新加坡、文莱、马来西亚和越南 5 个东亚国家，以及澳大利亚、新西兰 2 个大洋洲国家。另外，泰国、韩国也有意向加入。

③ 郭丽琴：《中国首度回应是否加入 CPTPP：愿推进区域经济一体化》，2019 年 1 月 10 日，载https://www.yicai.com/news/100096733.html。

富汗国内和解与重建、缅甸国内和平进程、朝鲜半岛和平进程等，通过建设性介入来创造和维护稳定的大周边地区环境。① 在宏观层面上，中国周边存在一个巨大的区域安全多元形态复合体，新型安全组织、多边论坛、双边同盟等多种形式的安全机制并存，国家主权与发展利益之间有时会形成较大的张力。当前中国周边地区领土和海洋权益争端等潜在热点较多，在解决条件不成熟的情况下中国主张"搁置争议"，不能因此而影响双边与地区合作大局，但这并不意味着无原则地回避矛盾。例如，在南海问题的处理上和平搁置争端存在广泛的共识基础，相关国家也在争议海域开展了一定的务实合作。② 在"睦邻、安邻、富邻"和"亲诚惠容"理念的指导下，中国在处理周边主权和安全纷争时强调对话协商、和平解决，充分考虑安全上的相互依赖关系，共同推动实现更高水平的区域安全。针对亚洲地区复杂的安全现实，中国领导人在 2014 年亚信峰会上提出亚洲安全观，强调通过对话合作促进各国和本地区安全。这是中国为构建具有亚洲特色的安全治理模式以及符合地区特点的安全架构和安全秩序所提供的一项重要观念产品，它具有整体性、联系性和演化性特征，并指向区域命运共同体建设这一长远目标。③

在实践层面上，上海合作组织作为一个不结盟、不对抗、不针对第三国的重要新型区域组织，合作议题已从维护边境地区稳定、增强战略互信、打击三股势力、禁毒等政治安全领域扩展到经贸、环保、人文等发展领域。④上合组织的一体化合作产生了明显的地理外溢效应，2017 年印度和巴基斯坦的加入使该组织成员国数量达到 8 个，从而进一步包括了金砖国家主要成员国以及地缘政治地位突出的南亚主要国家，中俄印三边合作也将在这一框架

---

① 一般地，一国在国际体系中的地位决定了其外交政策与外部干预行为。历史分析表明，中国快速上升的相对经济实力与其建设性干预的加强之间存在着某种关联。参见 Obert Hodzi, The End of China's Non-Intervention Policy in Africa. Cham: Palgrave Macmillan, 2019, p. 67.

② 黄瑶：《论人类命运共同体构建中的和平搁置争端》，载《中国社会科学》2019 年第 2 期，第 133－135 页。

③ 王亚军：《亚洲安全观的科学内涵与重要价值——基于系统论和区域公共产品视角》，载《管理世界》2016 年第 12 期，第 1－5 页。

④ 其中，"上海合作组织大学"是典型的人文与教育合作项目，它顺应了地区主义的发展需要，旨在通过成员国相关院校组成的合作网络，为各成员国培养相关专业人才。

下得到加强。① 由此，上合组织成员国总面积达到 3400 多万平方公里，占欧亚大陆的 3/5 以上；总人口约 31 亿，超过世界总人口的 40%，从而成为辐射亚欧大陆腹心地带、全球最大的综合性区域组织。此外，该组织还有白俄罗斯、蒙古国、伊朗和阿富汗 4 个观察员国，以及土耳其、斯里兰卡、亚美尼亚、尼泊尔、柬埔寨和阿塞拜疆 6 个对话伙伴国。多边安全合作是上合组织持久发展的制度动力，成员国秉持利益共享原则，彼此在反对恐怖主义、极端主义、禁毒等领域相互协作。通过提高中国智慧在区域公共产品供给侧和需求侧的匹配度，不断完善安全合作框架，建立有效的工作机制，提高合作效率。② 它不同于北约这样的军事同盟组织，也不同于七国集团（G7）这样的西方富国俱乐部，对外不搞排他性、对内不搞主导权之争；而是旨在促进成员国之间更广泛深入的合作，构建更具超越性、平等性、和平性、包容性和建设性的伙伴关系，推动地区及国际秩序变革，营造公道正义、共建共享的地区安全新格局。③ 上合组织与联合国相关机构、欧亚经济联盟（EAEU）、亚信会议等多边机制保持联系与合作，促进了亚洲安全观的形成与推广，从地区层面为人类命运共同体建设打下扎实基础。未来该组织还将从推进公平正义、完善合作机制、夯实项目成效等入手，不断扩大安全外溢效应，为构建新型国际关系提供更丰富的实践支撑。④

三、中国成为区域公共产品供给的倡导者与创制者

（一）中国区域公共产品供给身份的变迁机制

不同时期中国对自身与世界以及本地区关系的认知，对于外交政策取向和偏好的形成具有某种决定性影响。在中国的周边外交中，早期曾经作为区域公共产品供给的旁观者身份而存在。这种消极态度与当时中国的自身实力

---

① 霍小光等：《习近平出席中俄印领导人非正式会晤，进一步加强中俄印合作机制》，载《解放日报》2018 年 12 月 2 日，第 1 版。
② 肖斌：《多边安全合作是上合组织持久发展的制度动力》，载《世界知识》2019 年第 13 期，第 42 - 43 页。
③ 宋效峰：《新型国际关系：内涵、路径与范式》，载《新疆社会科学》2019 年第 2 期，第 70 页。
④ 马斌：《"上海精神"推进新型国际关系实践》，载《光明日报》2018 年 6 月 12 日，第 9 版。

及国际定位有关——在改革开放初期，作为一个经济实力薄弱、发展任务艰巨的国家，中国曾经把对外关系重心长期放在"韬光养晦"上。基于这种内部需要，中国首先在经济领域日益积极地参与多边机制，如 1980 年中国在国际货币基金组织和世界银行的合法席位得到恢复、1986 年正式提出恢复中国关贸总协定（GATT）缔约国地位、1991 年加入 APEC。冷战结束后中国的区域及全球性多边外交日趋活跃，直至 2001 年加入世界贸易组织（WTO），在更完全的意义上成为世界体系的参与者和建设者。进入 21 世纪中国经济长期保持高速增长，中国对多边机制由参与到融入，逐渐靠近世界舞台中心，这是中国和平发展的历史必然。而国际公共产品通常是由有实力的大国设计、生产和供给的，只有那些拥有强大实力的国家才有意愿和能力向国际社会供给国际公共产品，从而成为国际公共产品供应俱乐部的一员。[①] 在过去很长一段时间里，大多数国际公共产品是由西方发达国家所提供的，如 GATT/WTO、国际货币基金组织、世界银行世界三大经济组织及其制定的一系列国际贸易、货币和金融等制度和规则。随着时间的推移，现存的国际经济秩序已越来越不能适应经济全球化的深入发展需要，出现了全球治理失灵和公共产品供应短缺等突出问题，亟须作出深层次的调整和变革。

经济实力的增长使中国具备了提供国际公共产品的重要物质基础，也增强了中国在国际事务中的大国自信，这是促使中国国际公共产品供给身份发生变迁的内部动力因素之一。从外部因素来看，国际社会对中国角色所寄予的期待和责任也会随之上升，尤其是广大发展中国家希望中国能够推动改变全球治理体系与国际秩序的不合理现状；再继续奉行相对低调的追随或者一般性的参与政策就会面临越来越大的压力，也不符合中国作为负责任大国的角色定位和国家利益日益全球化的趋势。改革开放 40 余年来，中国在国内生产总值、国际货物贸易、引进外资和对外投资、外汇储备等经济指标上均跃居世界前列，对于拉动世界经济增长的贡献度也在不断提升，堪称世界经济增长的最大引擎。在本地区，中国对于区域公共产品的供给意愿也随着供给

[①] 刘雨辰：《从参与者到倡导者：中国供给国际公共产品的身份变迁》，载《太平洋学报》2015 年第 9 期，第 80 页。

能力的增强而呈上升趋势，经历了从旁观者、参与者到倡导者的身份变迁。就其内部动力机制而言，现代化进程带来了中国社会结构的深刻变迁，并出现了一个具有较强世界主义取向和开放视野的庞大群体，从政治精英到社会公众在供给国际公共产品问题上容易形成高度的政治共识。在自身利益和国际责任双重因素的作用下，中国为国际社会提供更多的公共产品与合作平台，并承担相应成本和资源投入，这在某种意义上是对全球和区域治理需求的积极回应。中国开始在更广泛的领域扮演区域合作和公共产品供给积极倡导者的角色，与本地区的互动模式也逐渐进入一个相互塑造的新阶段。

（二）区域公共产品供给强化了中国与周边国家之间的社会性互动

如前所述，"睦邻、安邻、富邻"政策是进入 21 世纪后形成的，最早是 2003 年 10 月时任总理温家宝在出席东盟商业与投资峰会时完整提出来的。① 其中，"安邻""富邻"已明显具有在安全和经济领域供给区域公共产品的含义。与此同时，中国与绝大部分周边国家已建立起各种层次的伙伴关系。而新时代的"亲诚惠容"理念进一步强化了这种对周边国家的"邻人""伙伴""朋友"（如中亚国家）、"亲戚"（如泰国）、"兄弟"（如巴基斯坦）等认知，以及周边命运共同体倡议所蕴含的平等相待、守望相助、休戚与共、安危共担等情感取向，在某种意义上体现了区域国际关系的社会化模式，它对中国所要扮演的地区角色以及相应的政策取向具有深远的影响。"好关系"已经成为中国外交的通用话语，它体现了中国认知外部世界的波纹式差序格局。这是中国特有的人际关系思维模式在国际关系层面的投射，反映了中国充满温情和道义并最终指向和谐世界和命运共同体的国际秩序观。② 一般地，情感投入是一个国家向其他国家、组织或个人投入积极情感的官方行为，也是当代中国外交实践中广泛出现的经验现象。针对诸多周边中小国家，中国通过关系定位的情感表达、高层领导的密切互动、友好人士的特殊关照、民间情感的官方宣传等形式向其投入了大量积极情感，在投入对象、投入手段、

---

① 袁炳忠、翟景升：《温家宝总理出席东盟商业与投资峰会并发表演讲》，2003 年 10 月 7 日，载 http://www.people.com.cn/GB/shizheng/1024/2121579.html。

② 詹德斌：《试析中国对外关系的差序格局——基于中国"好关系"外交话语的分析》，载《外交评论》2017 年第 2 期，第 13 页。

投入成本上形成了有别于经济、军事投入的鲜明特点。在理性与情感因素的互动影响下，中国对外情感投入兼具自我维持与自我约束的双向行为逻辑。一方面，情感投入有助于促进中国与周边中小国家的相互理解、合作与信任，是构建周边命运共同体的重要外交手段；另一方面，情感投入也可能在对外援助、地区责任、国际舆论等方面给中国带来一定压力，需要中国在周边外交实践中更为妥善地加以应对。①

　　社会性互动关系所带来的外部激励，以及前述中国的国际角色定位，也会对国家提供国际公共产品的政策选择注入新的变量。而国际实力分配的变化则是影响决策的相对稳定的常量——如大国通常比小国更倾向于向国际社会提供公共产品，受到期待和信赖的国家又比实力相似但受到排斥和孤立的国家更容易为国际社会作出贡献。通过运用中国智慧、提出中国方案，来提供带有中国印记的区域公共产品，有助于从心理和认知层面上化解周边国家对于所谓"中国威胁"的忧虑或误解。事实上，周边国家与中国经济上相互依赖关系的加深，并不必然导致受到中国政治或安全上的控制；如果着眼于区域公共产品的角度来考量中国不断扩大的地区影响力，那么这种敏感性就会进一步下降。为此，中共十八大以来中国领导人多次提出要向国际社会提供更多公共产品，如在 2016 年 9 月二十国集团（G20）工商峰会开幕式上习近平主席发表的主旨演讲。② 中国秉持国际公平正义，建设性地参与周边地区热点问题的解决；尤其是通过互联互通为亚洲国家提供更多区域公共产品，提出一系列促进区域合作的新倡议、新设想。中国还正在更多地把资本、规范、价值、理念等更高形态的公共产品提供给周边地区，做到"软"（制度建设等）、"硬"（基础设施等）兼顾，使区域公共产品供给领域成为中国外交软实力的新成长点。

　　从利益、责任到价值规范认同的不断升华，是国家间关系深入发展的一般逻辑，而这也是提升区域公共产品供给水平所蕴含的内在机制和目标指向。

---

　　① 刘博文：《中国对周边中小国家的情感投入——双向逻辑与双重影响》，载《世界经济与政治》2018 年第 2 期，第 97 页。

　　② 赵可金、尚文琦：《国际公共产品与中国外交转型》，载《理论学刊》2017 年第 3 期，第 121 页。

在中国所倡导的人类命运共同体构建过程中，中国与周边国家可以先行先试，通过更全面的区域公共产品供给体系建设，明确它们共同的利益与责任，为亚洲命运共同体建设筑牢基础。中国的发展得益于数十年来面向全球和区域的开放，目前仍处于可以大有作为的重要战略机遇期，也有责任通过产能合作、融资平台、基础设施、环境保护、非传统安全、公共卫生、社会发展等优势领域的区域公共产品供给，帮助周边国家实现共同发展，进一步释放其崛起的正外部性或良性溢出效应。当前世界和亚洲正处于"百年未有之大变局"，世界格局与秩序经历着由西方主导到非西方主导的转变。中国是世界大变局的核心要素，其致力于实现中华民族伟大复兴、重新走向世界舞台的中央，从而对世界发展发挥重要作用，与世界各国一起构建人类命运共同体。中国需要世界，世界需要中国，两个变局相互激荡。① 在这一时代大背景下，中国与亚洲及其他周边国家的关系也将经历一次检验、磨合与升华。为此，中国需要进一步发挥经济领域公共产品供给的主导作用，促进政经互动、官民互动，进而提升在区域安全等更复杂领域的话语权。而与经济实力相匹配的足够的话语权是保障中国在周边地区的利益、获得周边国家更高认同所不可或缺的，2015 年十八届五中全会公报就此提出了提高制度性话语权这一目标。通过积极参与区域治理和公共产品供给，中国不断获取特定地域或领域范围内的代表权以及充分的倡导机会等制度性话语权，从而在周边地区形成越来越强的向心力、号召力和凝聚力。

① 张蕴岭：《对"百年之大变局"的分析与思考》，载《山东大学学报》（哲学社会科学版）2019 年第 5 期，第 1 页。

第三章 中国的区域公共产品供给战略构建

第一节 区域公共产品供给的战略取向

在推进新时代中国周边外交过程中，需要做到以下几方面：坚持辩证、综合的战略思维，把自身发展和周边共同发展结合起来，在自身发展的同时也为周边事务贡献智慧和力量；把经济和安全结合起来，以和平维护发展，以发展保障和平；把双边合作同区域一体化结合起来，力促双多边协调发展；把亚洲的主体性与开放性结合起来，在发展完善周边伙伴关系网络的同时，加强同域外国家的合作。[①] 基于此，中国区域公共产品供给战略的成功实施，首先需要立足于清晰明确的战略定位，理顺自身供给意图与供给能力、外部环境之间的关系。在这一基础上，着眼于战略目标与具体手段之间的辩证关系，选择和确定有针对性的供给策略，并制定和推行一套完整系统的供给政策及实施方案。就供给路径而言，中国可根据不同发展阶段，分步骤、分区域、分重点地规划国际公共产品供给路线图和行动纲领，采取区别对待、分类管理的策略。从供给内容来看，可首先更多地在小型倡议、次领域安排、局部创新等国际公共产品上投入资源。从供给对象来看，应重点关注周边地区特别是邻近国家，按照"先易后难、先经后政、先周边后区域"的方针量力而行、稳步推进，处理好"大与小"（某种意义上中国外交有"以大事小"

---

① 刘振民：《周边外交，理论与实践都在创新》，载《环球时报》2015 年 1 月 9 日，第 14 版。

的传统）、"远与近"（近睦远交）、"破与立"（改制与建制）之间的辩证关系。①

一、全球布局与区域优先相结合

（一）着眼于对全球治理的引领，夯实在周边地区治理中的地位

当前全球治理结构朝着网络化、多节点趋势发展，在某种意义上国际社会的等级制结构正在被权力分散化、扁平化的结构所取代。英国国际政治经济学者苏珊·斯特兰奇（Susan Strange）在区别联系性权力和结构性权力的基础上，进一步提出了国际社会中存在着安全、生产、金融和知识等四种结构性权力。② 一个国家在现有全球或区域多边治理机制中的话语权，在某种意义上反映了该国所具有的结构性权力的大小。目前发达国家与发展中国家在全球治理中的地位很不平衡，长期以来前者主导着全球治理进程，而后者的代表性与话语权显著不足。与全球治理相关的国际公共产品供给机制，很大程度上反映了结构性权力的运行特点，例如，大国在全球安全、生产、金融、知识甚至互联网、气候变化等新兴领域中所拥有的优势地位。当前一些发达国家实力相对下降，不愿过多承担全球治理的成本和责任，其国际公共产品供给能力和意愿也随之下降，但其结构性权力的衰落过程却具有明显的滞后性。与此同时，一批新兴国家的实力得到显著增强，在贸易、投资、金融等领域参与全球治理的愿望与能力都在上升，但全球治理的话语权与规则制定权并未作出相应调整，从而导致这些国家在现有国际政治经济体系中的地位和话语权与其实力及增长势头并不相称。③ 就其中最有代表性的国家——中国而言，其政治影响力、经济辐射力、军事投送力以及文化输出力等综合实力指标都已居于世界前列；在地区层面上，它不但是亚太经济增长

① 张茉楠：《中国参与全球公共产品供给的机制及路径》，载《发展研究》2017 年第 11 期，第 26 页。

② ［英］苏珊·斯特兰奇：《国家与市场——国际政治经济学导论》，杨宇光等译，经济科学出版社 1990 年版，第 29 页。

③ 季剑军：《全球或区域治理模式比较及对推动人类命运共同体建设的启示》，载《经济纵横》2017 年第 11 期，第 27 页。

最重要的发动机，而且日益拥有地区事务中具有决定性意义的规则制定与维护能力。中国参与全球治理的过程也从被动参与到主动推进，并逐步成为全球治理的引领者。为此，中国需要着力解决引领全球治理的合法性问题、全球治理成本的平衡问题以及引领全球治理过程中的权力分配问题。①

国际关系史表明，通过将履行国际责任的行动转化为谋求国际权力特别是规则制定权与秩序维护权，是地区强国成长为世界强国的普遍途径。② 从实力维度看，当今中国身为一个发展中国家同时兼为世界大国和亚太强国，在亚太地区事务层面已拥有了很大程度上具有决定性意义的规则制定与维护能力。近年来通过一系列积极的具有战略意义的举措，中国正在周边建立可靠的行为预期，以回应周边国家对与强国为邻的关切与期待。对此，中国要处理好自身发展利益与承担国际责任之间的关系，保持好二者尤其是短期利益和长期利益之间的平衡，并在全球与地区事务的外交资源投入上保持适当的比例。在当前全球化进程面临"瓶颈"、全球治理亟须调整和变革的背景下，中国需要立足于国内国际两个大局的统筹，进一步明确和完善自己的全球公共产品供给战略与布局，并实现与区域公共产品供给战略的有机衔接与统一。全球层面与区域层面的国际公共产品供给并不是简单的整体与局部的关系，它们之间既具有一致性要求，又具有差异化要求。对于当前中国外交的总体布局和目标而言，后者的特殊性与优先性需要予以特别突出；尤其在当前大国关系（特别是中美关系）出现前所未有新变化的情况下，中国更需要采取积极措施夯实周边地区的战略稳定。为了维护和拓展发展所需要的空间，中国一方面更加主动地参与地区事务、塑造周边环境，让周边国家感受到中国所释放的足够善意，另一方面，通过区域公共产品供给等带有激励性的政策杠杆，与周边国家之间形成更为明确、可靠、正面的行为预期，使后者基于理性决策而支持和参与中国的区域合作倡议，而不是以机会主义的态度挑战中国的核心利益或重要利益底线。

---

① 钮菊生、刘敏：《中国引领全球治理的问题与对策》，载《东北亚论坛》2019 年第 2 期，第 33 页。

② 叶海林：《中国周边外交正经历深刻变迁》，2017 年 11 月 22 日，载 http://ihl.cankaoxiaoxi.com/2017/1122/2244363.shtml。

在亚太力量转移的背景下，周边地区已成为现行国际体系中既有大国对中国进行战略挤压和围堵的主要场域；它们甚至试图建立排斥中国参与的区域机制，这将导致该地区地缘战略竞争的上升。例如，特朗普政府试图在"印太"战略指导下建立一个拉拢更多中国周边国家加入的排他性联盟；美印日澳四边安全对话机制作为该联盟的核心，其发展明显针对中国的战略崛起，并对中国的安全利益构成严峻的挑战。① 对此中国需要积极谋划周边外交，通过多双边渠道补强周边安全领域的短板，并充分发挥"一带一路"的区域公共产品供给功能，降低周边国家追随美国的积极性，从而在全球和区域治理体系主导权问题上获得更大主动。当全球层面的治理变革暂时难以推进时，中国通过创立亚投行并逐步完善其投票权分配、治理结构等高效透明的制度设计，以及倡导以"一带一路"合作为代表的新型全球化，引领亚洲地区治理机制的创新改革，推动域内利益分配问题得到更为妥善与合理的解决。为此，中国积极参与塑造和引领新的国际规范尤其是地区规范，主动融入和创建地区组织，在规则制定和议题设置过程中不断提升自身的嵌入式议题设置能力，增加在相关区域组织中的话语权，推动区域治理结构的合理化。

在既有全球治理机制的有效性短期内难以大幅度改善的情况下，区域治理机制可以更有针对性地考虑各个成员在发展阶段、内部制度、文化传统等方面的差异性，激发它们共同参与治理机制建设，并分摊一定的责任成本。近年来，以习近平同志为核心的党中央高度重视通过顶层设计谋划周边外交格局，明确了相关的战略目标、基本方针、总体布局以及具体的工作思路和实施方案。中共十九大报告重申了当前我国"亲诚惠容"的周边外交原则和以邻为善、与邻为伴的周边外交基本方针，继续深化同周边国家的关系，真正做到睦邻友好和守望相助。2018 年中央外事工作会议确立了习近平新时代中国特色社会主义外交思想的指导地位，② 为了使其在周边外交中得到更深入的实践和贯彻，推动周边环境更加友好、更加有利，应力求政治、经济、

---

① 张力：《"印太"视域中的美印日澳四边机制初探》，载《南亚研究季刊》2018 年第 4 期，第 1 页；吴敏文：《遏制中国的"印太战略"是如何稳步推进的》，载《中国青年报》2018 年 8 月 9 日，第 12 版。

② 栾建章：《深入理解习近平外交思想的五个维度》，载《光明日报》2018 年 8 月 15 日，第 6 版。

安全、文化、环境等多管齐下，进一步凸显周边地区在中国国际公共产品供给中的优先性，确保在"中国—美国—邻国"三方博弈中的战略主动权，尽可能避免中国与部分邻国之间的矛盾被域外大国所利用。

（二）周边地区是中国成为全球公共产品供给大国的"拓展场"

加强区域公共产品供给，是新时代中国提升全球公共产品供给能力、走向全球性大国的支点和基础路径。长期以来，国际公共产品供给主要呈现为"霸权稳定"供给、全球主义的集体供给和地区主义的合作供给三种形式。目前，在经贸等领域美国主导的"霸权稳定"供给已经动摇，而全球主义的集体供给尚难以取得更大突破，世贸组织改革问题已提上国际社会日程。鉴于全球化和全球治理面临诸多短期内难以克服的深层次问题，区域化作为一种全球性的发展趋势便日益凸显出其时代价值与合理性，地区主义的合作供给也相应得到重视。而区域一体化所创造的公共产品的外溢效应，是区域化和全球化彼此兼容、相互促进的重要原因。在这个意义上，区域化是全球化的"垫脚石"而非"绊脚石"。无论在区域层面还是全球层面上，中国不认同"国强必霸论"，更无意寻求霸主地位及相应的全球公共产品供给主导者角色，而是坚持承担与自身能力相适应的责任。以周边地区为优先方向，中国从经贸领域的公共产品供给入手，提供富有中国特色、竞争力强的区域经济公共产品。此外，还应进一步强化减排、减贫、对外援助、可持续发展等方面的公共产品供给，积极培育市场、民间组织等非政府供给主体，促进形成从"低领域"到"高领域"的多层次稳定机制，以及从器物、制度到观念层面公共产品供给的角色转变，着力拓展在地区安全等领域的公共产品供给。[①] 当前中国正继续深化全方位外交布局，大力推动构建人类命运共同体与新型国际关系，其重点和先行区域都应该放在周边。从顶层设计到政策实施、理念创新，新时代中国的周边外交战略更加清晰，并具体表现为以命运共同体理念引领周边区域治理、以"一带一路"倡议推动周边共同发展、以

---

① 张茉楠：《中国倡导公共产品供给新模式》，2018 年 3 月 19 日，载 http：//ihl. cankaoxiaoxi. com/2018/0319/2258945. shtml。

"亲诚惠容"原则编织周边伙伴关系网络、以公共外交增进周边民心相通等。[1] 而系统化、高水平的区域公共产品供给,是贯彻这一战略的有力抓手;借此可以塑造更加有利的周边战略环境,把中国自身发展与地区稳定繁荣更加合乎逻辑地统一起来,全方位提升稳定周边局势的能力,以及增强抗衡来自全球层面或域外大国战略压力的能力。

在某种意义上,周边外交是检验中国外交战略和政策的试金石。为此,要处理好中国多重身份之间的协调与统一问题:作为一个正在兴起的准世界大国,中国势必要与时俱进地承担与自身地位相称的国际义务,并在决策精英与普通国民层面培育某种世界主义视野与情怀;同时作为一个地区强国,中国还需要获得更广泛的区域规则制定权,对区域议程设置发挥更大影响力,并履行区域秩序建设与维护责任,以对周边国家的关切作出积极回应。中国在周边区域倡导或参与发起了若干区域组织或多边机制,为地区公共问题的解决提供建设性平台,并通过机制建设来加强对区域公共产品的稳定供给。由此,中国身兼社会主义国家、发展中国家、东方文明国家、亚太强国和准世界大国等多重角色,在积极推进新时代周边外交过程中,不可避免地会促进现存区域秩序与体系的变革,进而影响整个国际秩序的调整与变革。中国已不再仅仅是国际体系及规则的参与者,而正在成为全球治理体系的引领者、建设者和相关国际规则的制定者。有利于构建平等发展、公平开放的国际新秩序,是中国提供国际公共产品的宗旨方向。为此在地区层面上,需要立足周边展开地缘经济与地缘政治战略布局,[2] 并通过区域公共产品供给来提供战略支撑,把中国的多重身份及其角色要求有机统一起来,做到既是"世界的中国",更是"亚洲的中国"。

二、中国区域公共产品供给的战略特点

(一)区域公共产品供给首先加强了中国在物质层面的联通力

中国的区域公共产品供给战略以合作共赢为核心价值取向,并具体体现

---

[1] 韩方明:《习近平新时代中国特色大国外交思想与中国周边外交》,载《北京周报》2018 年 3 月 7 日。

[2] 洪菊花、骆华松:《地缘政治与地缘经济之争及中国地缘战略方向》,载《经济地理》2015 年第 12 期,第 26 页。

为对互联互通的大力倡导和推进，它集中体现了中国与周边国家的利益交汇。这种全方位的互联互通，能够为区域国家间的信任产生激励效应，拓展合作增长的动力来源，塑造沿线地区经济与社会发展的新路径。① 中国致力于全面提高对外开放水平，实施更为主动的开放战略（具体如设立自贸试验区、建设粤港澳大湾区），这对于周边地区的发展产生了显著的溢出效应。特别是通过发挥自身的产能和资金优势，为亚洲地区的基础设施等互联互通建设创新了合作模式，并提供了重要的融资平台。② 2012 年中共十八大报告首次将"互联互通"理念纳入其中，这个理念与构建全球伙伴关系网络、倡导人类命运共同体等理念在开放合作、包容共赢方面是一脉相承的，已成为把握中国周边外交变革和发展趋势的核心理念之一。互联互通的外交实践涉及人与地理空间的关系问题，是国家间交往超越地理空间的约束而实现更高程度自由化与便利化的表现。从生态制度主义角度看，在不改变现有区域制度框架的情况下，通过推动国家间的互联互通，可以实现国家关系与国际社会生态体系的动态平衡，积累相互信任与社会资本。目前中国的互联互通外交模式将有助于克服"崛起困境"，开创中国特色大国外交新局面。③

在当前及未来一个时期，中国需要将获取更大的"联通力"作为外交政策的基点，它兼具硬实力与软实力的双重属性。④ 互联互通可分为功能型互联互通和价值型互联互通，二者分别对应硬实力与软实力的范畴。互联互通对于地区体系具有塑造作用，使中国的成长进一步融入本地区，为地区秩序转型与中国周边外交带来强劲的动力。为此，需要不断增强与周边地区、国家和区域组织之间的"联通性"，掌握本地区主要利益关系的结点位置。

---

① 陈辉、王爽：《"一带一路"与区域性公共产品供给的中国方案》，载《复旦国际关系评论》2018 年第 1 期，第 171 页。

② 以东盟为例，相关研究可参见李立民等：《中国与东盟的互联互通建设：文献综述》，载《东南亚纵横》2017 年第 4 期，第 74 - 79 页。

③ 以国家为中心的现实主义逻辑认为，一个国家的崛起必定会引发周边国家的制衡，除非该崛起国通过战争赢得周边国家对其霸权的追随和服从。参见赵可金、翟大宇：《互联互通与外交关系——一项基于生态制度理论的中国外交研究》，载《世界经济与政治》2018 年第 9 期，第 88 页。

④ 赵明昊：《聚焦"互联互通"，经略周边外交》，载《世界知识》2017 年第 15 期，第 20 页。

2017 年 5 月，在北京召开的第一届"一带一路"国际合作高峰论坛上，提出要加强"一带一路"与全球范围内主要互联互通倡议和构想的深度对接。2019 年 4 月，第二届"一带一路"国际合作高峰论坛举行，在促进各国政策沟通、务实合作等方面又取得了新的重要进展。高峰论坛的举行，是"一带一路"合作在制度化、多边化、长期化方面所取得的重要进展。

互联互通首先以周边国家为客体或对象，其具体实施需要以相关机制、共同规划以及重点项目合作为支撑。例如，中国与东盟成立互联互通合作委员会并于 2012 年 11 月在印尼雅加达召开了第一次会议，2017 年 7 月召开了第三次会议，旨在推动"一带一路"倡议与《东盟互联互通总体规划 2025》的战略对接。2014 年 11 月，在北京举行的 APEC 第 22 次领导人非正式会议上，中国推动通过了《亚太经合组织互联互通蓝图（2015—2025）》，提出加强在硬件、软件和人员交往等三大领域的互联互通。基础设施是互联互通合作的重点与优势领域，如联通中国与周边国家或周边国家之间的巴基斯坦喀喇昆仑公路二期、泛亚铁路（包括中泰铁路合作项目、中老铁路项目等多个子项目）、中俄黑龙江大桥（黑河到布拉戈维申斯克）等多项工程，以及巴基斯坦瓜达尔港、斯里兰卡汉班托塔港、缅甸皎漂港、马来西亚皇京港等一批港口项目。此外，数字经济、跨境电子商务平台、物流便利化、政策对接以及规则衔接等则更多地涉及"软件"领域。在某种意义上，"一带一路"、亚投行、丝路基金等，均是中国倡导的与互联互通有关的重要区域公共产品，它们突出反映了具有中国特色的新型国际合作路径。① 这些与区域合作有关的机制深化与模式创新，有助于促进中国与周边国家的联动发展，以及提升亚洲地区在全球价值链中的竞争力。在国别层面上，中国上述倡议积极寻求与印度尼西亚"全球海洋支点"、越南"两廊一圈"、老挝"变陆锁国为陆联国"、柬埔寨"四角战略"、文莱"2035 宏愿"、哈萨克斯坦"光明之路"、乌兹别克斯坦"2017—2021 年优先发展方向行动战略"、韩国"欧亚倡议"

---

① 有的学者认为，"一带一路"倡议本质上是中国的互联互通战略。参见宋国友、张淦：《"一带一路"倡议与中国的区域互联互通战略》，载《复旦国际关系评论》2017 年第 1 期，第 68 页。

以及蒙古国"草原之路"等发展战略的对接。① 中国与越来越多周边国家的战略对接实践，为"一带一路"建设和推动形成全面开放新格局提供了新思路，体现了中国为构建周边命运共同体所采取的务实举措。

习近平主席在 2013 年周边外交工作座谈会上强调，开展周边外交要有立体、多元、跨越时空的视角。作为当今世界最活跃的互联互通倡导者和引领者，中国所供应的相关公共产品以塑造区域经济一体化新格局为战略目标，其中东南亚、中亚、南亚等区域是重点方向。从周边议题的紧迫性、对自身发展利益和安全利益的影响以及国家关系的基础来看，东南亚与中亚更是中国周边外交的重中之重，应当成为中国周边外交布局的战略重心，以及区域公共产品供给的优先方向。为此要制定因区域和国别不同而差异化的供给政策，拓展周边外交的空间和机遇，并服务于区域命运共同体建设。而随着中日韩关系转暖、朝鲜半岛局势缓和，东北亚在互联互通方面的潜力有望得到进一步释放，旨在集聚三方优势、推动区域内外共同与可持续发展的"中日韩 + X"合作模式开始得到探索。2018 年 10 月，日本首相安倍晋三访华，肯定了"一带一路"是"有潜力的构想"，表示日方愿同中方在共同开拓第三方市场等领域加强合作。② 韩国总统文在寅也表示，愿将"一带一路"倡议同其面向东北亚国家的"新北方政策"和面向东盟及印度等国的"新南方政策"进行对接。③ 此外，中国作为东北亚、南海、阿富汗等地区安全问题上的建设性角色，全面参与了维护国际通道安全、打击国际恐怖主义、推动区域反腐合作、打击网络犯罪、保障网络安全以及制定新兴领域国际规则等，并为之提供了更高质量的公共产品。

---

① 参见何永朋：《中国"一带一路"与印尼"全球海洋支点"战略的对接分析》，载《中国周边外交学刊》2016 年第 2 辑，第 114 页；吴崇伯、张媛：《"一带一路"对接"全球海洋支点"——新时代中国与印度尼西亚合作进展及前景透视》，载《厦门大学学报》（哲学社会科学版）2019 年第 5 期，第 98 页；严双伍、［哈萨克斯坦］Marlen Belgibayev：《中国"一带一路"与哈萨克斯坦"光明之路"对接合作的研究》，载《国际经济合作》2016 年第 6 期，第 36 页；朴英爱、张林国：《中国"一带一路"与韩国"欧亚倡议"的战略对接探析》，载《东北亚论坛》2016 年第 1 期，第 104 页。

② 2013 年到 2016 年，日本政府对于"一带一路"倡议一直持"不参与"态度；但 2017 年后，日本的态度开始转向"有条件接触"，寻求通过在第三国的商业合作实现双赢。与此同时，日本通过奉行"印太"战略来对冲所谓的风险。参见 Asei Ito, China's Belt and Road Initiative and Japan's Response: From Non - participation to Conditional Engagement. East Asia, Vol. 36, Iss. 2, 2019, p. 115.

③ 薛力：《韩国"新北方政策""新南方政策"与"一带一路"对接分析》，载《东北亚论坛》2018 年第 5 期，第 60 页。

（二）区域公共产品供给提升了中国在观念层面的感召力

除基础设施、产能合作等物质性产品外，中国还向周边地区提供观念、制度等层面的公共产品，从而更好地促进彼此间的政策沟通与民心相通。2019 年 5 月，亚洲文明对话大会（CDAC）在北京召开，大会以"文明交流互鉴与命运共同体"为主题并发表了《2019 北京共识》，为亚洲文明发展与合作共赢注入了新动力。[1] 民心相通是互联互通的社会基础，中国主张尊重世界和亚洲的文明多元性与发展模式多样性，倡导不同文明间交流互鉴，以和平与发展等共通的目标和理念凝聚各国合力，全方位培育地区命运共同体认同。中国不但将周边国家视为好邻居，还把它们看作是守望相助的"伙伴"甚至是"亲戚"，积极构建周边伙伴关系网络，对于周边国家的亲和力、感召力不断增强。如前所述，中国已与绝大多数周边国家以及东盟、南盟、阿拉伯国家联盟（LAS）等区域组织建立起包括战略合作伙伴在内的不同层次的伙伴关系，使之成为中国与周边国家发展关系的一种常态模式。从结构角度看，这种周边伙伴关系网络具有开放性、多元性和层次性等特点，显著不同于传统的联盟体系和朝贡体系；从进程角度看，其网络体系日趋完整，具体内涵不断丰富，战略合作显著提升，在传统安全领域的战略意涵越来越突出。借助于自身的结构特点和运行机制，周边伙伴关系网络可以增强中国周边政策的可信性，降低美国旨在制衡中国的亚太战略的有效性，提高重点安全议题的可控性，从而有效提升中国对于周边安全环境的塑造能力。[2] 作为中国外交转型与创新的重要体现，周边伙伴关系的深入发展促进了中国与周边地区秩序的良性互动，在规范层面上堪称中国为拓展和丰富当代国际关系范式所作出的一大贡献，体现了周边国际关系新态势下中国外交的"网络力"。即便因南海仲裁案与中国一度交恶的菲律宾，也因杜特尔特政府上台后寻求与中国开展对话协商而出现转圜、巩固与提升——2017 年初中菲正式建立南海问题双边磋商机制（BCM），2018 年 11 月两国关系重回全面战略合

---

[1] 具体成果可参见"亚洲文明对话大会"官网：http://www.2019cdac.com。

[2] 参见刘博文、方长平：《周边伙伴关系网络与中国周边安全环境》，载《当代亚太》2016 年第 3 期，第 68 页；邹应猛：《网络力与东亚伙伴外交》，中国社会科学出版社 2019 年版，第 1 页。

作关系的正确轨道。"一带一路"倡议同杜特尔特政府 2017 年提出的"大建特建"基础设施规划高度契合，双方可就此深化发展战略对接，促进两国以及地区各国的联通与发展，并加强在南海和平稳定以及禁毒、反恐等领域的合作。当然，未来中菲互利共赢的关系还会受到菲国内政治博弈、社会基础等一些不确定性因素的影响。①

在中国外交深入转型背景下，相关的新理念、新政策、新风格不断呈现，通过创造概念、设定议程与提出解决方案，中国更加积极主动地参与国际新秩序塑造。② 以发展中国家的利益诉求为立足点，中国通过向国际社会提供公共产品这一建设性方式，推动国际秩序向平等发展、共同发展的目标方向转变。其中，正确义利观要求中国在处理与周边国家关系时，不能仅从自身利益出发，而是要义利相兼、以义为先、弘义融利，多向周边发展中国家提供力所能及、急人所困、予人所需的帮助。同时立足于平等的伙伴关系，增强周边国家的自我发展能力，化解区域内的发展差距、数字鸿沟等失衡问题，促进与周边国家的利益融合，从而推动地区秩序朝着更加公正合理的方向发展。义利观作为一种具有中国特色的经济外交理念，源于中国传统文化的合作共赢取向，它与"亲诚惠容"、人类命运共同体等理念具有内在的一致性。③ 奉行正确义利观是中国特色大国外交的必然要求，也是中国处理与周边国家关系的重要指导原则。它表明中国将以何种身份、理念和行为方式参与国际事务，关乎中国所要承担的国际公共产品供给角色以及相应的国际形象。客观地说，与所有周边国家相比，中国已拥有显著的经济实力优势。在与周边国家发展关系时，中国基于义与利之间的辩证关系，在新的时代背景下突出对国际公平正义的追求，实现了对自身利益（尤其是经济效益）之上更高的价值目标追求。总之，新时代的中国更多地着眼于提升与周边国家关系的内涵质量，在周边经济合作中以互利共赢、共同发展为优先追求，把自

① Renato Cruz De Castro. China's Belt and Road Initiative（BRI）and the Duterte Administration's Appeasement Policy: Examining the Connection Between the Two National Strategies. East Asia, Vol. 36, Iss. 2, 2019, p. 1.
② 高飞：《中国外交的转型与创新》，载《新疆师范大学学报》（哲学社会科学版）2017 年第 6 期，第 17 页。
③ 李向阳：《"一带一路"建设中的义利观》，载《世界经济与政治》2017 年第 9 期，第 4 页。

身利益与周边发展中国家的利益联系起来看待，体现了以打造风雨同舟、休戚与共的人类命运共同体为目标的南南合作新理念。

近年来中国领导人多次论及"欢迎搭车""多予少取、先予后取""讲信义、重情义、扬正义、树道义"等，[①] 这些理念融入周边外交政策之中，促使中国更积极地提供区域公共产品。中国在处理周边经济关系时，从原来强调互利互惠，到现在强调互惠的同时也要施惠和"让利"——中国发展要更多地惠及周边、使相关国家受益，驱动亚洲经济的持续增长；中国经济的转型升级也可以从区域整体发展中获得助力，从而把自身发展与周边国家共同发展紧密联系起来，利益共同体的价值基础得以奠定。针对利益和观念因素差异所引起的某些矛盾和冲突现象，中国把区域公共产品供给作为新形势下深化睦邻友好关系的有效方式，积极拓展和平、合作和发展的周边空间，掌握周边外交和区域合作的主动权。中国从提高对周边国家的投资、贸易和援助力度着手，更好地发挥区域经济增长"引擎"与公共品供给者作用，促进与周边国家之间相互依存关系的深入发展，不断丰富周边命运共同体建设的内涵和层次。与正确义利观的逻辑相一致，中国强调与周边国家遵循共商共建共享的合作发展原则，以开放、包容、共赢为核心价值追求，通过交流和创新发展实现联合自强，共创更全面、深入和多元的国际合作新格局。以产能合作为例，中泰罗勇工业园、中马关丹产业园、柬埔寨西哈努克港经济特区、巴基斯坦海尔—鲁巴经济区、越南云中工业园、中国·印度尼西亚经贸合作区（KITIC）以及中国印度尼西亚综合产业园区青山园区等一批项目，成为新形势下中国与周边国家合作的突出代表。

三、中国区域公共产品供给的战略布局

（一）重视对亚太地区公共产品供需结构的考察，并作出针对性安排

改革开放以来，中国的发展很大程度上受益于区域经济，可以说是亚太区域合作的主要受益者之一。就空间布局来看，亚太地区作为中国和平发展以及对外经济贸易关系的重要依托，同时也应是区域公共产品供给的主要场

---

① 习近平：《习近平谈治国理政》（第2卷），外文出版社2017年版，第443页。

域。作为本地区规模最大的政府间多边经济合作机制，亚太经合组织是中国与亚太地区其他经济体开展互利合作和多边外交、投射经济及其他影响力，以及展示中国开放进步国家形象的重要平台。中国不但是亚太经济合作的参与者，更是其坚定支持者和重要贡献者。中国始终践行亚太伙伴关系精神，通过 APEC 合作促进自身发展的同时，也为本地区乃至世界经济发展作出了重要贡献。[①] 中国主张打造发展创新、增长联动、利益融合的开放型亚太经济格局，在 2013 年 APEC 峰会上习近平主席提出了构建和平、稳定、活力、联动和繁荣的"亚太命运共同体"路线图；在 2014 年 APEC 工商领导人峰会上又首次提出实现共同发展、繁荣、进步的亚太梦想；在 2016 年 APEC 峰会上，习近平主席倡议推进亚太自由贸易区建设，推动区域全面经济伙伴关系协定谈判进程；2017 年 APEC 峰会重申了全面系统推进并最终实现亚太自由贸易区这一目标；但 2018 年峰会由于美国基于自身利益优先而导致各方的分歧难以弥合，最终未能发表领导人联合宣言。总之，中国的区域经济治理方案首先立足于亚太，并通过自身的发展为亚太经合组织注入新的活力与动力，业已成为亚太区域合作的积极倡导者和推进者。如果中国力推的亚太自贸区倡议成为未来地区一体化的主要平台，那将意味着中国对于亚太地区贸易和投资新规则塑造能力的一大提升，其在区域经济整合中的引领作用和地位也将进一步凸显。

中国基于自身经验与亚太地区实际，倡导共同、开放、创新、联动、绿色等发展理念以及提出一系列战略构想与举措，在某种意义上都可以看作向本地区提供非物质性公共产品。区域经济领域的制度创新同样构成了中国周边外交能力的重要组成部分，如 2015 年以来先后成立的"丝路基金"、金砖国家开发银行和亚投行等。在经略和塑造大周边的同时，中国所倡导的各种新型区域合作机制有效弥补了现有地区公共产品供给模式的不足，特别是扩大了产品的有效供给范围，拓展了供给者群体、供给领域和产品种类，增强了产品的公共性或共享性。其中，自由开放的贸易制度是中国在亚太地区主推的公共产品之一，如前述的 FTAAP、RCEP 等架构。从长远来看推进更高

---

① 苏格：《亚太经合之中国足迹》，载《现代国际关系》2019 年第 4 期，第 1 页。

水平的贸易投资自由化和便利化,有利于中国和亚太各国的稳定和持续发展,因而也得到了本地区绝大多数国家的认同。在货币和金融领域,中国与东盟、日本、韩国、印度等亚太重要经济体寻求开展更高水平的制度化合作,例如,中国倡议成立非政府组织性质的亚洲金融合作协会(AFCA),[①] 其目的是增强本地区防范金融风险、应对金融危机的能力,更好地稳定地区货币和金融秩序。

从区域公共产品供给的终端市场来看,消费群体不仅是周边国家的政府及其决策精英,还应当进一步考察其社会层面尤其是普通民众的消费状况。鉴于亚太地区存在较为突出的认同度不高和信任赤字问题,中国可以借鉴日本等其他大国提供社会发展性援助的经验,通过实施更多的小型项目帮助周边国家民众解决面临的发展难题,有针对性地提供扶贫、农业、文化、教育、人力资源开发、公共卫生、环保、禁毒等社会性产品。为此,需要进一步完善新形势下中国的对外援助政策,相关项目进一步向民生和社会发展领域倾斜,使所提供的发展援助能够更广泛和直接地惠及民生福祉,从而向受援国普通民众释放中国的真诚与善意,提升周边各国民众与社会力量对于中国及其快速发展的好感度与正面认知,实现对外援助的社会政治效益最大化。[②] 一般来看,即便东道国政局发生较大变动,但如果与中国保持和发展关系的社会基础仍然深厚,彼此的国家关系仍然能够保持基本的连续性和稳定性。

2010年召开的第九次全国援外工作会议明确提出要优化援外结构,"多搞一些受援国急需、当地人欢迎、受惠面广的医院、学校、生活供水、清洁能源等民生项目"。[③] 在供给与地区民生和整体福利有关的公共产品过程中,可鼓励中国的企业和非政府组织参与其中,合力塑造中国负责任、讲道义的新兴大国形象。以上述产能合作项目为例,相关主体在追求经济效益的同时,也要考虑可能对东道国特定地区和群体所产生的影响(如生活方式、就业和

---

① 董哲:《"一带一路"背景下金融合作的非政府组织路径研究——以亚洲金融合作协会为例》,载《经济问题探索》2018年第9期,第98页。

② 朱丹丹、黄梅波:《中国的民生援助:经验、评价和改进建议》,载《国际经济合作》2017年第3期,第88页。

③ 陈德铭:《努力开创援外工作新局面——深入贯彻落实全国援外工作会议精神》,载《求是》2010年第19期,第42页。

环境等）。中国与缅甸、斯里兰卡等国之间的密松水电站、科伦坡港口城等重大合作项目，一度也因这些国家国内的社会、政治因素而遭搁浅。[①] 此外，这种困境也在一定程度上与中国在某些东南亚、南亚国家发挥影响力的方式有关。为此，中国需要进一步完善政策模式，塑造更为良好的形象，与东南亚、南亚国家更好地践行新时代条件下的和平共处原则。[②] 特别是对周边国家矿产资源开发等领域的直接投资项目，如缅甸莱比塘铜矿项目、印尼的有色金属等、中亚国家的油气资源、俄罗斯西伯利亚和远东地区的木材以及蒙古国的煤矿、金属矿产项目等，要充分考虑东道国相关方的利益关切，特别要承担起相应的社会与环保责任，以最大限度地防范可能发生的社会政治风险。与较容易达成利益共识的低级政治领域相比，高级政治领域的敏感度较高，相关公共产品的供给通常需要彼此存在更深厚的认同与信任基础。例如，21 世纪初在朝核六方会谈机制基础上构建更全面的东北亚地区安全机制的努力，就因相关方信任严重不足而受阻，自 2008 年底以来一直处于停滞状态。在未来相关方充分交流、重建共识的前提下，不排除恢复该机制并进一步拓展其安全功能的可能性。

（二）突出重点，稳健布局，增强战略主动性

在供给区域公共产品时，中国可遵循稳健务实、循序渐进、平等开放的原则，适当向一些具有地缘优势、合作基础良好和示范价值突出的重点区域和国家倾斜。在中国周边地区，次区域甚至更小范围的合作对于完善地区公共产品供给具有基础性意义。例如，澜湄合作机制就成为近年来中国参与次区域合作并提供次区域公共产品的新进展。作为第一个由中国发起和主导的新型周边次区域合作机制，澜湄合作机制标志着中国在次区域层面从国际机

---

① 2019 年 10 月底，斯里兰卡总统西里塞纳在签署科伦坡港口城项目土地确权文件时表示，科伦坡港口城项目是斯中两国未来携手发展、共建"一带一路"的最佳平台，也是斯里兰卡经济长远发展的重要宝贵投资。参见江天骄：《"一带一路"上的政治风险——缅甸密松水电站项目和斯里兰卡科伦坡港口城项目的比较研究》，载《中国周边外交学刊》2016 年第 1 期，第 94 页；唐璐：《斯里兰卡总统签署科伦坡港口城项目土地确权文件》，2019 年 10 月 30 日，载 http：//www. xinhuanet. com//world/2019 - 10/30/c_1125172432. htm。

② ［斯里兰卡］博哈嘎娅·塞纳拉特：《和平共处：中国与南亚地区关系的未来》，张雪译，载《南亚东南亚研究》2019 年第 3 期，第 49 页。

制的参与者走向倡导者、设计者和主导者。它和"一带一路"倡议、金砖合作机制等一起，是中国在次区域、区域和跨区域等不同维度上发起的机制创新，也是开展新时代中国特色大国外交尤其是周边外交的重要平台；它们表明中国愿意在次区域、区域乃至全球各个层面为世界提供公共产品。作为一个由大国和中小国家建立在平等互惠基础上的合作共赢新机制，澜湄合作机制代表了南南合作的新模式。① 在大湄公河次区域，中国作为最主要的公共产品供给者之一，可以积极拓展以维护区域稳定为核心的安全类公共产品、以促进地区发展为核心的经济类公共产品以及以构建区域内和谐关系为基础的社会文化类公共产品。② 在该区域，中国与其他公共产品供给者并不只是竞争关系，完全可以建立某种合作关系（如中国与联合国、东盟等在"金三角"地带的毒品合作治理），共同优化次区域公共产品的供给结构和绩效，甚至促进更高层面的国际公共产品供给合作。

再如，在图们江次区域合作中，中国的公共产品供给意愿和能力最为突出，可以作为主导国主动承担向朝鲜、蒙古国、俄罗斯等国供给次区域公共产品的初始成本，激励各相关方共同参与，进而实现公共产品供应的良性循环，推动该机制向制度化水平更高，也更为正式的政府间区域经济合作组织转型升级。在泛北部湾次区域合作中，在广西北部湾经济区发展战略与越南"两廊一圈"（即昆明—老街—河内—海防—广宁经济走廊、南宁—谅山—河内—海防—广宁经济走廊和环北部湾经济圈）构想对接的基础上，可进一步向临近北部湾的其他东盟国家延伸。中国倡导的合作机制与合作模式创新坚持发展导向，在推动规则创立的同时又保持形式灵活多样，并体现了顶层设计与国内地方政府之间的政策互动。③ 而在更高的东亚层面上，"10 + 3"机制在推进经济、金融、科技、文化、社会发展、环境、政治与安全等领域合

---

① 参见钱亚平：《澜湄合作机制：中国开启次区域合作的新起点》，载《瞭望东方周刊》2016年第12期，第35 – 36页；卢光盛、别梦婕：《澜湄国家命运共同体：理想与现实之间》，载《世界知识》2018年第3期，第30页。

② 卢光盛：《地区公共产品分析——以GMS为例》，载《复旦国际关系评论》2009年第1辑，第266 – 268页。

③ 全毅、尹竹：《中国—东盟区域、次区域合作机制与合作模式创新》，载《东南亚研究》2017年第6期，第20页。

作的主渠道地位尚未改变。其中，RCEP 是由东盟倡导的"10 + 6"（即东盟加中国、日本、韩国、澳大利亚、新西兰、印度）范围内的经贸合作机制，而在其谈判进程中中国成为某种意义上最重要的推动国。借助于这一平台，中国在促进地区自由贸易的同时，也可以加强自身在经济类区域公共产品供给中的地位。通过在上述功能性领域创设更多区域公共产品，并积极由经济向政治安全、社会文化等领域扩展，中国才能够更好地顺应地区一体化的发展趋势，使自身的区域公共产品供给能力实现跨越提升。①

自 20 世纪 90 年代末亚洲金融危机后，在某种意义上作为危机应对产物的东亚地区公共产品供给机制就一直在发展，迄今已形成相关制度高度重叠竞争、供给模式复杂多样的格局。在当前地区权力结构出现深刻变化的背景下，中国周边地区的公共产品供给关系更多地受制于域内外主要供给者之间的战略互动。其中，近年来美国的国际公共产品供给政策趋于保守，并表现为受益范围缩小、排外性增强、消费产品的成本上升。同时鉴于大部分周边国家的经济需求仍高于安全需求，中国需保持战略主动性与策略灵活性，加强与其他大国、国际组织在国际公共产品供给方面的协调，以及与作为消费者的亚洲等邻国之间的政策互动，以免造成资源错配或无效供给。随着世界力量中心的进一步分散化，美国在亚太地区格局中的相对优势也在下降，由其主导的既有国际公共产品的边际影响力不断衰减，更多非美国主导或参与的新国际公共产品得以出现。但另外，美国的世界影响力在可预见的时期内仍难以被取代，客观上中美需加强合作共同承担部分区域公共产品的供给。例如，在防止亚洲地区的核扩散方面，美国发挥了不可否认的领导作用，在某种意义上仍然是最重要的国际公共产品供给者。② 在新型国际关系架构下，中国需要切实运筹好与美国、俄罗斯、日本等相关大国的关系，尤其要扩大同印度、东盟等重要区域力量的合作，选好塑造周边环境的战略支点。而实

---

① 苑基荣：《东亚公共产品供应模式、问题与中国选择》，载《国际观察》2009 年第 3 期，第 63 页。

② 参见赵江林：《中国为什么不挑战现有国际秩序——新秩序观与国际公共产品贡献方向》，载《人民论坛·学术前沿》2017 年第 4 期，第 43 - 44 页；Stuart S. Brown, The Future of US Global Power. London: Palgrave Macmillan, 2013, p. 151.

施更有针对性的区域公共产品供给战略及政策，是盘活周边外交与大国外交并把它们统一于新时代中国外交总体布局的有力抓手。为此，主要相关方需要就更高水平的地区公益承担各自的供给成本，并进一步协调与整合彼此的供给政策与收益预期。而"一带一路"、区域全面经济伙伴关系协定、东盟地区论坛、亚信会议等都可以作为区域公共产品供给的恰当平台，将相关大国间的竞合共存及其可能产生的外部性加以内在化，更好地实现亚太地区公共产品的持续、稳定、健康供给。

第二节 区域公共产品供给的策略与政策

任何一项宏大的战略规划都需要一套能够具体实施的策略与政策体系作为支撑，中国的区域公共产品供给战略也不例外。习近平主席在谈到周边外交工作时强调，"政策和策略是党的生命，也是外交工作的生命"。[1] 而政策和策略的生命力在于依据具体形势、相对关系和趋势变化加以制定，并体现出原则性和灵活性的有机结合。在学理层面上，对外政策分析旨在探讨影响对外政策的不同变量及其与政策结果的关系模式，以及在不同模式的指导下分析对外政策的决策机制。近年来对外政策分析不断从其他相关学科的成果特别是宏观国际关系理论和历史学研究中借鉴融合，并紧扣对外政策实践以增加理论模式的政策价值，把更多国家特别是发展中国家的对外政策纳入研究和分析视野中，寻求建立一个适用范围更为广泛的对外政策分析理论。在这个过程中，日益活跃的中国对外政策自然成为对外政策分析理论建设关注的焦点。[2] 在逻辑上，策略与政策应当先于行动，它们通常涵盖路径规划、手段运用、模式选择、目标定位和观念判断等要素。新时代中国的区域公共产品供给策略与政策，是在既定外交战略思想的指导下，结合环境变量、政策对象、政策目标、实施方案和实施效果等具体环节而确定的，它们应当满

① 习近平：《习近平谈治国理政》（第1卷），外文出版社2014年版，第299页。
② 张清敏：《对外政策分析的发展趋势》，载《国际政治科学》2019年第2期，第89页。

足针对性、合理性、可行性和系统性等较高要求。就策略与政策制定的科学性而言，源于政治学、经济学、历史学甚至自然科学的定量分析、结构分析、经验分析等方法都有重要价值。①

一、中国区域公共产品供给的策略选择

（一）立足地区实际，运筹好不同供给机制之间的关系，提升供给效率

以习近平同志为核心的党中央高度重视外交策略的运用，稳定周边、经营周边和塑造周边战略环境，都需要有系统的策略和政策作为支撑，以更好地把握大势、占据主动。在中国特色大国外交架构下，运筹周边外交应着眼于中国周边外交战略的充实和完善，以形成立体、统一的战略与政策体系。未来很长一段时期，制定和实施合理的区域公共产品供给策略与具体政策，促进周边命运共同体的现实建构，是中国周边外交工作的基本路径和目标。这些策略与政策应当基于中国作为区域治理体系的建构者和规则制定者而设计，而不能局限于作为参与者层面上的考量。同时需要把国内国际两个大局联系起来看待，统筹考虑中国国内公共产品建设与区域公共产品供给之间的关系，力求基于自身的比较优势设计和生产区域公共产品。而如何看待相关的成本—收益关系，是中国区域公共产品供给策略选择面临的核心问题之一。在经济领域，东亚传统的区域公共产品供给模式是以美、日等国为主导的大国供给模式，但它早已面临效能不足等挑战而亟须转型。在大国竞争的地区背景下，很大一部分周边国家属于中间群体，不愿表现出明显的倾向性。为摆脱过度依赖美、日等传统大国供给所造成的被动局面（如亚洲金融危机），亚洲国家在贸易、金融等越来越多的领域寻求从大国供给模式向区域内国家合作供给模式转变。遵循渐进主义、实用主义和平等互利原则，东盟主导的"10＋3""10＋6"等合作机制已成为东亚区域公共产品的供给主渠道，其中域内大国的作用相对突出；供给内容则涵盖了贸易、投资、金融、基础设施

---

① 有些学者的策略研究主要基于历史分析等传统方法，如时殷弘：《中国的东北亚难题：中日、中韩和中朝关系的战略安全形势》，载《国际安全研究》2018 年第 1 期，第 19 – 28 页；石源华：《近期中国周边外交的评估、定位和应对方略》，载《世界知识》2019 年第 4 期，第 20 – 21 页；有些则主要运用了定量研究方法，如阎学通：《中国与周边中等国家关系》，社会科学文献出版社 2015 年版。

建设等各种经济合作机制，实现了由易到难、由国家间合作供给到区域多边合作供给的推进。① 换言之，注重通过协商合作的方式建立贸易、投资以及金融等机制，在公共产品双边合作供给的基础上向多边扩展，成为东亚区域经济公共产品供给的基本路径模式。

从供给侧角度看，区域公共产品的联合供给模式能够推动责任共担，在有效满足本地区需求的同时，能够最大限度地防止和排除该产品被"私物化"和"搭便车"的倾向，为此中国需要平衡好与周边地区其他供给者之间的关系。从根本动力和内外部约束因素来看，各国实现合作供给应满足以下条件：在厘清不同国家收益敏感性和成本敏感性的基础上，通过一定的供给机制重塑各国的成本—收益结构；承认区域公共产品供给与域外大国的利益相关性，妥善应对其介入。② 但在安全领域，客观上大国供给模式在无政府状态下更能够满足管控内生性安全矛盾、维持地区稳定的需要。这在某种意义上受制于不同政治文化在亚洲地区的并存与交互作用，它们分别是霍布斯文化、洛克文化和康德文化。③ 由此观之，从双边、次区域到区域层面，中国周边地区存在相互层叠的不同倡议、机制和制度，各类区域公共产品呈现多层次共存且难以相互替代的局面，相关供给机制也将长期多元化发展。这促使相关方在供给公共产品时应坚持开放合作的原则，妥善处理区域公共产品、准公共产品与"俱乐部产品"之间的关系。亚洲地区开放的多边主义接受域内相关国家和区域组织以及域外大国和国际组织作为区域公共产品的供给主体，促进各种合作机制更好地协调和对接，以建立和完善多层次、多主

---

① 范春燕：《论东亚区域性经济公共产品供给模式的转变》，上海师范大学 2011 年国际关系专业硕士学位论文，第 1 页。

② 马学礼：《东亚经济合作中的区域公共产品供给研究》，吉林大学 2016 年世界经济专业博士学位论文，第 88 页。

③ 建构主义理论的代表人物、美国学者亚历山大·温特认为，霍布斯文化、洛克文化和康德文化等三种国际政治文化分别对应自然状态下弱肉强食的敌人关系、国际制度架构下共存的竞争对手关系和共同体中互助的朋友关系。参见秦亚青：《世界政治的文化理论——文化结构、文化单位与文化力》，载《世界经济与政治》2003 年第 4 期，第 5 页；丁鹏等：《从温和建构主义角度谈文化对国际关系的影响》，载《国际安全研究》2005 年第 3 期，第 50 页；王瑜：《论康德文化的非现实性与现实性》，载《广东社会科学》2013 年第 5 期，第 81 页；曹兴：《论世界无政府状态三种模式——从伦理论视角对温特文化论的批判》，载《新疆社会科学》2018 年第 2 期，第 100 页。

体、多渠道的合作供应模式。从提高公共产品效率的角度看，供给者在提供公共产品时既要考虑接受国的影响，也要考虑其邻国的利益诉求。

（二）把握切入点，适时推动区域公共产品供给水平提升

中国在供给区域公共产品时还要善于把握契机，在条件具备时推动一些领域的应急型集体行动升级为常态化、制度化的区域公共产品供给机制，以满足周边地区对相关公共产品更为稳定和可靠的需求。例如，在区域公共产品长期稀缺的货币和金融领域，20 世纪末亚洲金融危机后区域金融稳定机制才得以启动。当时中国政府承诺人民币不贬值，后来又积极参与《清迈倡议》并在其中发挥重要的建设性作用，积极推动与周边国家间的货币互换，并促成区域性货币互换协议。2008 年全球金融危机后，东亚国家之间的合作得到进一步深化，倡议并建立了东亚外汇储备库。[①] 这些区域性货币互换与外汇储备库机制建设具有较突出的"危机驱动型"特征，有助于减少货币危机和经济危机对本区域的冲击，保持各国的汇率稳定。由此可见，在东亚货币与金融合作进程中，中国经济的稳定增长及其奉行的稳健货币政策，使之成为区域经济增长的稳定器与区域货币政策的"驻锚"。在此基础上，中国还积极推进与湄公河流域国家、俄罗斯、蒙古国等国的跨境贸易本币结算，扩大本币直接兑换规模和范围。中国对相关公共产品建设的积极参与不仅有助于解决东亚区域货币合作面临的困境，而且也将使人民币通过制度性的区域货币、汇率合作逐步实现"亚洲化"，从而成为区域性主导货币和国际储备货币之一。[②] 中国还应充分发挥新创设投融资平台的作用，深化与周边国家的双多边金融合作，共同防范潜在的经济风险，为亚洲地区提供灵活多样的金融类公共产品。而在当前国际贸易领域，鉴于美国特朗普政府奉行贸易保护主义政策并从亚太自由贸易谈判进程中大幅退缩，中国可以在现有双边自由贸易协定的基础上，与东盟一起推动区域多边贸易合作迈上更高的台阶。

---

① 何泽荣等：《东亚外汇储备库：参与动力与成本收益的实证考察》，载《世界经济研究》2014 年第 2 期，第 3 页。

② 李晓、丁一兵：《新世纪的东亚区域货币合作：中国的地位与作用》，载《吉林大学社会科学学报》2004 年第 2 期，第 79 页。

在公共卫生领域，中国则以本地区共同面临的疫病防控合作为抓手，推动中国与东盟、中国与上合组织、中国与南亚等区域卫生合作平台建设，以及"一带一路"卫生领域的交流合作。在 21 世纪发生的"非典"（SARS）、高致病性（H7N9 型）禽流感、甲型 H1N1 流感等疫病危机应对中，充分展示了国内公共产品与区域公共产品趋于良性互动的过程。中国还出资 1000 万元人民币设立应对"非典"的专项基金，与东盟国家开展防治合作。① 针对源于非洲的埃博拉（Ebola）疫情以及其他重大传染病疫情，中国除加快相关疫苗研制外，还积极参与地区联控联防紧急合作机制，在不断提高国内相关公共产品供给的同时，区域卫生公共产品供给能力也得到增强。公共卫生外交成为中国周边外交的重要内容，通过区域公共卫生合作与治理中国帮助周边发展中国家，成为区域公共卫生供给机制中持续稳定的重要参与者、贡献者和规则制定者，也在某种意义上反映了中国对亚洲和世界人权事业的重视和积极参与。

在完善"经济惠及"、共促人本发展的基础上，中国积极参与和推动区域安全合作，不回避对区域安全的责任，力所能及地参与周边区域安全公益建设，发挥与实力相匹配的负责任大国作用。② 以打击区域性的"三股势力"、维护地区安全稳定为契机，2004 年中国推动上合组织建立专门的地区反恐怖机构，该机构常设于乌兹别克斯坦首都塔什干。迄今上合组织已先后制定并通过了《打击恐怖主义、分裂主义和极端主义上海公约》《上合组织成员国合作打击恐怖主义、分裂主义和极端主义构想》《上合组织反恐怖主义公约》《上合组织成员国边防合作协定》《上合组织反极端主义公约》《上合组织成员国打击恐怖主义、分裂主义和极端主义 2019 年至 2021 年合作纲要》等一系列反恐合作相关法律文件。上合组织的集体行动能力在某种意义上取决于中俄两国的合作意愿和水平，为满足本地区国家的共同安全需求，两国有责任提供更多相关公共产品。在中俄两国领导人倡导下，迄今在上合

---

① 夏建平：《从中国与东盟关系的发展看中国的亚洲责任》，载《学术论坛》2007 年第 5 期，第 16 页。

② 陈琪、管传靖：《中国周边外交的政策调整与新理念》，载《当代亚太》2014 年第 3 期，第 15 页。

组织框架下举行的"和平使命"联合反恐军事演习已达 7 次，这有助于提升中亚国家的反恐实战能力。此外，中国还致力于加强区域内国际执法合作，与中亚国家共同应对网络领域等更为多样化的安全挑战和威胁。在具体层面上，中国推动上合组织开展情报交流、执法人员培训、边境管控、打击贩毒以及武器走私等跨国犯罪，以切断本地区恐怖组织赖以生存的人员流动、信息传递与融资链条。随着地区行为能力的不断提升，中国将进一步以上合组织为平台，着力向中亚及周边地区推出顺应地区治理需要的更具实质意义的安全公共产品。客观上，上合组织的反恐职能与俄罗斯主导的独联体反恐中心、集体安全条约组织（CSTO）以及亚信机制、金砖国家反恐工作组之间存在一定的重叠。为此需要更好地实现相关机构之间的功能衔接与互补，避免出现制度及其主导权竞争，共同推动构建亚洲安全新格局，在更大范围内发展和完善区域多边安全体制。[1] 在上合组织框架下，中国基于互信、互利、平等、合作等原则提供区域安全公共产品，这有助于凝聚共识和增强相关国家之间的军事互信，使传统和非传统安全合作相互促进，为解决地区热点问题、维护地区和平与稳定作出建设性贡献。

（三）保持区域公共产品供给策略的灵活性与适应性，实现供给效果的最大化

在涉及不同区域、国家和问题领域时，中国的公共产品供给策略不应是一成不变的，而是要具备足够的灵活性与适应性。例如，在东北亚，占主导地位的安全机制仍然是以域外大国美国为中心的双边同盟体系；特朗普政府更是利用东北亚国家间的纠纷、矛盾来强化既有同盟的凝聚力。这在某种程度上不仅加深了中美之间的战略互疑，还使中国的周边环境陷入了动荡不安的状态。[2] 对此，中国需要继续发挥在朝鲜半岛问题上的建设性作用，促进与相关方之间的信息沟通、共识培育与互信积累，为确立新型安全公共产品供给机制打下基础。显著不同于中亚等中国周边其他方向，目前在东北亚仍

---

[1] 周士新：《中国安全外交与地区多边机制》，载《国际安全研究》2014 年第 6 期，第 82 页。

[2] 刘雪莲、范为：《中美在东北亚的战略博弈：间接路线与类型混合》，载《东北亚论坛》2018 年第 6 期，第 32 页。

然缺乏建立一个新型区域安全合作组织的主要条件。中国的策略是在功能和规范层面始终保持影响力：一是明确主张朝鲜彻底放弃核武器开发，在实现半岛全面无核化的同时探索建立永久和平机制，真正解决朝鲜的安全关切问题；①二是倡导新型国际关系，特别是构建以非对抗、非冲突、相互尊重、合作共赢为核心特征的新型大国关系，以促进区域安全公共产品供给，保障区域安全稳定。中美两国在东北亚乃至整个亚太地区存在广泛的共同利益，应在相互尊重主权等核心利益的前提下开展竞争、寻求共存共生共荣；为该地区的和平稳定提供区域安全公共产品，是两个大国的共同责任和利益所在，也在某种意义上成为撬动两国关系的杠杆。②

在世界秩序转型与区域治理变革的背景下，中国需进一步细致规划区域公共产品的供给种类和管理体制，并予以准确的产品定位。由于周边各区域差异性极大，加之各类区域公共产品的特性不一，因此公共产品供给模式具有很强的多样化特征。中国可以着眼于"做细、做实、做新"，采取分别对待、分类处理和优化组合的策略；针对不同国家的区域公共产品吸收能力及偏好采取不同的供给策略，使区域公共产品与周边国家需求更好地实现对接，力争"按需供给""精准供给"，从而提高供给质量和效率。为此，需要相关决策机构和人员准确把握各国对于区域公共产品的需求状况及其在供给方面所具有的潜力和比较优势。通过适时拓展和完善东盟主导的"10 + X"模式，以及创新其他供给模式（如"一带一路"倡议），从而就不同的区域公共产品实现更为差异化的供给模式。③一方面，依托并充分利用现有区域机制供给公共产品，可以防止资源成本的重复投入，有利于共同打造开放、包容、均衡、普惠的区域政治经济合作架构。另一方面，也要主动创设并拓展相关

---

① 中国主张实现朝鲜半岛无核化和建立半岛和平机制"双轨并行"，这一思路有助于平衡解决各方安全关切、实现半岛长治久安。参见石源华：《论中国对朝鲜半岛和平机制问题的基本立场》，载《同济大学学报》（社会科学版）2006 年 3 期，第 72 页；张玉国、白如纯：《朝鲜半岛永久和平机制的构建：动力与困境》，载《当代亚太》2007 年第 1 期，第 30 页。

② 参见何英：《试论中美关系是洛克文化的建构》，载《南京师大学报》（社会科学版）2005 年第 5 期，第 61 页；杨鲁慧：《中国崛起背景下的中美新型大国关系——国际安全公共产品供给的分析视角》，载《山东大学学报》（哲学社会科学版）2013 年第 6 期，第 1 页。

③ 徐恺：《国际公共产品、地区国际公共产品与东亚供给模式》，载《理论界》2009 年第 6 期，第 190 页。

多边合作平台，通过凝聚区域共识、确立对话机制以及达成多边协议，为本地区提供有利于商品、资本和技术等要素更自由流动的制度性公共产品，促进域内各国经济上的相互依存。在策略上，初始阶段可采用"问题导向型"或"任务导向型"的供给路径，在条件成熟时向"规则引导型"供给路径过渡；做到突出重点与全面推进相结合，适时扩大供给范围，最终实现供给区域的全覆盖。

在提供区域经济公共产品时，除了现有双边合作层面的外溢供给外，还可与其他重要供应方或利益相关方共同供给，并在一定条件下允许小国"搭便车"。通过对"搭便车"行为一定程度上的容忍，有助于帮助这些国家跨越边际收益小于边际成本的阶段，使它们在一段时期后主动加入到国际合作中来，由此也使中国的感召力和吸引力得到增强。近年来中国积极倡导和参与的区域机制，如亚太自贸区、区域全面经济伙伴关系协定、澜湄合作机制、亚投行和丝路基金等，均在某种意义上属于有利于周边发展中国家经济增长的新兴区域公共产品。就当前亚太地区已有的公共产品供应格局来看，供给主体的范围存在泛化倾向，相关的供给动机也复杂多样。鉴于美国在安全类公共产品的供应上仍占有较大优势，中国可发挥自身在经济类、发展类产品供应方面的一定优势，寻求错位竞争与角色互补。如果二者供给的全球公共产品功能趋同或同质化，供给竞争将很有可能激化。鉴于此，通过进一步提升在周边地区的经济影响力尤其是制度性、理念性影响力，在地区经济治理中实现从规模优势向治理优势的跨越，可以为新常态下的中国经济发展创造有利的周边经济生态和地区制度保障，从而使中国周边经济外交完成从被动到主动、从融入到引领的战略转变。[1]

此外，中国还应当重视作为区域公共产品供给者的形象传播，主动对外阐明相关政策，说明所提供的公共产品内容、种类、实效以及对国际公共产品的贡献度等，以消除一些周边国家及其民众对中国相关行为的疑虑，为新时代周边外交的推进创造良好的舆论环境。例如，创始于1987年的《中国外

---

[1]　秦升：《新常态下的中国周边经济外交：背景、路径与目标》，载《东北亚学刊》2016年第6期，第25页。

交》白皮书，近几年度的版本都对包括国际公共产品供给在内的中国外交政策与实践进行了解读，尤其是重点阐述了"一带一路"、全球治理等相关内容。2017 年 1 月发表的《中国的亚太安全合作政策》白皮书，系统介绍了中国在地区热点问题、参与亚太地区主要多边机制以及地区非传统安全合作方面的贡献。2018 年 6 月发表的《中国与世界贸易组织》白皮书，重点介绍了中国为全球提供经济类公共产品的情况。2019 年 7 月发布的《新时代的中国国防》白皮书，在"积极服务构建人类命运共同体"部分介绍了中国推动构建地区安全合作架构、供给区域安全公共产品的相关情况。2019 年 9 月，国务院新闻办公室发布了《新时代的中国与世界》白皮书，在第二部分专门阐述了中国的发展是世界的机遇。这主要表现为：中国是世界经济增长的主要稳定器和动力源；中国的全方位对外开放为各国分享"中国红利"创造更多机会；中国为国际社会提供更多公共产品；中国的发展为其他发展中国家提供经验和借鉴；中国决不走"国强必霸"的老路。[1]

中国还可以进一步通过恰当方式向国际社会主动宣示自己的区域公共产品供给规划与具体倡议，包括利用首脑外交、主场外交、峰会外交、公共外交（含新媒体外交）等,[2] 展示新时代中国更具活力与亲和力的区域公共产品供给者形象，通过战略互信的积累使国际社会尤其是周边国家形成对于中国未来角色及其行为的确定性预期。其中，主场外交是在一国境内举行的多边外交活动，它为中国促进国际共识和共同行动创造了更多平台与机会。尤其是中共十八大以来，中国通过大力举办和开展博鳌亚洲论坛、G20 杭州峰会等主场外交，提升了国际话语权，增强了对国际制度的参与和塑造能力，强化了负责任的国际形象，为促进全球治理作出了更大贡献。[3] 而峰会外交

---

① 参见《中国外交》白皮书年度系列版本（世界知识出版社）以及《政府白皮书》，载 http://www.scio.gov.cn/zfbps/index.htm。

② 这些外交形式体现了新时代中国外交能力的提升，特别是在感召力、塑造力等方面具有指征意义，近年来受到高度重视并被运用于周边外交之中，在更高层面上则有助于推动更加均衡、包容和可持续的全球化。参见郭兵云、宋灵：《十八大以来中国主场外交透视》，载《岭南学刊》2019 年第 5 期，第 1 页；钟飞腾：《百年大变局与中国主场外交》，载《人民论坛》2019 年 17 期，第 30 页；宋效峰：《新媒体在公共外交中的角色探析》，载《渤海大学学报》（哲学社会科学版）2019 年第 3 期，第 51 页。

③ 凌胜利：《主场外交、战略能力与全球治理》，载《外交评论》2019 年第 4 期，第 1 页。

关涉全球和区域治理公共产品的需求与供给、国际议程的设置与推进、国际制度体系的完善与补充，是国际战略、国家政策对接与互通的重要平台。"冷战"结束以来，中国峰会外交将中国发展战略优化和国际战略布局紧密相连，实现了从有限参与到议程引领的角色转变。尤其在新时代，中国峰会外交不断创新，致力于打造多边外交与双边外交有机结合的新模式，推动中国国家利益和各国利益汇聚，积极回应国际社会对中国与世界关系走向的普遍关切。这包括以地区主义为依托，引领东亚开放式和平发展大局；以命运共同体理念为指导，统筹新时代中国国际战略，在大国关系、周边关系和发展中国家关系等方面设置新议程；提出并深入实施"一带一路"倡议，推进中国国际战略在各重大峰会外交平台的全覆盖和深入发展，为全球治理贡献中国智慧，提供中国方案。[1] 此外，也要重视非官方渠道公共产品的开发与供给，引导国内民间组织、企业等相关主体的参与，与政府主体形成区域公共产品供应的合力。从软实力构建的角度看，区域公共产品供给策略需要有更为系统化的道义理念作为引导和支撑，把守望相助、互信互谅、急人之困、授人以渔和以发展促安全等相对分散的提法纳入以人类命运共同体为统领的新时代中国国际话语体系中。[2] 从长远来看，这有利于塑造正面的区域身份与声誉，减少中国和平发展所面临的外部阻力。

二、中国区域公共产品供给的政策体系

（一）多管齐下、积极有为，完善多层次的政策体系——以区域安全为例

在区域安全领域，中国奉行负责任与积极有为的政策，逐渐改变与自身经济影响力不相匹配的局面，重塑周边国家对于中国在经济与安全领域的均衡角色预期。区域经济与安全是无法完全割裂开来的，区域经济的政治化和区域政治的经济化往往不以人的意志为转移，在这个意义上一些周边国家在

---

① 门洪华、王晓：《中国峰会外交（1993~2018）：发展进程、战略评估与未来展望》，载《当代亚太》2018年第6期，第133页。

② 与人类命运共同体相关的话语建构问题，可参见席军良、汪翱：《人类命运共同体视域下新时代外交话语体系构建》，载《社会科学家》2017年第11期，第58页；马俊峰、马乔恩：《人类命运共同体话语体系的内在逻辑和时代价值》，载《学术论坛》2018年第2期，第70页。

经济上依赖中国、安全上倚重美国的微妙平衡难以长期维持。针对复杂的地区热点问题以及中国与周边国家存在的领土与海洋权益争端，中国采取"不惹事也不怕事"的态度，积极推动建立管控危机的规则机制，通过增进互信缓和紧张，诉诸政治手段（如高层互访、经济合作、外交和谈、军事沟通、民间交流等形式）化解危机，推动问题逐步加以解决。① 21世纪以来，中国倡导符合本地区安全需要的新的国际安全理念，推动建立符合地区特点的安全架构。在合作实践中，中国坚持相互尊重、协商一致、照顾各方舒适度的亚洲方式，参与完善多边安全治理机制。第一轨道的上合组织、亚信会议等已成为中国引领打造亚洲安全合作新机制的主渠道，而第二轨道的北京香山论坛、世界和平论坛等对于增强区域安全互信、创新安全治理理念也发挥着越来越突出的作用。其中，2014年以来北京香山论坛升级为"一轨半"机制而具有半官方性质，其在凝聚共识、打造新型亚太安全伙伴关系等方面的影响力越来越大。2015年10月，美国、英国、法国、德国、日本等大国首次派出官方代表团与会。2019年10月，第9届北京香山论坛作为高端防务安全对话平台的色彩更加突出，共有76个官方代表团、23国国防部长（其中包括首次参加的俄罗斯防长）、6国军队总长（国防军司令）、8个国际组织（包括联合国、东盟、红十字国际委员会、欧盟等）代表与会。本届香山论坛尤其为本地区中小国家（如东南亚国家和朝鲜）提供了表达安全关切的机会，其中朝鲜是继2018年以来第二次派代表团参加。

中国倡导亚太各国超越零和博弈、势力范围以及制衡等冷战思维，拓展不冲突、不对抗、不针对第三方、互利共赢的安全合作，努力走出一条"对话而不对抗、结伴而不结盟"的交往新路，超越美国学者格雷厄姆·艾利森（Graham T. Allison）提出的所谓"修昔底德陷阱"②。在习近平外交思想指引下，对和平与发展时代主题的持续坚持、对命运共同体意识的持续强调、

---

① 张世均：《中印领土争端问题的危机管控机制》，载《南亚研究季刊》2017年第2期，第9页。
② 根据古典现实主义理论，"修昔底德陷阱"是指一个新崛起的大国必然要挑战现存大国，而现存大国也必然会对这种威胁作出回应，崛起大国与现存大国之间的结构性矛盾与主观恐惧使战争变得不可避免。参见李志永：《以合作共赢跳出"修昔底德陷阱"——习近平外交思想的理论创新》，载《兰州学刊》2019年第9期，第5—6页。

对共同发展的持续追求和对新型伙伴关系的持续塑造，共同保障了"合作共赢"的中国路径最终能够超越"修昔底德陷阱"。虽然有些周边国家希望借助美国的存在保持地区力量平衡，但在相互依赖关系日益加深的趋势下，通过构建地区安全规范来约束大国间的严重冲突更为符合本地区的最大利益。中国不是所谓破坏国际秩序的"修正主义国家"，中国涉及周边国家的海上维权等政策和行动也不是所谓在"灰色地带"发起的安全挑战。① 中国并不排斥美国等域外国家在区域安全机制建设中发挥积极作用，但鉴于有的域内国家在获取安全公共产品时具有某种投机心理或机会主义倾向，中国应当释放出明确的政策信息以免发生战略误判。在共同面临的地区威胁和挑战面前，可选择从海上搜救、反海盗、难民救助等低敏感度的区域安全领域入手，寻求渐次扩大在传统安全领域的合作，共建具有亚洲特色的区域安全公共产品供给体系，培育面向未来的亚洲安全共同体。随着地区安全秩序对中国进一步开展周边外交和加强区域合作的影响日益突出，中国需强化包括传统安全和非传统安全在内的区域安全公共产品供给，积极推动周边区域的安全合作，维护区域安全与稳定，主动提升中国对地区安全秩序的塑造能力。②

作为亚洲安全公共产品的新兴供给者，中国在救援力量方面具有诸多自身优势，近年来参与了遭受地震等灾害的日本、尼泊尔、印度尼西亚、巴基斯坦、马尔代夫、伊朗等周边国家的人道主义救援任务。以中国—东盟救灾公共产品为例，它自21世纪初开始蓬勃发展，并诉诸机制化建设以提升救灾合作质量。但由于存在产品普及性不够、内容连续性与系统性不足、产品对机制化发展以及基础设施建设贡献度有限等亟待完善之处，双方需从促进供给主体多元化（尤其是培育非政府供给主体）、强化国际调研与统筹安排、重视基础设施建设与救灾文化培养、强化机制与法律建设等方面入手，推动

---

① 参见归泳涛：《"灰色地带"之争：美日对华博弈的新态势》，载《日本学刊》2019年第1期，第45页；沈志雄：《"灰色地带"与中美战略竞争》，载《世界知识》2019年第11期，第17页。
② 卢光盛、别梦婕：《"成长的代价"：区域公共产品与中国周边外交》，载《当代世界》2017年第3期，第18页。

中国—东盟救灾公共产品的深入发展。[①] 从合法性逻辑看，下一步中国应以与东盟之间的规范构建与协调为基础，深度参与东南亚各层次的安全治理。而在印度"一家独大"的南亚区域，则呈现为传统与非传统安全问题相互交织的复杂安全局面，加之地区主义缺失、南盟机制不健全，相关合作长期停留在经济与社会层面，难以深入到更加重要的地区安全领域，因而在某种意义上尚未形成足够权威有效的区域安全合作机制。[②] 作为重要的利益相关方，中国有必要参与南亚区域安全合作进程，并为之提供灵活适用的区域安全公共产品，例如，以双边为主、推进小多边反恐合作（如中国—阿富汗—巴基斯坦三方合作）。中国可以参与南亚区域合作联盟框架下的多边供给（并在条件成熟时争取成为该组织正式成员国），稳妥推动南亚一体化机制建设，也可以独自提供特定种类的公共产品。这些在帮助南亚各国应对各类复杂安全问题（如反恐、难民）、营造持久地区安全环境的同时，也有利于维护中国西部尤其是新疆、西藏等西南地区的稳定，保障中国在该区域的贸易、投资和能源通道安全等重大利益。[③]

（二）加强国内供给政策与区域供给政策的内外联动

就政策制定的内在逻辑来看，中国的区域公共产品供给政策还应当与国内公共产品供给政策内外联动、有机统一起来，并通过中国自身的发展把这两个层面衔接起来，使区域供给能力与国内供给能力相互促进、相辅相成。在国内—国际互动加强、区域一体化深入发展的时代背景下，区域公共产品在某种意义上可以看作国内公共产品供给理念和思路的延伸，两者之间尤其在设计和生产等源头环节存在重叠。"内圣外王""达则兼济天下"等中国传统政治智慧，都反映了上述两者之间的逻辑关系，即以国内发展和治理方式的正向外溢实现区域公共产品的供给，从而使后者打上中国烙印。而国内成

---

① 韦红、魏智：《中国—东盟救灾区域公共产品供给研究》，载《东南亚研究》2014 年第 3 期，第 33 页。

② 曹峰毓、王涛：《南亚区域合作的历程、成效及挑战》，载《太平洋学报》2017 年第 10 期，第 74 页。

③ 任威典：《供给区域安全公共产品：中国参与南亚地区安全合作的新视角》，上海社会科学院 2016 年国际政治专业硕士学位论文，第 1 页。

功的制度设计、价值观念和发展经验外溢而上升为知识类区域公共产品，也能够反过来为中国成长为世界大国奠定软实力基础，并为之提供长远的制度、规则、价值等保障。从能力建设上看，中国巨大的产能、市场、技术和资金等优势，为中国的区域公共产品供给政策的制定与实施提供了有力的物质支撑；而中国致力于全面深化改革开放、全面推进依法治国和治理能力现代化，在树立其自信、进步形象的同时，也有助于提升其区域公共产品的供给质量。

在某种意义上，中国周边地区存在着相互重叠和竞争的复杂制度系统；如果从国内层面与区域层面的互动来看，中国需要诉诸内部进程来撬动相关区域公共产品的供给体制变革。例如，在区域环境和气候治理领域，中国政府致力于推进国内生态文明建设，并为此组建生态环境部；对外倡导绿色"一带一路"建设，与数十个国家以及联合国相关机构合作建立"一带一路"绿色发展国际联盟、"一带一路"防治荒漠化合作机制，同英国相关机构联合发布《"一带一路"绿色投资原则》，向沿线国家提供包括中国理念、中国方案、中国项目在内的高质量的绿色公共产品，通过多边主义合作更好地满足周边各国多样化的生态需求。① 在"一带一路"的推进过程中，需重点防范沿线自然环境阻滞、生态保护与经济发展张力等生态环境风险，以及围绕生态环境治理出现的域外大国同质政策竞争等生态环境衍生风险。中国可以探索治理主体开源、治理过程持续、治理手段多元、治理客体共生、治理结果共享的绿色治理新路径，以系统防范生态环境风险，同时提升中国国家形象。例如，在澜沧江—湄公河次区域，此前中国便通过与相关国家积极分享水文数据、立足自身主体地位参与对话会议、坦诚回应外界水电站建设质疑等方式开展了次区域生态环境问题的绿色治理实践。在此基础上，中国可从引领生态环境风险防范共识、打造区域强效制度、分享绿色扶贫经验、探索第三方市场绿色合作等方式，进一步探索以系统性治理逻辑，防范生态环境

---

① 参见王爽、王占义：《建设绿色"一带一路"，提供更多"中国方案"》，载《新华每日电讯》2018年9月14日，第15版；钟声：《携手打造绿色国际公共产品》，载《人民日报》2009年4月22日，第3版；王维：《建设绿色"一带一路"》，载《中国发展观察》2019年第8期，第22—23页。

风险的绿色治理路径。①

在气候变化领域，中国强有力的自主减排行动及其成就，在发展中国家中具有标杆意义，推动着本地区乃至全球层面的气候治理集体行动。在具体层面上，中国对包括南太平洋岛国在内的周边发展中国家提供气候治理支持，如援建低碳经济示范区、开展应对气候变化项目合作、提供技术培训等，并通过"中国气候变化南南合作基金"等渠道，为它们在清洁能源、防灾减灾、生态保护、气候适应型农业、低碳智慧城市建设等领域提供融资支持。在全球气候治理多轨道并兴举的背景下，中国除了在周边区域气候治理机制建设方面可以作出更大贡献外，还可以通过联合国层面发起的其他机制向周边国家提供公共产品，如"南南合作援助基金"对巴基斯坦可持续发展和民生事业的援助。对于周边地区的最不发达国家、内陆发展中国家和小岛屿发展中国家，中国不断增大援助力度，包括免除它们已到期的债务。

从供给内容上看，中国的区域公共产品供给政策应扬己之长、突出重点。像周边国家需求突出的软硬件基础设施、市场开放和贸易秩序、资金技术以及更便利的跨境物流和人员流动等公共产品，既是中国的优势所在，也应当成为供给的重点。这些与周边区域互联互通以及制度建设相关的区域公共产品，为中国与周边国家的合作搭建起基础平台，对域内外相关方的行为产生积极引导和约束作用。而预期收益、供给成本和外部性等因素，是影响中国区域公共产品供给决策的主要变量。从决策理性的角度看，中国会选择成本—收益关系及外部效应最优的公共产品供给内容。为此，中国在供给区域公共产品时需进一步平衡各国的相对收益关系，推动建立相关的利益争端解决机制；并维持合理的供给成本，弱化外部大国介入因素的消极影响，促进区域公共产品的不断机制化、效率化、优质化和可持续化，从而为开拓新时代周边外交创造有利条件。②

---

① 杨达、李超：《"一带一路"生态环境风险防范的绿色治理路径创新——以澜沧江—湄公河次区域为例》，载《探索》2019 年第 5 期，第 184 页。

② 屈彩云：《新时代中国对外援助提供的公共产品及特点》，载《中国发展观察》2018 年第 24 期，第 61 页。

三、区域公共产品供给与中国周边关系的重构

（一）以经济类区域公共产品供给为先导，重构与周边国家的利益关系

历史地看，亚洲地区秩序向何种形态演化，将取决于区域公共产品供求关系的动态变化过程和趋势，而区域公共产品供求会受到内部权力结构和外部力量的影响。[①] 和平的地区秩序与区域合作离不开一定水平的区域公共产品供给，在一系列外交新理念的指导下，中国作为地区发展贡献者、和平建设者以及秩序维护者的角色进一步凸显。新形势下中国的区域主义外交进一步成熟，塑造周边地区秩序的能力得到质的提升，周边地区作为中国战略依托的地位更加巩固。尤其是通过区域公共产品供给策略与政策的有效实施，中国与周边环境之间的互动日益呈现出新的范式，与相关国家的关系正在经历以命运共同体为导向的重构。其中，随着中国经济实力的迅速增强，对经济类区域公共产品的供给能力显著提升。相应地，在经贸领域中国与周边国家的关系重构也最为显著，中国已成为绝大多数周边国家最重要的经贸伙伴之一，合作共赢的价值共识得到普遍认可。这一价值构成了新时代中国与周边国家交往的利益逻辑，它为更高层面的共同体建设奠定了基础。

中国成为越来越受欢迎的区域公共产品供给者，融入并完善和适度改变现有的国际及地区制度体系，客观上促进了地区权力结构的和平、合理变迁。尤其在当今亚太地区权力转移与秩序重构的重要历史时期，中国获取地区主导地位与其一贯坚持的和平发展道路并不矛盾，因为在某种意义上其国际责任也将随之上升，以满足本地区国家对于各类公共产品的更高期待。与之形成鲜明对比的是，当前美国试图通过战略调整重构国际秩序，利用超强实力实施强权政治，屡屡对他国进行"极限施压"，借此巩固其一超独霸地位，实现所谓"让美国再次（并继续）伟大"。[②] 这也对亚太地区事务产生了重大影响，增加了地区形势的不确定性，从反面凸显了中国作为负责任大国在规

---

① 高程：《区域公共产品供求关系与地区秩序及其变迁——以东亚秩序的演化路径为案例》，载《世界经济与政治》2012年第11期，第4页。

② 中国国际问题研究院：《国际形势和中国外交蓝皮书》（2019），世界知识出版社2019年版，第8页。

则与秩序维护中的重要作用。从角色理论的视角看，中国负责任大国的角色认知着眼于解决权力与责任之间的平衡问题；除取决于自身的主观因素外，它也在很大程度上受到了地区社会的激励。这一角色的建构离不开与周边地区的彼此互动、学习与适应——在这一不断深入的社会化过程中，相关方更倾向于通过合作应对共同面临的挑战。① 例如，在中国与东盟的关系深入发展过程中，观念结构发挥了重要作用，彼此的身份建构对于中国—东盟命运共同体建设具有深层的意义。

利益共同体是命运共同体的逻辑前提和基础，而利益共同体又以经济利益共同体为核心内容与基石。在中国与周边地区利益共同体的构建过程中，中国积极践行"惠"的理念，不断创新和完善带动周边国家经济发展的方式与路径，寻求中国与周边国家的合作发展与共同发展。"一带一路"等新型区域公共产品供给，有利于深化区域合作和发展利益共同体，并在此基础上增强地区认同，塑造某种地区集体身份，并最终指向地区命运共同体这一前景。当前，中国与周边国家的合作关系朝着全方位、多层次与立体化方向发展，新的合作生长点不断出现，涵盖区域、次区域、跨区域等层面的联动发展、互利共赢合作伙伴网络日益紧密。其中，东盟是构筑周边命运共同体的优先方向和重点示范区。中国与东盟在政治互信、经贸合作、人文交流等领域已有良好的基础，在当前大国主导权竞争仍然较突出的情况下，由相对较弱的东盟继续发挥在东亚区域合作机制中的某种领导作用反而成为一种务实的选择。但东盟的领导力客观上受制于自身整体实力、一体化水平以及相应行为能力的不足，与之相关的区域合作制度建设存在较突出的分散化和非正式化问题。总的来看，区域公共产品供给的自主性与整合度偏低，成为制约亚洲一体化发展的深层因素。

鉴于这种小国主导模式的特殊性及不稳定性，中国、日本是有意愿与能力提供区域公共产品的域内大国，应加强协调彼此的利益倾向与政策选择，探求新的竞合路径，并合理照顾各方利益关切，与东盟一起推动地区一体化

---

① 徐正源：《中国负责任大国角色的建构：角色理论视角下的实证分析》，中国人民大学出版社2015年版，第96-98页。

的提质升级。由于中日两国在推动自由贸易以及对亚洲国家发展援助等经济议题上具有利益一致性，双方的竞争不但不会"撕裂"东亚，反而会刺激东亚地区主义运动，促进多边合作的深化。因此，区域全面经济伙伴关系协定与中日两国在第三国的民间合作前景值得期待。[①] 可以说，中日韩及东盟是东亚地区事务最主要的利益相关者，四方具有各自的比较优势，在经济领域仍有巨大的互补合作潜力，可通过完善区域经济一体化渠道实现更高水平的区域公共产品集体供给。虽然目前东亚区域一体化进展及效果并不显著，但由于以中国为代表的域内国家采取积极融入全球价值链的战略及政策措施，使该地区加入国际分工体系并成为全球生产加工的中心，从而实现了较长时期的强劲发展。中国的崛起本身并不是孤立实现的，而是地区跨国生产网络的扩展带来东亚文明复兴的一个最重要结果。中国的崛起反过来也对东亚生产网络形成系统性重构，动摇了日本的雁行模式规划和美国对本地区经济、政治和军事的主导地位。在某种意义上中国应承担地区领袖的角色，从经贸、货币、安全和文化认同等方面向整个地区提供公共产品，从而以亚洲命运共同体的愿景来取代本地区长期受制于人的地缘政治经济面貌。[②] 尤其在反全球化浪潮冲击下，经济上紧密关联、互惠共赢的中日两国作为东亚生产网络的"双核心"，可以拓展新的合作空间与形式。[③] 目前，中国已形成贸易、金融、基础设施建设、数字经济等具有优势的区域公共产品供给方向，越来越多的周边国家从中国推动的区域合作倡议中受益，与其他重要相关方在环境、科技等领域的合作潜力也日益得到释放。

（二）积极提供安全类公共产品，重塑中国与周边国家的安全关系

与经济层面相比，由于亚洲地区安全问题的复杂性，中国与周边国家安全关系的重构则更为艰巨。新型国际关系、亚洲安全观等相关理念为此指出

---

① 田凯：《中日竞争效应下的东亚地区主义》，载《当代世界与社会主义》2018 年第 5 期，第174 页。

② 翟东升：《从地区价值链到亚洲命运共同体——国际政治经济学视角下的中国崛起和东亚复兴》，载《教学与研究》2019 年第 6 期，第 65 页。

③ 张玉来：《全球价值链重塑与东亚——中日合作的空间与潜力》，载《东北亚论坛》2019 年第 3 期，第 40 页。

了努力方向与实践路径。但目前仍面临旧有国际关系的巨大惯性、领土主权争端的复杂性、域外大国的强力干扰、相互信任不足以及既有区域安全架构的阻力等多重挑战。互相尊重是新型国际关系的前提，公平正义是新型国际关系的保障，合作共赢是新型国际关系的核心与基础，[①] 这些相互联系与逻辑统一的理念在某种意义上也是中国为保障国际与地区安全所提供的重要方案。中国主张安全的普遍性、平等性和包容性，推动亚洲地区实现共建、共享、共赢的安全格局。

在不同区域方向上，中国与相关国家的安全关系总体而言呈现较大的差异性。以中亚方向为例，借助上海合作组织这一平台，中国与其他成员国确立了较高水平的政治与安全关系，在打击"三股势力"、维护区域安全等方面进行了稳定而有效的合作，并实现了向更多非传统安全议题的拓展。印度、巴基斯坦等国的加入，有利于提高上合组织的区域公共产品供给水平，推动地区热点问题的系统解决，也为重塑中国与南亚国家的安全关系注入了建设性因素。另外，印度的加入旨在加强自身与中亚地区的互联互通、提高本土反恐能力以及在地区博弈中平衡各方势力等，上海合作组织的凝聚力在一定程度上会因此受到削弱，集体行动的效率可能会降低，这为相关地区多边机制建设、一体化合作与安全秩序重构带来新议题。[②] 除上海合作组织这一多边机制外，中国还可通过与中亚邻国的次区域机制以及日益成熟稳定的双边机制，积极推动与中亚国家政治经济关系的发展与重构。中国奉行不干涉中亚国家内政、不谋求地区事务主导权和不经营势力范围的原则，共同防范"颜色革命"，积极提供安全与发展领域的区域公共产品，与中亚国家共建地区利益共同体与命运共同体。[③]

中国周边地区中小国家居多，中国在发展与它们的关系以及提供相关区域公共产品时，需要充分考虑这些中小国家的安全取向与行为逻辑。例如，

---

① 蓝庆新：《以新型国际关系推动贸易自由化发展》，载《人民论坛·学术前沿》2018 年第 20 期，第 51 页。

② 陈小沁、李琛：《印度加入上海合作组织的影响分析——基于地区公共产品的视角》，载《南亚研究》2019 年第 2 期，第 1 页。

③ 曾向红、李孝天：《中亚成员国对上海合作组织发展的影响：基于国家主义的小国分析路径》，载《新疆师范大学学报》（哲学社会科学版）2017 年第 2 期，第 122 - 124 页。

在传统安全文化下对强大邻国所持有的某种天然恐惧及其机会主义政策倾向。其中，东盟国家长期以来形成了"大国平衡"策略，存在着借助于域外大国提供的安全产品来平衡域内大国（目前主要是中国）实力增长的取向。但从长远来看，随着区域经济合作和安全合作之间良性互动的加强，以塑造平等互信、合作共赢新型安全伙伴关系为目标的新安全观念将在本地区得到更普遍的接受，以非对抗为突出特征的新的地区主导安全文化将逐渐确立。作为中国提供的区域公共产品的受益者，周边中小国家与中国的关系最终将实现经济与安全取向上的逻辑统一。

（三）拓展公共产品供给领域，深化与周边国家的社会文化关系

当前中国与周边国家正在开启更高水平、更深层次的区域合作，其中社会文化层面是考量中国与周边国家关系的基础性维度，也是周边命运共同体建设的应有之义。周边国家文化多样性突出，佛教、伊斯兰教、基督教、儒家文化等对其都有广泛的影响，自古以来亚洲各民族就在交流与融合中实现共存发展。中国积极推动亚洲不同文明相互尊重、和谐共处，让文明交流互鉴成为增进各国人民友谊的桥梁、推动人类社会进步的动力以及维护世界和平的纽带。中国将按照时代的新进步，推动中华文明创造性转化和创新性发展，让中华文明同世界各国人民创造的丰富多彩的文明一道，为人类提供正确的精神指引和强大的精神动力。①

针对周边地区文化差异较大、相互认知存在偏差甚至误解的客观现实，增进彼此了解与信任、夯实认同与民意基础成为中国与周边国家关系重构的一个重要维度。为促进更深入的文明交流互鉴、培养彼此深度认知，中国采取了一系列有助于民心相通的积极措施。例如，通过提供政府奖学金，鼓励越来越多的周边国家青年学生来华留学；开展与周边国家的教育合作，其中2011年7月成立的老挝苏州大学，是中国政府支持下在海外创建的第一所高等学府，而厦门大学马来西亚分校则是第一所在海外设立的中国知名大学分校。2017年11月，海南大学老挝分校在万象市巴巴萨技术学院挂牌成立，

---

① 习近平：《文明交流互鉴是推动人类文明进步和世界和平发展的重要动力》，载《求是》2019年第9期，第1页。

向老挝民众提供优质的教育产品。在海外孔子学院建设方面，东盟及其他周边国家是这一机构整体运行最为稳定、汉语与文化传播效果最好的地区，也成为中国与周边国家民心相通最重要的桥梁与纽带之一。其中，泰国、韩国、俄罗斯、日本等国的孔子学院数量最为突出。

中国政府还大力开展面向周边国家公众的公共外交，以加强周边合作和增强竞争优势，妥善处理危机和解决热点问题。① 在参与主体上，形成了政府主导、多方参与的公共外交格局；在内容上，主要致力于讲好中国故事、积极贡献中国方案；在形式上，突出中国元素、加强人文交流，并积极运用新媒体等现代手段；在目标指向上，旨在广交朋友、夯实周边伙伴关系网络。② 其中，非政府行为体等民间力量正在成为中国与周边国家社会层面互动的重要纽带。它们在教育、环保、济困救灾等领域的公共产品供给中发挥着独特作用，使民心相通、守望相助的命运共同体理念在本地区得到了生动和多样化的体现。民心相通继承和贯通了不同时期的中国外交思想（如重视民间外交的传统），进一步丰富了中国特色大国外交理论体系，其理论特质强调"人民为主体"。民心相通是以缔造国家间持久和平为导向的重要理论创新，实现和平共处与互利共赢以及人类命运共同体落地生根都离不开凝聚民心与民心相通。③ 总之，民心相通等表述使新时代中国周边外交的话语体系日益丰富，中国与周边国家关系的社会化趋势不断发展，互动模式和议题领域已大大超出了以经济、政治和安全等为主要内容的传统国家间关系范畴，从周边舆论环境等层面有效化解了中国崛起所面临的某种认同困境。

---

① 唐小松、景丽娜：《中国对东盟的公共外交：现状、动因与方向》，载《东南亚研究》2017年第 4 期，第 38 页。

② 参见王秋彬：《开启公共外交的中国模式》，载《公共外交季刊》2017 年第 1 期，第 16 页；宋效峰：《新媒体在公共外交中的角色探析》，载《渤海大学学报》（哲学社会科学版）2019 年第 3 期，第 51 页。

③ 张胜军：《民心相通：新时代中国特色大国外交的理论特质和重要原则》，载《当代世界》2019 年第 5 期，第 31 页。

第四章　"一带一路"合作与
区域公共产品供给

第一节　周边外交视域下的"一带一路"合作

"丝绸之路经济带"和"21世纪海上丝绸之路"倡议的提出与实施，极大地拓展了中国周边外交的战略空间，使"一带一路"与中国周边外交之间形成了相互支撑、相互促进的关系。在经济学意义上，作为一个大国提出的国际合作战略，"一带一路"合作需要以构建多边合作机制、服务于全球贸易投资自由化为最终目标，但在起步阶段它应该是一种区域合作机制。这是由中国实现和平发展和参与经济全球化的内外部环境所决定的，也是贯彻正确义利观的必然要求。承认"一带一路"的区域属性并不否认它最终具有多边属性，不同于现有规则导向型区域合作机制，作为一种新型的、发展导向型区域合作机制，"一带一路"能够发挥其全方位对外开放的职能和促进实现人类命运共同体的目标。[①]"一路一带"倡议首先是以周边国家为依托延伸出去的，并以周边地区作为重点实施区域，同时也为中国周边外交注入更多新理念和新内涵。截至2019年4月，共有38个亚洲国家与中国签署了共建

---

① 李向阳：《"一带一路"：区域主义还是多边主义？》，载《世界经济与政治》2018年第3期，第34页。

"一带一路"合作文件，约占全部共建国家的 30%。① 在这个意义上，"一带一路"合作进一步加强了周边地区在中国外交布局中的重心地位，并已成为中国区域公共产品供给的最重要平台。

通过这一平台，中国充分运用自身的产能、资金、发展经验等优势，为本地区提供广受欢迎的物质性和非物质性公共产品。相关的新机制和新举措，激发、创造出能够为发展中国家尤其是周边国家与中国共同分享的长期利益，从而培育出以"扩散型互惠"为基本特征的国际经济合作。而各国在互动中"遵循那些受到普遍认同的行为准则"，正是扩散型互惠的核心要义。② 随着"一带一路"建设的不断推进，和平合作、开放包容、互学互鉴、互利共赢等理念有望从区域层面上升为世界性价值。这些建立在共商共建共享基础上的公共产品体现了中国把自身利益与地区共同利益相统一的逻辑，塑造着新的区域公共产品供给格局、秩序和规则，使区域一体化向着更加公正合理的方向发展，进而为地区命运共同体建设夯实基础。根本不同于当代美国霸权式的国际公共产品供给，"一带一路"倡议作为新型国际公共产品，在汲取中国过去提供公共产品历史经验的基础上，结合新的时代需求、世界上现存国际公共产品建设的有益经验以及沿线国家的经济社会发展状况，一直处在不断完善和发展之中。作为以新型全球治理观为指导的重大国际实践，"一带一路"合作以构建多元协商的合作体系、开放包容的世界经济和以可持续发展为核心的共同体为主要内涵和目标。③ 它有助于全球治理走出实践和理论困境，化解传统全球化面临的"发展缺位"难题，引领塑造新型全球治理

---

① 这些亚洲国家有韩国、蒙古国、新加坡、东帝汶、马来西亚、缅甸、柬埔寨、越南、老挝、文莱、巴基斯坦、斯里兰卡、孟加拉国、尼泊尔、马尔代夫、阿联酋、科威特、土耳其、卡塔尔、阿曼、黎巴嫩、沙特阿拉伯、巴林、伊朗、伊拉克、阿富汗、阿塞拜疆、格鲁吉亚、亚美尼亚、哈萨克斯坦、吉尔吉斯斯坦、塔吉克斯坦、乌兹别克斯坦、泰国、印度尼西亚、菲律宾、也门、塞浦路斯，它们几乎涵盖了亚洲所有区域。参见《已同中国签订共建"一带一路"合作文件的国家一览》，2019年4月12日，载 https://www.yidaiyilu.gov.cn/gbjg/gbgk/77073.htm。

② 参见 Robert Keohane, Reciprocity in International Relations. International Organization, Vol. 40, Iss. 1, 1986, p. 4；孙伊然：《亚投行、"一带一路"与中国的国际秩序观》，载《外交评论》2016年第1期，第16页。

③ 秦亚青、魏玲：《新型全球治理观与"一带一路"合作实践》，载《外交评论》2018年第2期，第1页。

和世界秩序，也必将对中国与周边地区的关系产生深远的影响。

一、"一带一路"倡议的提出与实施

（一）"一带一路"倡议为周边外交升级提供历史性机遇

2013 年 9 月、10 月，习近平主席在出访哈萨克斯坦和印度尼西亚等周边国家时分别提出建设"丝绸之路经济带"和"21 世纪海上丝绸之路"的合作倡议，它们在地理空间上呈南北呼应之势。该倡议着眼于中国经济发展的转型升级和周边地区发展与治理需求的契合，是党的十八大以后以习近平总书记为核心的新一届中央领导集体所作出的一项重大对外决策；它构筑起中国新一轮对外开放的"一体两翼"，从陆海两个方向上提升和拓展开放空间。"一带一路"倡议开创了中国海陆统筹、东西互济的开放新格局，顺应了时代要求和沿线各国加快发展的愿望，也为周边国家提供了一个包容性极强的合作与发展平台。"一带一路"倡议具有突出的前瞻性、普惠性、包容性和创新性特质，它不是传统意义上大国地缘政治的工具，也不是所谓中国版的"马歇尔计划"，而是务实合作、共享发展的平台。它不谋求对国际经济体系另起炉灶、推倒重来，而是寻求实现战略对接、优势互补。其直接目的更不是为攫取资源、单方获益，而是以市场为主导实现合作共赢；但中国不会将"一带一路"建设视为单纯的过剩资本和产能输出，而是把经济合作与经贸交流视为与周边沿线国家的"最大公约数"。[①] 周边国家、国际组织、跨国公司、金融机构和非政府组织等都可以参与到相关合作中来，从理念、规则、行动和方式等层面入手，共同完善区域治理体系，使各国人民能够拥有更多参与感、获得感和幸福感。由此，"一带一路"建设促进了国际公共产品供给渠道的多元化，非政府主体的作用也将得到充分发挥，如私人资本可通过PPP（公私伙伴关系）模式参与基础设施项目建设，从而形成各主体风险共担、利益共享的多层次合作网络。

在国家层面上，中国周边地区除印度、日本等重要经济体未明确或正式

---

① 刘方平：《"一带一路"：引领新时代中国对外开放新格局》，载《甘肃社会科学》2018 年第 2 期，第 64 页。

参与"一带一路"合作外,该倡议几乎实现了对亚洲地区的全覆盖。其中,印度态度之所以比较消极,主要是因为其决策精英担心中国会对印度在南亚的影响力构成挑战;实际上,印度对"一带一路"倡议也很关注,一直谨慎应对并采取选择性的参与策略;① 中国已是印度最大的贸易伙伴,印度也是中国在南亚最大的贸易伙伴,两国双边贸易 2018 年超过 950 亿美元,2019 年超过 1000 亿美元。而日本则从质疑、拒绝、模棱两可转向参与,进而寻求有限合作,越来越倾向于正面看待该倡议。② 尤其是潜力巨大的第三方市场合作,已成为中国与发达国家共建"一带一路"的新模式。可以说,"一带一路"合作所体现的普惠性与包容性,能够使所有参与国家从中取得利益交集。

目前"21 世纪海上丝绸之路"已实现了向南太平洋或大洋洲方向延伸,与中国的大周边战略空间进一步实现同构。近年来中国极为重视与南太平洋地区的关系,海上丝绸之路的南线规划早已提上日程。根据 2015 年 3 月中国政府发布的"一带一路"规划,21 世纪海上丝绸之路除经印度洋延伸至欧洲这一重点方向外,还包括从中国沿海港口过南海到南太平洋这一支线。目前,中国已与新西兰、巴布亚新几内亚、萨摩亚、纽埃、斐济、密克罗尼西亚联邦、库克群岛、汤加、瓦努阿图等大洋洲国家签署了共建"一带一路"协议,中国与南太平洋地区的关系逐渐实现了"由点及面"的发展,为该地区国家在后殖民时代的经济社会发展带来了新的机遇与动力。中国加大对太平洋岛国可持续发展目标(SDGs)领域的投资,不仅是中国对"一带一路"倡议和人类命运共同体理念的践行,也体现了中国为完善全球经济治理积极贡献中国方案,力促地区经济包容性增长和可持续发展。中国对太平洋岛国投资正从政府开发援助(ODA)为主向包括企业对外直接投资(OFDI)在内

---

① 参见林民旺:《印度对"一带一路"的认知及中国的政策选择》,载《世界经济与政治》2015 年第 5 期,第 42 页;[印度] 斯瓦兰·辛格:《印度对"一带一路"倡议的选择性参与》,载《印度洋经济体研究》2017 年第 4 期,第 1 页;林民旺:《"一带一路"建设进展要求中国南亚外交更加清晰化》,载《世界知识》2018 年第 6 期,第 74 页。

② 张季风:《日本对参与"一带一路"建设的认知变化、原因及走向》,载《东北亚学刊》2018 年第 5 期,第 3 页。

的更加多样化和市场化的投资形式转变,为当地社会经济发展带来持久动力。① 近年来中国还加大对南太平洋岛国的气候援助,为打造"蓝色太平洋"的互联互通和适应力提供急需的基础设施和技术援助,这在某种意义上有助于推进"21世纪海上丝绸之路"南线规划落地,以及将中国国内发展成就外溢为更具普遍性的国际公共产品,更广泛地体现中国的大国责任。为此中国力求做到"精准援助",即将援助内容与对方需求精准对接,以自身发展带动南太平洋岛国发展,实现中国整体气候政策与南太平洋岛国应对气候变化的双赢。② 这充分表明,"一带一路"倡议是中国提出的,但其机遇是属于所有周边国家和世界的。该倡议所包含的国际公共产品供给思维,标志着中国已从国际体系的参与者快速成长为重要贡献者,其周边外交政策也越来越成熟和自信。

(二) 通过提供新型国际公共产品,"一带一路"倡议激活周边发展合作

目前"一带一路"沿线大部分国家基础设施还比较落后,如东南亚、南亚、中亚大部分国家的公路、铁路、港口和电力、通信等硬件,这在很大程度上制约了它们的经济社会发展,也制约了中国与这些国家之间全方位、多层次深度合作潜力的发挥。为此,"一带一路"合作以政策沟通、设施联通、贸易畅通、资金融通、民心相通五个层面的软硬件互联互通为主要内容,成为中国为周边地区乃至世界提供的一系列新型公共产品。根据前述划分方法,"一带一路"所提供的区域公共产品会涉及纯粹公共产品、准公共产品等多种类型,其产品体系内容丰富,并融合了传统与新型公共产品的供给模式。

---

① 王璐瑶:《"一带一路"背景下中国对太平洋岛国可持续发展投资:现状、前景和启示》,载《云南财经大学学报》2019年第6期,第103页。

② 近年来"21世纪海上丝绸之路"南线建设的推进,促进了中国与太平洋地区命运共同体的构建,也揭开了中国同太平洋岛国关系新的历史篇章。参见康晓:《多维视角下中国对南太平洋岛国气候援助》,载《太平洋学报》2017年第9期,第24页;鲁鹏:《"一带一路"背景下中国与南太平洋地区的合作:进程、动力与挑战》,载《长江论坛》2019年第3期,第38页;于镭、赵少峰:《"21世纪海上丝绸之路"开启中国同太平洋岛国关系新时代》,载《当代世界》2019年第2期,第29页;Terence Wesley - Smith, Geopolitics, Self - Determination, and China's Rise in Oceania. In M. Ishihara, etc. (eds), Self - determinable Development of Small Islands. Singapore: Springer, 2016, p. 85。

例如，中国主要通过"1＋N""2＋N"模式向中亚提供区域公共产品，前者是指中国通过单边途径向中亚国家提供发展援助、自贸协定、投资协定等区域公共产品，后者则是指中国与俄罗斯等其他方合作供应区域公共产品，受益者则是区域内的 N 个国家。由此，"一带一路"对该区域既有的公共产品供给体系形成有益补充，显著增加了发展型区域公共产品的供给总量。[①] 对于其中一部分纯公共产品，理论上应免费提供且通过公共渠道筹资；如果是准公共产品，则按排他性与竞争性的程度定价收费，不足部分再由公共筹资补贴。从需求与供给关系角度看，中国可基于"义利兼顾、有予有取"的义利观，在适当条件下扩大对国际公共产品供给的投入。而"一带一路"倡议通过创新国际公共产品具体领域供给形式，从需求端和供给端的关系出发，共同提高合作效率，进而实现合理有效的战略收益。[②]

"一带一路"合作将成为推进国际新秩序形成的重要手段——它恪守联合国宪章的宗旨和原则以及和平共处五项原则，坚持主动开放、公平开放、全面开放、共赢开放等开放发展理念，推动沿线各国参与构建公正合理的国际经济新秩序。这一平台的非排他性、非竞争性和正外部性有助于开拓国际经济发展新格局，促进区域国家间合作提供公共产品的积极性。通过共商共建共享加快区域间的互联互通，能够对区域国家间的信任产生激励效应，探索合作增长的动力来源，形塑沿线地方区域性经济与社会发展的新路径，改善相关国家的治理绩效。[③] 当前中国周边整体稳定，但是一些周边国家仍然面临经济发展乏力、环境与生态危机、恐怖主义滋生、贫困与社会治理不善、大规模杀伤性武器扩散等诸多挑战。"一带一路"倡议在很大程度上能够缓解经济等领域现有国际公共产品供给不足的问题，是化解当前周边地区发展赤字、治理赤字、和平赤字的良治之道，有助于促进周边地区的均衡发展与整体崛起。它为建设开放型亚太经济以及深化周边伙伴关系提供了前所未有的合作机遇，

---

① 马斌、王润琦：《"一带一路"倡议与欧亚地区区域性公共产品供给体系重构》，载《复旦国际关系评论》2018 年第 1 期，第 250 页。

② 刘毅：《国际公共产品的战略面向："一带一路"义利观新论》，载《新视野》2019 年第 3 期，第 115 页。

③ 陈辉、王爽：《"一带一路"与区域性公共产品供给的中国方案》，载《复旦国际关系评论》2018 年第 1 期，第 171 页。

堪称中国推动构建人类命运共同体的一项重大实践创新，意味着中国的国际身份已经从国际规则参与者向倡导者甚至某种意义上的主导者转变。

根据 2015 年 3 月中国政府发布的《推动共建丝绸之路经济带和 21 世纪海上丝绸之路的愿景与行动》规划，"一带一路"重点包括中蒙俄经济走廊、[①] 中国—中亚—西亚经济走廊、新亚欧大陆桥、中巴经济走廊、孟中印缅经济走廊和中国—中南半岛经济走廊六大走廊建设。除新亚欧大陆桥远及西欧外，其余 5 个经济走廊都是针对中国周边地区而规划的，实证研究表明它们有利于缩小周边沿线国家之间的经济发展差距。[②] 目前这些经济走廊存在显著的发育差异性，其中有的（如中巴经济走廊）推进较快，有的（如孟中印缅经济走廊）则需要进一步协商共识。这些规划大都可以与中国国内的区域发展战略（尤其是沿边开发开放战略）相衔接，是未来中国周边区域合作的潜力增长点。围绕着六大经济走廊建设，[③] 未来中国需要与相关国家进一步加强协调，克服政治、安全等领域的分歧与挑战，更好地实现对接，使之对深化"一带一路"国际合作产生更大的正面效应。从交通与信息基础设施建设，到教育培训、文化传播、医疗援助、金融支持等公共服务，再到法规协调、安全维持、资源保护等公共环境，中国在这些公共产品的供给方面具有明显的技术、制度与经验优势。而国际公共产品的供给可以带动国内上下游产业的供给，推进国内各项制度创新，为国际公共产品输出做好制度安排，同时相关企业和民众也可以从不断加深的国际化进程中受益。由此，"一带一路"倡议在促进国内产业结构优化升级的同时，也实现了国际公共产品供给机制的创新。

---

① 中蒙俄经济走廊把丝绸之路经济带与蒙古国"草原之路"、俄罗斯欧亚铁路连接起来，对于中蒙关系产生了积极的促进作用。参见 Sharad K. Soni, China - Mongolia - Russia Economic Corridor: Opportunities and Challenges. In B. R. Deepak（eds），China's Global Rebalancing and the New Silk Road, Singapore：Springer, 2018, p. 101.

② 孙亚男：《"一带一路"沿线国家全要素生产率的俱乐部收敛及其动态演进：兼论"六大经济走廊"框架在缩小国家间经济差距中的作用》，载《世界经济研究》2018 年第 8 期，第 99 页。

③ 如果算上目前正在推进的以"中日韩＋"模式为核心的东北亚经济走廊，那么就构成了以七大经济走廊为骨架的中国周边区域合作基本布局。

（三）"一带一路"倡议凝聚区域合作共识，提升合作质量

以能源领域为例，能源外交旨在通过推进能源领域的国际合作而有效利用国际能源，它与中国周边外交的关联度极高。"一带一路"建设能够成为深化相关国际合作的突破口，使中国与西亚、中亚、俄罗斯等能源输出区域的能源安全得到进一步保障，对于维护地区和国际能源生产、运输和消费等环节的稳定发挥积极作用。其中，中亚是中国最重要的陆上能源供应来源，这使得该区域成为近几年中国与"一带一路"国家贸易增长最快的区域之一，目前中国已成为中亚五国最重要的贸易伙伴。除原油和天然气外，自乌兹别克斯坦和哈萨克斯坦进口的铀也在一定程度上保障了中国的核燃料供应。目前，中亚地区能源合作的突出特点是相关国际合作制度的复杂性，即存在着参与方多元化、双边合作平行分散、多边合作的一体化与机制化程度偏低等缺陷，尤其因区域公共产品供应不足而缺少一个能够整合多种能源合作的多边机制。

在"丝绸之路经济带"倡议下，中国与中亚地区能源合作制度建设必须厘清中亚地区能源合作制度复杂性的成因，即域内外大国地缘博弈与中亚国家自主性渐强而倾向于奉行大国平衡外交政策。为此，中国需要秉承促进该地区现有各种能源合作制度相互合作与协同的战略思路，处理好与俄罗斯、美国等相关大国的关系，营造良性地区合作制度环境。同时，努力构建开放包容、灵活务实且逐步深入的能源合作制度，倡导多样互补的能源合作模式，提高相关制度对中亚地区国家的吸引力，增强它们基于共同利益与共同价值上的域内向心力。[①] 总之，中亚能源对于"一带一路"建设具有重要的意义，而"一带一路"作为中国向世界提供的公共产品，与中亚能源合作存在利益上的契合，能够为中亚能源合作提供一种新的模式和制度选择。[②] 此外，中国还通过 2013 年成立的上海合作组织能源俱乐部提供供需合作、能源政策协

---

① 王波、李扬：《论"丝绸之路经济带"倡议下中国与中亚地区能源合作制度建设的大国因素》，载《东北亚论坛》2018 年第 6 期，第 105 页。

② 孙溯源、杜平：《"一带一路"与中国在中亚的能源合作：区域公共产品的视角》，载《复旦国际关系评论》2015 年第 1 辑，第 152 页。

调、新能源开发等相关区域公共产品，目前该机制成员除中俄两国外还包括哈萨克斯坦、塔吉克斯坦、印度、巴基斯坦、蒙古国、阿富汗、伊朗、白俄罗斯、土耳其和斯里兰卡——即上合组织的大部分成员国与观察员国，它涵盖了油气生产大国与消费大国两种基本类型。其中，中国与俄罗斯等其他主要行为体合理分摊成本，以保证相关公共产品供给的可持续性，推动形成统一的地区能源体系。①

除上述区域外，中国还应加强与印度尼西亚、马来西亚、缅甸等东南亚及南亚国家在能源生产与利用等重点领域的合作，推动构建全方位的区域能源合作机制，进而提升在全球能源治理中的制度性影响力。通过"一带一路"合作，建立和发展亚洲能源资源伙伴关系，可以改善中国等亚洲经济体因缺乏定价权而导致的原油和天然气"亚洲溢价"问题，在能源革命背景下更好地巩固亚洲能源安全。中国成为区域能源合作制度化和规范化的引导者，不仅促进了区域能源治理，也有助于在更高水平上实现地区能源安全。综上所述，在人类命运共同体思想的指引下，中国与周边国家寻求实现能源领域的共同安全、互利共赢、平等参与、绿色低碳，以便打造某种程度的能源安全共同体、利益共同体、治理共同体与生态共同体。② 2015 年，习近平主席在联合国发展峰会上曾提出构建全球能源互联网倡议；如今随着"一带一路"合作向更高水平的推进，在这一平台上构建能源合作共同体的条件逐渐成熟，而与周边沿线国家可以率先朝着共商共治、互利共赢、命运与共的新型能源关系方向努力。

二、"一带一路"合作对中国周边外交的拓展

（一）"一带一路"合作使中国周边外交的领导力得到提升

中国外交领导力是新中国外交不断开拓新局面的重要推动因素，它通常由外交理念的变革创新能力、领导机制以及对人才智力、物质资源和公众力

① 强晓云：《从公共产品的视角看上海合作组织能源俱乐部发展前景》，载《上海商学院学报》2014 年第 6 期，第 48 页。
② 张锐：《试析人类命运共同体思想引领下的中国能源外交》，载《国际关系研究》2018 年第 3 期，第 104 页。

量的组织动员能力三个方面组成。① 构建具有中国特色的外交领导力，需要统筹国内国际两个层面，在立足于自身实际的同时，紧密结合外部环境尤其是国际格局的变化，以及中国与世界关系的发展变迁。在某种意义上，"一带一路"的提出与中国发展的阶段性密切相关，标志着中国由参与型经济外交向领导型经济外交转变。它反映了中国有更强的能力和意愿与包括周边国家在内的世界各国分享发展红利，并提供更多自由贸易安排、金融体系创新等公共产品。如果着眼于中国本位，"一带一路"倡议可视为中国积极经略大周边地区，破解大国博弈、信任赤字、区域合作受阻等周边外交困局，以及优化重组外交布局尤其是重塑周边外交格局的重大举措。② "一带一路"倡议所产生的互联互通和国际直接投资等效应，有助于在多元性、多样化、开放性的原则基础上，促进周边地区国际分工和生产网络的发展，为中国通过区域公共产品供给拓展周边外交奠定物质基础。

首先，构筑以"一带一路"为核心的地缘经济架构，可以推动中国经济对外开放全面升级，不断扩大和完善与周边国家的合作圈。从周边经济外交的角度看，"一带一路"合作为新形势下我国加强国际经济合作和提升国际竞争力提供了良好的平台和契机，促进了中国商品、资本、产业、技术等要素的国际化配置。其次，在改善国际经济贸易环境的同时，"一带一路"合作还有助于提高中国在全球经济治理中的制度性话语权。中国与周边沿线国家具有深厚的历史渊源和人文基础，"一带一路"合作能够把快速发展的中国经济同沿线国家的根本利益结合起来，实现沿线各国共同发展，为打造周边命运共同体与利益共同体提供巨大助力。作为一种跨领域的新型区域治理模式，"一带一路"合作也是中国联合周边国家积极参与全球治理的有益尝试；它不仅有利于优化全球治理机制，而且有助于提高中国在全球经济治理中的话语权。最后，在不挑战现行国际体系框架的前提下，"一带一路"合作作为中国所供应的一项典型国际公共产品，反映了中国周边外交更加主

---

① 孙祥华：《中国新外交：一个领导力的解释模型》，载《外交评论》2010年第2期，第101页。
② 孙现朴：《"一带一路"与大周边外交格局的重塑》，载《云南社会科学》2016年第3期，第1页。

动、视野更为开阔、战略组合更为丰富、号召力更加突出的发展趋势。① 以
"一带一路"合作为抓手，中国力促周边外交在东西两大方向上的平衡，有
效统筹陆海之间的协同发展，处理好中国自身发展与承担地区责任之间的关
系，从而更充分地展现"亲诚惠容"的周边外交新理念。由此，中国在经
济、安全、软实力等方面的正当利益也将得到更大保障。② 从运行效果来看，
"一带一路"合作所秉持的共商共建共享原则，有利于激发和释放周边沿线
国家的发展合作意愿与潜能，已成为本地区最受欢迎的区域公共产品以及规
模最大的合作平台，有效地满足了周边新兴市场国家与发展中国家对于基础
设施等区域公共产品的巨大需求。

从地缘经济空间上看，"一带一路"合作是中国通过陆海构建对外经济
合作、推动亚太区域经济一体化以及引领新型全球化的重大工程，是新时代
中国为解决全球发展与治理问题而提供的"中国方案"，也极大地丰富了中
国的国际话语权体系。周边国家和地区经济发展水平差异巨大，中国与周边
国家和地区的地缘经济合作差异和演化有其独特规律。作为一个促进多边经
济合作的平台，"一带一路"倡议所倡导的平等、合作、包容、共赢等理念，
在丰富地缘经济理论观点的基础上创新生成了以地缘经济新空间、要素流动
新动向、合作共赢新框架、国际关系理念新发展、国际经济格局新变化为内
涵的新地缘经济观。③ "一带一路"合作体现了中国所奉行的新型区域经济合
作战略，即把中国的数量优势进一步转化为质量优势，通过提供区域公共产
品来发挥区域合作的核心作用，建立"中国经济圈"及差异化的参与体系，
开展中国特色的"小多边"外交（与全球层面的多边外交相对而言）。由此
中国可以将自己的经济实力转换为政治影响力和某种结构性权力，形塑自己
所能辐射的地区体系，并实现海外利益向大周边地区的拓展和延伸，为成为

---

① 胡宗山、鲍林娟：《"一带一路"倡议与中国外交新动向》，载《青海社会科学》2016 年第 4
期，第 27 页。

② 参见孙现朴：《"一带一路"与大周边外交格局的重塑》，载《云南社会科学》2016 年第 3
期，第 1 页；Paulo Duarte, China's Momentum: The "One Belt One Road" Triple's Securitisation. In Li Xing
(eds), Mapping China's "One Belt One Road" Initiative. Cham: Palgrave Macmillan, 2019, p. 143.

③ 丁云宝：《"一带一路"视域下的新地缘经济观》，载《同济大学学报》（社会科学版）2019
年第 2 期，第 35 页。

全球性大国打下坚实的基础。由以往渴望被接纳到如今试图发挥某种主导作用，中国心态和行为的变化必然会引起周边其他国家的一定反应，如担心被中国纳入某种"势力范围"。① 习近平主席在 2018 年中央外事工作会议上指出，把握国际形势，了解国际纷纭复杂的各种变化，一定要坚持正确的历史观、大局观和角色观。当今世界处于百年未有之大变局，对广大新兴市场国家和发展中国家而言机遇与挑战并存。在这一重要的历史当口，中国是不可或缺的影响变量；"一带一路"倡议的提出及实施表明，中国所要扮演的是一个负责任的建设者和贡献者角色，主动寻求释放地缘经济正能量，对于现行国际和地区秩序及其规则中的不合理成分采取的是渐进变革策略。对于那些中国与周边国家之间存在的可能影响"一带一路"合作的争端问题，中国并不急于求成或强加于人，而是通过加深合作、增进共同利益以及积累共识，为其最终解决创造有利的条件。

"一带一路"合作所具有的非排他性、非竞争性、正外溢性以及互惠共赢性，无论对中国还是沿线国家都将产生发展与改革的双重激励效应。为此，中国有必要与沿线国家共同探讨建立包括商品贸易、投资便利化、金融风险防范、经济发展互助、货币与汇率协调等在内的多种经济合作机制，推动区域经济合作的深入开展。② 以"一带一路"国际合作进入第二个五年为契机，中国加快推进自贸区战略，积极推动"区域全面经济伙伴关系协定"谈判，所参与的区域经济合作呈现出发达国家伙伴与发展中国家伙伴趋于平衡、内涵与质量不断提升的特点。在 2014 年北京 APEC 峰会上，中国推动制定了《亚太经合组织推动实现亚太自贸区路线图》，着力打造立足周边（主要是亚太地区）、东西兼顾、辐射全球的自由贸易网络，推动地区和国际经济秩序开放包容发展，建立更加平等均衡的新型全球发展伙伴关系。通过"一带一路"这个开放的多双边互动平台与合作网络，中国正在塑造一个以睦邻友好、合作共赢为主流价值的大周边共同体。新时代中国周边外交和经济外交

---

① 叶海林：《中国实施"小多边"对外战略打造权势中心》，载《中国与世界观察》2014 年第 2 期，第 9 页。

② 陈明宝、陈平：《国际公共产品供给视角下"一带一路"的合作机制构建》，载《广东社会科学》2015 年第 5 期，第 5 页。

被注入了新的内涵和强劲活力，在陆海两个方向开创了幅员更为辽阔、纵深更为宽广的大周边外交战略新布局，形成了"两翼"平衡、相辅相成的空间格局。通过"一带一路"所提供的国际合作（尤其是产能合作）开放平台，中国与周边国家积极发展经济合作伙伴关系，主动让他国从中国的快速发展中获益并分享发展机遇，共同打造政治互信、经济融合、文化包容的利益共同体、责任共同体和命运共同体，从而凸显了以周边国家为基本立足点的中国"共同体外交"新理念。① 与"一带一路"建设的顺利推进相适应，中国需着力打造一个具有稳定性与平衡性的周边外交体系，它是一个由大国层面（美国、俄罗斯两国）、周边区域首强国家层面（日本、印度、印度尼西亚等）、周边战略支点国家层面（巴基斯坦、柬埔寨等）组成的战略关系圈，这些具有内在对冲机制的三环之间是相互连接、相互影响的。②

（二）"一带一路"合作使中国周边外交的影响力向全球外溢

作为中华人民共和国成立以来所提出的最大规模对外经济合作倡议，"一带一路"继承、发展和提升了改革开放以来的对外经济合作传统，同时其系统性和复杂性大大超越了中国以往所开展的各类经济技术合作。作为新时代中国塑造周边及全球发展的核心倡议与方案，该倡议在推动地区治理方面的作用也日益得到国际社会认可。联合国秘书长古特雷斯曾指出，"一带一路"倡议不仅涉及经济合作，也是旨在通过经济合作改善世界经济的发展模式，是使全球化更加健康、进而推动国家治理和全球治理的路径。③ 联合国已与"一带一路"建设开展了多个对接项目，其中 2015 年 9 月成立的"海陆丝绸之路城市联盟"，是由联合国南南合作办公室（UNOSSC）、开发计划署（UNDP）、工业发展组织（UNIDO）、教科文组织（UNESCO）、世界旅游组织（UNWTO）以及中国商务部下属的中国国际经济技术交流中心

① 参见阚枫：《习近平的"共同体"外交理念：中国思路促国际合作》，2014 年 10 月 13 日，载 http：//cpc. people. com. cn/n/2014/1013/c64387 - 25823871. html；王群、詹真荣：《论习近平的"共同体"外交理念》，载《南京政治学院学报》2016 年第 4 期，第 25 - 30 页。

② 杜哲元：《"一带一路"建设与中国周边三环外交体系的构建》，载《东南亚研究》2018 年第 1 期，第 51 - 52 页。

③ 韩一元：《"一带一路"对接联合国：进展超出预期》，载《世界知识》2019 年第 11 期，第 60 页。

（CCIEE）共同支持设立的。2016 年 9 月，中国与联合国开发计划署签署关于共同推进"一带一路"建设的谅解备忘录，成为国际组织参与"一带一路"建设的重要创举。① 2016 年 11 月，第 71 届联合国大会首次在决议中写入"一带一路"倡议，并得到 193 个会员国的一致赞同。在该届联合国大会通过的关于阿富汗问题的第 A/71/9 号决议中，呼吁国际社会在"一带一路"等经济合作倡议上进一步凝聚共识，借此加强阿富汗及地区经济发展，并为"一带一路"建设提供安全环境。2017 年 2 月，联合国社会发展委员会第 55届会议首次将构建人类命运共同体理念写入决议，欢迎并敦促各方推进"一带一路"倡议等促进区域互联互通的举措。2017 年 3 月，联合国安理会一致通过关于阿富汗问题的第 2344 号决议，呼吁国际社会凝聚援阿共识，通过"一带一路"建设等加强区域合作。2018 年 8 月，由中国著名农业院校设立的"一带一路农业合作学院""中国南南农业合作学院"与联合国南南合作办公室、世界银行、联合国粮农组织（FAO）、世界粮食计划署（WFP）等共同发起了"一带一路/南南合作农业发展青年领袖计划"（YLPA），旨在提升"一带一路"沿线发展中国家政府及业界青年领袖们的全球视野、领导力和实地经验，助力缩小全球发展差距。

此外，东盟、上海合作组织、海湾国家合作委员会、欧亚经济联盟等区域组织也都寻求与"一带一路"倡议实现战略对接。中国希望同周边国家和区域性国际组织一道维护和发展开放型世界经济，反对制定排他性标准、规则、体系和发动贸易战，避免造成全球市场分割和贸易体系分化，并积极构建中国更为全面、深入和多元的对外开放新格局。"一带一路"倡议所具有的鲜明的开放性特征，与中国维护国际多边体制和全球自由贸易体制的原则立场是一致的，开放包容已成为中国参与全球及区域治理的基本价值取向。而来自全球和区域层面的广泛支持，对于当前在大国关系（主要是中美关系）和国际治理等领域承受较大压力的中国而言具有重要意义，它充分凸显了中国在相关立场与主张之争中所具有的道义优势与号召力。

"一带一路"在某种意义上充分反映了新时代中国周边外交战略布局的

---

① 中国现代国际关系研究院课题组：《中国特色大国外交稳中有进》，载《现代国际关系》2017 第 1 期，第 13 页。

新思路、新举措，体现了中国外交资源及其运用能力等方面的长足进步。新时代中国外交战略在继承已有框架基础上作出诸多创新，并形成了具有全新意涵的体系框架。为实现中国梦营造良好外部环境，为构建人类命运共同体创造有利条件，这是包括周边外交在内的新时代中国外交的主要任务。新时代中国外交战略布局包括以下主要内容：构建总体稳定、均衡发展的大国关系框架，以"亲诚惠容"理念为指引打造周边命运共同体，秉持正确义利观同发展中国家开展关系，在多边外交中着眼于争取话语权并积极参与全球治理，将建设海洋强国作为中国外交的新着力点，而这些都在很大程度上需要通过"一带一路"合作来盘活并发挥穿针引线的作用。①

在相关的主场外交活动中，中国所倡导的共同发展、合作共赢理念得到了广泛传播与认同，进一步提升了中国的外交软实力。2017 年 5 月，中国政府在北京举办首届"一带一路"国际合作高峰论坛，有来自 130 多个国家的代表参加，其中包括近 30 个国家的国家元首或政府首脑，联合国秘书长、国际货币基金组织总干事、世界银行行长 3 个重要国际组织负责人以及红十字国际委员会主席等。2019 年 4 月，39 位外方领导人、150 个国家、92 个国际组织参加了第二届"一带一路"国际合作高峰论坛，其影响力、多边性和认同度比两年前进一步上升。"一带一路"建设为各国实现互联互通等区域合作提供了一个开放的对话平台，是目前打造周边命运共同体的最重要路径，也为建设相互尊重、公平正义、合作共赢新型国际关系不断夯实基础。截至 2019 年 4 月底，中国已与 131 个国家和 30 个国际组织签署了 187 份共建"一带一路"合作文件。② 其广泛性和普遍性在某种意义上意味着中国的经济影响力正在逐步转化为对地区与全球秩序的塑造力，中国不仅成为一个举足轻重的新兴国际公共产品供给者，也正在成为地区与全球规则的倡导者与制定者，从而在国际制度和规范层面带来积极而深刻的变化。而权力的动力机制、区域转型以及中国的身份演化，可以对中国在亚欧地区发挥更大影响力作出

---

① 刘建飞：《新时代中国外交战略基本框架论析》，载《世界经济与政治》2018 年第 2 期，第 4 页。
② 《已同中国签订共建"一带一路"合作文件的国家一览》，2019 年 4 月 12 日，载 https：//www. yidaiyilu. gov. cn/gbjg/gbgk/77073. htm。

解释。①

三、"一带一路"建设所面临的机遇与挑战

（一）基于区域与国别差异有针对性地推进"一带一路"建设，营造有利的周边环境

从发展前景看，"一带一路"建设是促进新时代中国对外开放、服务于中国和平发展与"两个一百年"奋斗目标的长期规划，它为这些根本目标的实现注入了强劲的新动能。"开弓没有回头箭"，它反映了当前中国全方位对外开放的必然逻辑，也反映了东方文明复兴的必然趋势，顺应了包容性全球化的必然要求。通过"一带一路"平台上的开放合作，中国与周边国家深化战略伙伴关系，共享发展机遇，合力克服各种风险挑战。"一带一路"倡议生动地反映了"世界养育中国、中国回馈世界""世界需要中国、中国拥抱世界"。作为中国倡导的一项国际公共产品供给力作，"一带一路"建设标志着中国从参与全球化到塑造和引领全球化的角色转变，以及从国际经济制度的参与者向倡议者和创设者转变。"一带一路"建设在理念、实施方式等层面实现了前所未有的创新——它不同于传统的发达国家通过对外援助形式支持欠发达国家，而是在共商共建共享新理念指导下，去实践和创新经济发展理论、区域合作理论和全球化理论。依靠中国与有关国家既有的双多边机制，借助行之有效的既有区域合作平台，在和平与发展的方向指引下，中国主动发展与沿线国家的经济合作伙伴关系。在实现全方位、多领域互联互通的基础上，中国与周边沿线国家共同打造利益共享、责任共担的命运共同体，充分诠释中国与世界正向互动的历史趋势。② 在实践层面上，通过进一步构建多边、多元、多层次的合作机制，可以让"一带一路"建设更好地适应现代国际市场和世界经济的要求，弱化地缘政治的不利影响，引领 21 世纪全球发展的下一个高潮。在周边沿线地区，可通过自身及外部的制度变革及创制努

---

① Maximilian Mayer, China's Rise as Eurasian Power: The Revival of the Silk Road and Its Consequences. In Maximilian Mayer (eds), Rethinking the Silk Road. Singapore: Palgrave Macmillan, 2018, p. 1.

② 王义桅:《"一带一路": 机遇与挑战》, 人民出版社 2015 年版, 第 1 页。

力，进一步创造友善的制度环境，鼓励次区域合作机制，促进参与主体和参与方式的多元化。①

当前"一带一路"建设发展势头良好，已基本实现中国周边合作方向的全覆盖。辩证地看，该倡议在推进过程中既面临着全方位开放机遇、周边外交机遇、地区合作机遇以及全球发展机遇，同时也面临着地缘风险、国别内部政治风险、安全风险、经济风险、道德风险以及法律风险。例如，基于国内、国际双重因素，一些国外非政府组织会对中国的国际区域合作构成干扰——在国内层面，针对中国区域合作项目的抗争行动内嵌在这些国家的政治经济结构中，其政府执政能力不足、资源开发中原住民的边缘化以及快速的民主化转型导致民粹主义泛滥，并与国家发展中的经济民族主义相结合，成为非政府组织赖以动员的社会、政治资源；在国际层面，部分非政府组织事实上成为西方国家遏制和削弱中国的棋子。近期针对相关国家的舆情统计分析表明，周边国家民众对"一带一路"倡议等涉华议题的认知差异较大，日本、越南、印度等国的舆情偏向负面，马来西亚、巴基斯坦、俄罗斯、哈萨克斯坦、印度尼西亚、澳大利亚、菲律宾和韩国的舆情则偏向积极。② 即便如此，2019 年 9 月哈萨克斯坦西部仍发生小规模反华示威，抗议与中资企业的合作；托卡耶夫总统对有关中国的不实指责予以强烈抨击。③ 通过对东亚有关国家的社会精英访谈发现，他们认为中国提出"一带一路"倡议主要是基于经济动因，但也存在战略层面以及人文交流方面的考量，这在某种意义上表明中国更加重视周边国家。他们认为，"一带一路"建设为东道国的基础设施提供了急需的资金支持，但也存在速度太快、规模太大以及因对东道国的需求考虑不周而引发后者疑虑等不足。为了更好地保证"一带一路"建设的可持续性，同时提升中国的国家形象，中国需要有针对性地加以改进，包括进一步重视合作的质量与效益，更多考虑东道国的利益需求，引领探索

---

① 寿慧生：《用多边、多元、多层次合作机制实现"一带一路"可持续发展》，2018 年 11 月 25 日，载 https：//www. yicai. com/news/100066456. html。

② 吴超、李益斌：《"一带一路"对周边国家涉华舆情的影响研究——基于聚类分析法》，载《情报杂志》2019 年第 10 期，第 1 页。

③ 周翰博、柳玉鹏：《哈萨克斯坦新总统开启访华，严词驳斥国内反华谣言》，2019 年 9 月 11 日，载 http：//news. china. com. cn/2019 - 09/11/content_75194606. htm。

新型发展模式，以及在解决南中国海争端等问题上发挥领导作用并提供解决方案。① 从民心相通的角度看，中国需要针对不同国家采取既区别又互补的措施，并改变区域合作中过度依赖政府间关系的取向，重视非政府层面的联系；促进公共服务领域内的投资，发挥民营企业在国际合作中的积极功能，并强化企业的社会责任，以消解非政府组织赖以动员底层民众的极端民族主义和民粹主义基础。② 由此，"一带一路"建设所能产生的经济效益、政治效益与社会效益更加协调，从而对中国与周边沿线国家的关系带来长远的正面影响，实现彼此间更高水平的"软联通"。

其中，美国"印太"战略对于中国"一带一路"产生的地缘政治影响最大——美国担心"一带一路"倡议会对其在亚洲的传统地位构成挑战，为博弈地区秩序主导权，从 2017 年底开始"印太"战略迅速从概念构想进入战略实施阶段，并强化与该地区相关国家的关系，在战略设计上针对"一带一路"倡议的意图比较明显。③ 印度洋方向成为美、印等国防范、遏制中国影响力拓展的又一重要方向，由此国际体系层面大国结构性矛盾的地区化，构成了"21 世纪海上丝绸之路"所面对的一项主要地缘风险。此外，环印度洋地区处于全球地缘政治破碎地带，地区内地缘政治动荡，安全问题有易发、多发特点以及显著外溢效应，域内复杂而脆弱的地缘政治生态是中国在此所面对的另一主要地缘风险。④

东北亚虽然处在"丝绸之路经济带"与"21 世纪海上丝绸之路"的交汇点上，但由于受到朝核问题、中美关系、中日关系等地缘政治因素的影响，该区域一度成为中国周边合作圈中较为薄弱的一环，使中国提供的区域经贸公共产品存在缺口。对此中国可在继续深化新时代中俄全面战略协作伙伴关

---

① 薛力：《东亚国家如何看待"一带一路"——基于对东亚八国精英的访谈》，载《东南亚研究》2019 年第 5 期，第 124 页。

② 柳建文：《"一带一路"背景下国外非政府组织与中国的国际区域合作》，载《外交评论》2016 年第 5 期，第 1 页。

③ Williams Lawrence S. Prabhakar, The Clash of Interests: Issues of the US Pivot to Asia and China's Maritime Silk Road. In B. R. Deepak（eds）, China's Global Rebalancing and the New Silk Road. Singapore: Springer, 2018, p. 167.

④ 冯传禄：《"海上丝路"视野下的印度洋地区地缘环境与地缘风险》，载《印度洋经济体研究》2019 年第 2 期，第 16 页。

系和加快实施中蒙俄经济走廊建设的基础上,倡导"中朝韩俄经济走廊"建设;① 中俄发展战略对接应落到实处,通过加强多方面协调的机制化,联合起来共同生产、提供本地区所需的跨国基础设施、制度、机制和默契信任等区域公共产品。此外,保持和发展中韩友好关系,进一步发挥韩国作为东北亚桥梁和"一带一路"倡议支点的作用,合作提供有针对性的区域公共产品,以有效治理朝鲜问题的负外部性、克服区域一体化的短板效应;以及严格执行联合国安理会相关决议,共同推动朝鲜真正弃核并参与区域合作,在适当情况下支持其加入"一带一路"建设,发挥其东北亚大陆桥的潜在作用,融入国际社会并遵守国际规范。② 参与"一带一路"建设有助于激励朝鲜的改革开放,促进中国东北振兴,以及推动东北亚地区更高水平的经济贸易合作,为朝鲜半岛的和平稳定奠定经济基础。③ 再就是继续改善和稳定目前的中日关系,促使日本进一步"回归亚洲"、共同维护区域安全稳定,这对于通过"一带一路"合作进一步激发东北亚经济圈的活力、促进东北亚和平发展具有重要意义。如前所述,一系列内外因素促使日本对"一带一路"倡议的态度发生变化,日本官产学各界对该倡议的认识逐渐趋于正面,并正在作出积极应对。中日两国围绕"一带一路"对接合作的氛围升温,开始进入务实探讨与初步合作阶段。2018 年安倍首相访华后,中日双方签署了多项有关第三方市场合作的协议,在基础设施、金融、物流、能源环保、产业升级、现代农业、电子商务等领域的合作逐步开展。但由于美国因素干扰、中日关系不稳固、中日制度性差异、第三方市场不确定性以及国际形势复杂多变等,仍然需要中日两国共同加以克服,尤其要处理好周边复杂形势下的中

---

① 参见石源华:《倡议"中朝韩经济走廊",实现周边合作全覆盖》,载《世界知识》2015 年第 5 期,第 72 页;李永强:《人类命运共同体引导下的区域合作实践——以"中朝俄韩"经济走廊建设对接"一带一路"建设为例》,载《国际关系研究》2018 年第 4 期,第 93 页。

② 傅干:《朝鲜与东北亚区域合作——从区域公共产品理论角度剖析》,载《韩国研究论丛》2012 年第 1 辑,第 107 页。

③ 2018 年 4 月,朝鲜劳动党七届三中全会提出了集中一切力量进行社会主义经济建设的新战略路线。2019 年 4 月,金正恩在朝鲜第十四届最高人民会议第一次会议上发表施政演说时再次强调,朝鲜"面临的主要任务是集中国家的一切力量进行经济建设,夯实社会主义的物质基础"。参见江亚平、程大雨:《综述:朝鲜新战略路线不断推进》,2019 年 6 月 20 日,载 http://news.china.com.cn/2019-06/20/content_74905289.htm。

美日三边关系。① 总的来看，中国与这些周边国家开展互联互通建设等经济合作，有助于彼此之间更好地开展生产分工与协作，为促进区域一体化提供新的发展方向与路径。

在东南亚板块，中国将以打造"21 世纪海上丝绸之路"为主要抓手，利用现有的中国—东盟制度化外交平台，加强中国与东南亚国家间的进一步经济融合。对于南海争端问题，在"一带一路"推进过程中中国国内产业升级与中国—东盟商品贸易结构的平衡，将有助于中国拓展南海地区经济政策的社会政治效应，为中国与南海声索国之间的资源合作开发创造有利条件，从而完善该地区经济、政治和安全领域的多边合作机制。② 在南亚板块，可以孟中印缅经济走廊和中巴经济走廊为两大支点，以基础设施建设为突破口，加强中国与南亚国家在交通、能源、海洋等领域的交流与合作，促进优势互补和共同发展。同时，对于相关的地缘政治、恐怖主义等风险因素，也要予以全面和客观的评估。尽管海上丝绸之路会给南亚国家带来包括基础设施建设在内的巨大经济利益，但印度对中国崛起及其在该地区影响力不断上升的地缘政治忧虑，以及美国、日本等域外大国在印度洋地区的存在，使得孟加拉国、斯里兰卡等部分南亚国家承受着较大的内压部力，努力寻找以务实、平衡的方式与海上丝绸之路接轨。对于中印关系而言，两国应是"并行不悖、相互陪伴、向前发展"的伙伴关系，在南亚甚至印太地区共建非排他性的秩序。③ 印太地区安全稳定符合双方共同利益，中印需有效管控分歧、增进战略互信，尊重彼此正当利益。将中国从印度洋区域秩序构建中排除出去的意图，既不利于本地区发展与安全等共同利益，在事实上也将证明是不可能成功的。有鉴于此，中印领导人非正式会晤逐渐机制化，迄今已于 2018 年

---

① 徐梅：《从"一带一路"看中日第三方市场合作的机遇与前景》，载《东北亚论坛》2019 年第 3 期，第 55 页。

② 鞠海龙、林恺铖：《南海地区推进"一带一路"建设的经济基础与政策空间》，载《国际问题研究》2017 年第 6 期，第 70 页。

③ 参见《"一带一路"沿线国家安全风险评估》，中国发展出版社 2015 年版，第 43 页；[孟加拉国] 穆希布尔·拉赫曼：《21 世纪海上丝绸之路与中国—南亚关系》，吴娟娟译，载《印度洋经济体研究》2016 年第 1 期，第 31 页；吴孟克：《中印应并行不悖，共同构建非排他性秩序——专访中国现代国际关系研究院南亚东南亚及大洋洲研究所所长胡仕胜研究员》，载《世界知识》2018 年第 16 期，第 32 页。

4月、2019年10月分别举行了两次。作为最大的两个发展中国家，2018年中印双边贸易额955.4亿美元，同比增长13.2%；接下来RCEP谈判完成并启动后，将对区域各国经济发展及中印关系稳定带来新的利好。除数字经济、新兴制造业、服务贸易等领域合作潜力巨大外，两国还可以在共同抗击贫困、生态建设、反腐败等领域交流经验，甚至能够在南亚、东南亚等其他发展中国家开展扶贫等合作。这种"中印＋"模式于2018年10月在阿富汗首次落地，中印两国将联合为阿富汗提供官员培训、农业、医疗、扶贫等领域的援助。印度的对外援助主要集中于南亚国家及地区，目前逐渐形成了以双边援助为中心，辅之以南亚区域多边援助为支点的周边对外援助模型。[1] 掌握印度南亚援助的多元化趋势，有助于中国更好地在利益共赢基础上与之开展合作，推动"一带一路"建设在南亚的全面落地。基于此，在维护南亚甚至更高层面的地区稳定、促进区域经济合作与融合等方面，中印两国发挥各自治理优势与智慧、合作提供相关区域公共产品的潜力巨大。

在中亚板块，将"丝绸之路经济带"建设与上海合作组织功能拓展紧密结合起来，共同推动该区域国家的政治经济合作，使这两个合作机制与欧亚经济联盟等既有区域组织更好地实现对接，促进亚欧大陆的多边自由贸易安排以及更紧密的经济联系。中俄在"一带一路"倡议框架下展开合作，为中亚地区的发展发挥互补作用，消除了对中俄两国在该地区可能产生竞争的疑虑。2018年5月，中国与欧亚经济联盟签署了合作协议，推动了双方在广泛领域合作的进一步发展，促进了欧亚经济联盟与"一带一路"建设的对接。[2]在中东地区，"一带一路"建设也面临着大国博弈、地区政治、沿线国家国内政治以及地区冲突、恐怖主义等政治安全风险。中东22国是"一带一路"倡议的重要参与者，这给中国与中东关系提供了更大的舞台与更广阔的前景；可进一步把"一带一路"建设与中阿合作论坛升级版结合起来，推动中国与该地区的合作向纵深发展。与之相契合，中国中东战略的特色是软实力、轻

---

① 戴永红、张婷：《印度南亚援助政策的理念、实践与趋势：从"古杰拉尔主义"到"莫迪主义"》，载《南亚研究》2019年第3期，第73页。

② 闫勇：《"一带一路"创造国际多边合作平台》，载《中国社会科学报》2019年5月15日，第3版。

足迹，并体现为积极进取的经济战略、谨慎保守的政治战略以及尚未成型的军事战略。在机遇与挑战的交叉影响下，中国需要避免政治与经济、战略与战术之间的错位、脱节，通过"一带一路"建设稳妥推进中国与该地区国家的关系。① 为此，应加强与相关域外大国的战略协调与互动，避免介入地缘政治对抗，根据国别制定和实施差异化的对策；以及运用新安全观对中东地区进行安全塑造，创造性运用不干涉内政原则推动中东问题的政治解决，帮助中东国家增强安全能力建设，增强中国在中东的适度军事存在等，从而使中国角色在该地区获得更高的认同。②

在某种意义上，要高效率、高起点和低风险地推进"一带一路"建设，就有必要选择战略支点国家优先推进，通过这些示范性国家以点带面，促进相关区域的整体性发展。在中国大周边地区，可根据战略意义的异同、双方友好关系的程度以及合作意愿的强弱，对沿线国家采取差异化政策。其中，韩国、蒙古国、泰国、马来西亚、印度尼西亚、斯里兰卡、巴基斯坦、土耳其、哈萨克斯坦、俄罗斯等国，可以作为"一带一路"建设的重要支点国家予以优先推进，共同推动和发展高水平战略伙伴关系。双方通过强调平等互利与合作共赢，超越彼此间的分歧和矛盾，最大限度地谋求共同利益，维护周边稳定、和平与安全，促进地区经济合作、发展与繁荣。③

（二）"一带一路"合作为中国与周边国家的共同发展提供新路径

"一带一路"建设着眼于实现共同发展、持久和平、国际关系民主化以及不同文明互学互鉴，是打造周边利益共同体与命运共同体的重要依托和路径。它立足于经贸等诸多领域的务实合作，为人类命运共同体建设创造经济、

---

① 牛新春：《"一带一路"下的中国中东战略》，载《外交评论》2017 年第 4 期，第 32 页。

② 刘中民：《在中东推进"一带一路"建设的政治和安全风险及应对》，载《国际观察》2018 年第 2 期，第 36 页。

③ 例如，通过"一带一路"倡议与"草原之路"倡议的对接，尤其是对后者矿业与基础设施建设的支持，使蒙古国与中国的联系正变得更加坚实。参见杜正艾：《精选"一带一路"建设战略支点国家的意义与建议》，载《行政管理改革》2016 年第 6 期，第 30 页；肖阳：《"一带一路"背景下构建中国周边战略支点的路径探析》，载《边界与海洋研究》2016 年第 4 期，第 68 页；Jeffrey Reeves, Mongolia's Place in China's Periphery Diplomacy, in Rozman G., Radchenko S. (eds), International Relations and Asia's Northern Tier. Singapore: Palgrave, 2018, pp. 175 – 189.

政治、社会等层面的基础性条件。首先，中国把自身在产能、技术、资金、经验和模式等方面的优势积极转化为市场与合作优势，把中国机遇变成周边地区乃至世界的机遇，在实然层面上融通了中国梦与亚洲梦、世界梦，在现代意义上生动地诠释了中国传统文化中的"天下主义"（天下为公）情怀，并日益孕育出一种与世界文明接轨的"新天下主义"。① 其次，"一带一路"建设从器物、制度到观念层面塑造着地区互动新范式。为此，在推进过程中需要特别强调官民并举、加强政治互信和夯实社会基础的重要性，包括分享中国经济增长的经验、加强文化外交等，优先安排和落实一些急人所急的项目，缓解少数国家的疑虑与抵触情绪。

例如，作为亚太地区重要的中等强国、美国在该地区最重要的盟国之一和"21 世纪海上丝绸之路"南线最重要的相关国家，澳大利亚在中国及东南亚具有重要的经贸利益，但其国内精英对"一带一路"倡议的认知却存在偏差。受逆全球化思潮的影响、国内政策分歧尤其是在深层次上未做好全面接纳中国崛起的心理准备，这是造成澳大利亚对"一带一路"倡议迟疑不决并保持距离的主要影响因素。对此，中国的基本解决思路是以命运共同体为纲领，力求融入现行的国际规范，在一定程度上遵守现有的地区秩序，尊重澳大利亚在大洋洲地区秩序中的既有角色，使"亲诚惠容"原则与中澳关系相交融。② 总之，通过中国与周边沿线国家积累政治互信、加深经济融合、增强文化包容等举措，可以促进亚洲命运共同体、中阿命运共同体、中国—南太平洋命运共同体、澜湄国家命运共同体等区域或次区域层面的命运共同体建设。

中国周边国家大多为中等收入国家，实现现代化的任务仍然很沉重。"一带一路"倡议不仅是当下沿线各国实现经济增长以及结构调整的一种新途径，更是提升区域及全球治理能力的一种新模式。作为新时代中国全方位

---

① 许纪霖：《新天下主义与中国的内外秩序》，载《知识分子论丛》2015 年第 13 辑，第 4 - 6 页。

② 参见李洋、吴明华：《逆全球化思潮与澳大利亚对"一带一路"倡议的排斥》，载《公共外交季刊》2017 年第 4 期，第 16 页；沈予加：《澳大利亚对"一带一路"倡议的态度及原因探析》，载《太平洋学报》2018 年第 8 期，第 87 页。

扩大对外开放战略的重要组成部分，"一带一路"建设开创了"南南合作""南北合作"新模式，赋予"南南关系""南北关系"以新的时代内涵。它突显出中国更加重视与发展中国家携手共进谋发展的清晰指向，传递了补强发展中国家经济增长"短板"以培育全球经济新增长点的新思路，体现了开放国策、外交战略、结构调整、促进增长等目标之间的良性互动关系。由此彰显了中国是周边发展中国家可靠得力的合作发展伙伴，中国也将通过与广大发展中国家共谋发展而获得广泛利益。[①] 就具体经济机制来说，可通过金融创新改变相关投资收益率偏低的问题；通过与多边机构、私人部门、境外主体合作等措施，提升相关投资的安全性与可持续性，实现自身经济结构的调整、国内开发开放布局的优化与"一带一路"合作的相互促进与正向激励。[②] 鉴于周边地区经济一体化和贸易碎片化趋势都有所发展，未来"一带一路"需要开展更大范围、更高水平、更深层次的区域合作，共同打造开放、包容、均衡、普惠的区域经济合作架构，进而深度融入世界经济体系。尤其是通过倡导"绿色丝绸之路""健康丝绸之路""智力丝绸之路""和平丝绸之路"等创新发展理念，在差异性中寻求发展共识，降低彼此交往与合作的制度成本，减少贸易与投资障碍，从而最大限度地创造公平发展机遇。

其中，绿色发展已成为"一带一路"供给国际公共产品的新领域。中国周边的沿线国家多为发展中国家和新兴经济体，普遍面临工业化、城市化带来的发展与保护的矛盾。在"一带一路"建设中加强生态环保合作、建设绿色"一带一路"，能够为塑造"一带一路"正面国际形象、传播中国生态文明理念提供坚实保障和重要支撑。有些外媒指责中国将高污染的过剩产能向"一带一路"沿线国家转移，宣称"一带一路"基础设施建设的工业项目容易造成项目国生态环境破坏。实际上中国积极遵守《巴黎气候变化协定》，并推出《关于推进绿色"一带一路"建设的指导意见》《"一带一路"生态环境保护合作规划》，与沿线国家共同分享绿色发展理念。在金融支持方面，中资银行大力开展绿色信贷业务，发行绿色债券，严把项目绿色准入关，积

---

① 卢锋等：《为什么是中国？——"一带一路"的经济逻辑》，载《国际经济评论》2015 年第3 期，第9 页。

② 张明：《直面"一带一路"的六大风险》，载《国际经济评论》2015 年第4 期，第38 – 41 页。

极参与国际绿色金融标准制定；亚投行、丝路基金等相关投资机构设立专项绿色投资基金。亚投行在减少温室气体排放方面还可以发挥其技术援助职能，以"绿色"基础设施建设为要旨，为亚洲基础设施建设提供资金与技术双重支持。作为"国际协调产品"，亚投行技术援助机制的构建需要解决成本分担、技术供应垄断等相关问题，克服亚洲地区集体行动面临的协调和激励机制不足、低碳技术鸿沟等障碍，着力打造"智识型"多边开发机构，以促进区域经济的可持续发展和国家绿色发展能力建设。① 在贸易方面，中国则将环保要求融入"一带一路"自由贸易协定，建立绿色贸易的标准体系，支持国内绿色产能输出等，大幅减少了基础设施建设项目对自然环境的负面影响。② 为周边沿线国家创造更多绿色公共产品，已成为新阶段"一带一路"建设高质量发展的应有之义。具体来说，需要中国与沿线国家进一步沟通绿色政策，共通环保标准，鼓励绿色贸易，共建多边和区域生态合作机制。总之，绿色"一带一路"建设顺应了全球可持续发展的需求，以及民众环保和绿色消费意识的增强，其最终目标指向绿色利益、绿色责任和绿色命运共同体。③

第二节 "一带一路"合作的区域公共产品供给功能

基于中国的意愿、能力以及国际社会的期待，"一带一路"倡议具有明确的国际公共产品定位；公共产品特性为"一带一路"倡议提供了国际合法性基础，有效满足了周边沿线国家的发展需求，塑造了相关区域新的公共产品供给格局。"一带一路"建设具有鲜明的开放共享性、创新性、外溢性和多赢性等特点，亚洲国家和非国家行为体都能以不同方式参与进来，从而拓

① 参见孟于群：《亚投行技术援助机制的理论基础与体系生成研究》，载《国际关系与国际法学刊》，2018 年卷（总第 8 卷），第 159 页；李师源：《"一带一路"沿线国家绿色发展能力研究》，载《福建师范大学学报》（哲学社会科学版）2019 年第 2 期，第 24 页。

② 范文仲：《"一带一路"成为新时代国际公共产品》，载《中国金融》2019 年第 5 期，第 19 页。

③ 张建平：《建设绿色"一带一路"的愿景和行动方案研究框架》，载《行政管理改革》2017 年第 9 期，第 15 页。

展了区域公共产品的供给渠道。虽然这一倡议是由中国提出来的,但其发展机遇和红利惠及几乎所有亚洲国家。据世界银行研究报告,"一带一路"倡议将使包括亚洲在内的相关国家760万人摆脱极端贫困、3200万人摆脱中度贫困,将使参与国贸易增长2.8%至9.7%、全球贸易增长1.7%至6.2%、全球收入增加0.7%至2.9%。① 作为21世纪的新型区域主义实践,它已为本地区提供了包括互联互通、新型金融机制、新发展理念和区域治理模式在内的多种公共产品,促进了周边沿线国家可持续发展议程的落实。将"一带一路"倡议与联合国2030年可持续发展议程在理念、领域和机制等维度对接起来,有助于化解部分国家的顾虑和质疑,提升参与国和友善群体的国际站位和道义高度。由此,可以提升中国参与全球治理的能力、增加优质公共产品供给、促进全球可持续发展进程以及助力"一带一路"沿线发展中国家落实可持续发展目标。② 从全球治理的制度建设角度看,以往中国经验相对欠缺、主导能力不足;而"一带一路"倡议的提出为中国作出更大制度贡献提供了重要契机,并可在制度创设的公平导向、自主理念、渐进模式上寻求突破。通过拓展治理主体、转变治理目标等,"一带一路"合作的国际制度模式将得到不断完善和创新,中国的制度主导能力也将实现跃升。③

作为构建国际公共产品供给新机制的重要杠杆,"一带一路"倡议在与周边沿线国家共建全球价值链伙伴关系、基础设施融资制度、贸易投资便利化、金融风险与稳定互助等方面显示出强大的吸引力和凝聚力。"一带一路"倡议所提供的国际公共产品可为周边一定区域内的国家所消费,其利益惠及整个区域(可称之为"大区域"),并由一套灵活的制度安排确定下来。这些安排、机制或制度以及相关跨国活动,能够促成中国与相关国家间的合作共建行动,从而更有针对性地满足域内国家的发展需求。与欧盟、北美自贸区等传统的公共产品供给路径不同,"一带一路"倡议侧重从规则性公共产品

① Michele Ruta, etc., Belt and Road Economics: Opportunities and Risks of Transport Corridors. Washington, DC: World Bank, June 2019.
② 朱磊、陈迎:《"一带一路"倡议对接2030年可持续发展议程——内涵、目标与路径》,载《世界经济与政治》2019年第4期,第79页。
③ 何志鹏:《"一带一路"与国际制度的中国贡献》,载《学习与探索》2016年第9期,第49页。

到发展性公共产品的变化，以及强调从"统一权威中心"供给到各主权国家平等参与、联合供给的模式创新。尽管在供给实践中还需进一步解决因规则和强制力缺乏而存在的某些不确定性问题，但"一带一路"倡议重在最大限度地实现区域公共产品的公共性、效用性、正外部性以及供给的可持续性。①作为一个极具包容性、开放性的新型经济合作平台，它没有片面追求制度化水平而抬高准入门槛或强调机制的制约性，而是更注重依靠区域主体自身的文明特点、发展特征、资源禀赋与制度优势来形成发展合力，践行以合作发展为导向的区域一体化。

一、"一带一路"合作提供经贸类公共产品

（一）"一带一路"合作实现了贸易与金融领域区域公共产品的增量与创制

2008 年世界金融危机以来，"一带一路"沿线地区逐渐形成了区域公共产品供应新格局。中国通过主导"一带一路"沿线地区公共产品的供给，可改善因西方大国供应能力及意愿下降而导致的国际公共产品供应不足问题，推动周边及沿线国家发展战略的对接与耦合，打造一个以中国为中心节点的国际合作网络。为此，"一带一路"倡议从全局着眼发展与周边国家的经济关系，力求在实现共赢的同时更多地惠及周边。随着中国与周边国家经济合作的不断深化，越来越需要实现贸易、金融等区域公共产品的供给升级，而"一带一路"倡议正顺应了这一趋势和要求。为此中国积极进行规划设计，加强此类区域公共产品的有效供给，拓宽相关融资渠道，充分发挥"一带一路"的整体协调优势。相关公共产品的有效供给会产生四大经济功能，即促进国内区域间产业协调发展、带动沿线国家贸易发展扩大、刺激沿线国家基础设施投资增长和推动世界经济可持续增长。②"一带一路"倡议充分反映了国际秩序变迁和国际贸易体系变革的时代趋势，以国家间的共同利益作为合

---

① 刘雪莲、李晓霞：《论"一带一路"区域性公共产品的供给创新》，载《闽江学刊》2017 年第 5 期，第 5 页。

② 宁志玲：《"一带一路"的国际公共产品功能与实现路径研究》，河北大学 2016 年世界经济专业硕士学位论文，第 1 页。

作起点，在构建透明国际贸易信息监管系统的同时，借助国际贸易公共产品来促进国家间资源优势互补。它将国际互联网、能源、交通等人类生存息息相关的软硬件服务设施纳入国际贸易公共产品范围，促进国家间资源的高效配置、市场深度融合，以及经济要素有序自由流动，推动沿线各国实现经济政策协调，打造新型区域经济合作架构与合作机制。① 在区域贸易领域，"一带一路"倡议坚持开放、包容、均衡、普惠的原则，在周边沿线国家发展差异性较大的情况下推进多层次、多类型的自由贸易安排，如上合组织自贸区、中国—海合会自贸区、中国—东盟自贸区升级版以及其他一些双边自贸区。中国与周边沿线国家在贸易投资、市场准入、海关监管等方面的制度与机制对接，则提升了"一带一路"沿线地区贸易投资自由化与便利化水平。这些更为优惠的贸易合作机制使区域内贸易增长显著，区域经济一体化也得到促进。据世界银行的研究报告显示，"一带一路"倡议使参与国之间的贸易往来增加4.1%，使"东亚与太平洋地区发展中国家"的国内生产总值平均增加2.6%至3.9%。此外，由于"一带一路"合作的规模性与系统性，其对降低贸易成本的促进作用不仅限于成员国之间，更进一步惠及众多非成员国，成为名副其实的国际公共产品。②

在"一带一路"建设过程中，中国为亚洲区域经济合作提供了强大金融支持，不断健全了区域公共产品供给的融资机制。通过"一带一路"倡议下的区域金融合作，可以有效满足周边地区较大规模的金融需求，如跨境金融服务、金融创新、金融数据信息共建共享平台建设等。③ 中国拥有雄厚的外汇储备，可以通过基础设施建设、产能合作等方式扩大对外投资渠道；在加快资本输出的同时，扩大沿线国家人民币的跨境使用，加速人民币国际化特别是亚洲化进程。人民币作为一种来自新兴大国的国际货币，符合作为国际

---

① 刘平：《"一带一路"倡议对国际贸易体系改革的启示》，载《现代管理科学》2019 年第 9 期，第 3 页。

② Suprabha Baniya, etc. Trade Effects of the New Silk Road: A Gravity Analysis. World Bank Policy Research Working Paper 8694, January 2019; Francois de Soyres, The Growth and Welfare Effects of the Belt and Road Initiative on East Asia Pacific Countries, World Bank Group, October 2018, No. 4.

③ 云倩：《"一带一路"倡议下中国——东盟金融合作的路径探析》，载《亚太经济》2019 年第 5 期，第 32 页。

公共产品的基本属性。人民币国际化和"一带一路"倡议两个国际公共产品具备各自的意义和定位，但又是相互交织、相向而行的，可以说"一带一路"建设是人民币国际化的突破口和加速器。"一带一路"建设有助于人民币从周边化逐步进展到区域化，最终形成国际化。① 这不仅有利于中国国民经济的健康持续高质量发展，而且能够为本地区乃至全球经济提供一个更加稳定、高效的国际货币秩序。中国依托历史机遇和自身优势，在供给置信的国际政策协调、开放的最终产品市场、便利的在岸金融交易、稳定的国际货币秩序、有效的国际开发援助和高效的基础设施建设等国际公共产品方面有一定的比较优势。在推进人民币国际化的过程中，可从货币金融治理、最终产品市场、资本账户开放、官方发展援助、基础设施建设五个方面入手，有效供给多重国际公共产品。而把人民币作为清算结算的国际货币，对于主要发生在亚洲区域内的贸易和资本流动具有便捷、安全、节约成本、规避汇率风险等优势。中国在向参与"一带一路"合作的国家供给国际公共产品时，需遵循成本收益平衡原则、增益互补原则、供求匹配原则，并运用灵活的多样化策略，以确保人民币国际化的有效推进。②

亚洲基础设施投资银行作为一个与之相关的区域性新兴开发机构和融资平台，进一步推动了国际发展格局以及国际金融秩序的合理变革，在西方大国主导的传统开发机构之外为发展中国家提供了新的选择。亚投行是对现有国际多边机构的重要补充而非要取代它们，尤其针对亚洲国家在发展领域的巨大需求，为它们在基础设施、资源开发和产业合作等方面的项目提供更有效的投融资支持。目前，印度、巴基斯坦、孟加拉国、塔吉克斯坦、印度尼西亚、缅甸、菲律宾、阿塞拜疆和阿曼等周边国家的基础设施项目已成为亚投行贷款的受益者。其中，以亚洲基础设施投资银行为平台，中国为亚洲能源治理特别是能源基础设施建设与支持新能源转型贡献区域公共产品。2017

---

① 刘东：《人民币国际化沿着"一带一路"突破前行》，载《学习时报》2019 年 11 月 8 日，第 2 版。

② 参见李俊久：《论人民币的国际公共产品属性》，载《经济学家》2018 年第 6 期，第 48 页；李俊久：《"一带一路"建设中的人民币国际化：国际公共物品的视角》，载《四川大学学报》（哲学社会科学版）2017 年第 4 期，第 86 页。

年 5 月，亚投行批准首个印度贷款项目，为印度安得拉邦的不间断供电项目投资 1.6 亿美元，以改善该地区电力供应和运作，从而提升各公司的经济效益并推动社会整体发展。2016 年 12 月，亚投行批准 6 亿美元贷款用于资助以阿塞拜疆为起点的跨安纳托利亚天然气管道项目。该项目对于整合阿塞拜疆能源市场、加强土耳其的能源安全至关重要，并为阿塞拜疆和土耳其创造大量的就业机会。① 亚投行还和世界银行联合融资，为印度尼西亚的贫民区改造项目、大坝安全项目、区域基础设施建设项目等提供支持。

"一带一路"建设实现了经济类区域公共产品的有效供应，在某种意义上表明中国越来越重视在现有国际体系外创制的新路线，更多地为本地区和国际社会提供公共产品，使之与时俱进地反映发展中国家的利益需求。亚投行、金砖国家新开发银行、丝绸之路基金等一系列国际公共产品的创制，均是中国在现有国际秩序之外寻求"增量发展"的重要实践。② 正如习近平主席在 2016 年 G20 工商峰会上所指出的，中国愿为国际社会提供更多公共产品，为此所倡导的新机制新倡议，不是去取代原有的国际机制，而是对它们的有益补充和完善。③ 其中，丝路基金是中国为推进"一带一路"建设专门设立的中长期开发投资机构，旨在为"一带一路"框架内的经贸合作和互联互通提供融资支持。2015 年 4 月，丝路基金与中国三峡集团、巴基斯坦私营电力及基础设施委员会（PPIB）签署合作备忘录，参与投资"中巴经济走廊"上的卡洛特水电站项目，成为该基金首单对外投资；该水电站建成后，将为巴基斯坦约 500 万居民提供清洁能源。随后丝路基金又出资 20 亿美元与哈萨克斯坦出口投资署设立中哈产能合作基金；与俄罗斯诺瓦泰克公司（Novatek）达成购买俄罗斯亚马尔液化天然气一体化项目部分股权的框架协议；与沙特国际电力和水务公司签署共同投资开发阿联酋电站的谅解备忘录。在 2016 年博鳌亚洲论坛年会上，李克强总理还提出筹建"亚洲金融合作协

---

① 徐颖、康晓：《区域公共产品视角下的亚洲能源治理——以亚洲基础设施投资银行（AIIB）为例》，载《区域与全球发展》2018 年第 6 期，第 5-25 页。

② 张笛扬：《"主动创制国际公共产品"：全球化进程里的中国角色变换》，载《南方周末》2017 年 10 月 12 日。

③ 习近平：《中国愿为国际社会提供更多公共产品》，2016 年 9 月 3 日，载 http：//politics. people. com. cn/n1/2016/0903/c1001 - 28689064. html。

会"的倡议,以便与"一带一路"合作和亚投行等实现良好对接,合作完善亚洲金融市场,共同避免地区金融动荡的发生。[1] 这些中国倡导的新型国际金融组织和运用新的治理规则和标准,更多关注发展中国家的融资需求,显示出更高的开放度、效率和活力。目前亚投行和丝路基金已与国际货币基金组织、世界银行、亚洲开发银行、欧洲复兴开发银行等机构在这方面开展了有效合作。它们参与全球金融治理,推动国际货币体系改革,增加了以周边地区为主要对象的金融领域国际公共产品供给。

(二)"一带一路"合作为周边地区提供互联互通与新经济形态等优势公共产品

"一带一路"合作的核心内容之一是实现参与方之间全方位、多领域的互联互通,它涵盖政策沟通、设施联通、贸易畅通、资金融通、民心相通五个软硬件要素,旨在通过更有效的国际集体行动,全面促进周边沿线国家的经济社会发展与区域一体化。"一带一路"建设为经济全球化与区域经济一体化增添了新动能,也为形成经济融合、发展联动、成果共享的亚欧经济发展新格局奠定重要基础。根据前述相关规划,"一带一路"重点建设的六大经济走廊,涵盖了中国周边的几个主要区域方向。它们与中国国内的区域发展战略(如东北振兴战略)相衔接,使区域公共产品的供给与国内政策机制创新相互促进,成为中国周边区域合作的新增长点。其中,基础设施的互联互通是"一带一路"合作目前所提供的最具竞争力的区域公共产品,它特别着眼于需求端,对于区域及全球经济增长都具有明显的拉动作用。当前及未来一段时间,亚洲国家对于基础设施建设的需求都很突出;从基础设施建设的差异化配置来看,中亚、西亚国家主要是交通基础设施建设,而南亚、东南亚国家则主要是产业经贸合作区建设。通过确立合理的融资结构安排,以及吸纳多元化基础设施供给主体并有效发挥各自优势,有助于克服政府供给失灵和市场供给失灵等问题,增加基础设施供给的灵活性和效率。从策略上看,中国的供给可以由基础设施先行向基础设施和产业发展并重转变,由区

---

[1] 万方:《中方倡议筹建亚洲金融合作协会》,2016 年 3 月 24 日,载 http://www.xinhuanet.com/fortune/2016-03/24/c_128829705.htm。

域融资供给向全球资金供给转变，以及由基础设施供给向高级制度供给转变。[1] 中国利用自身在该领域的资金、技术和产能等优势，整合国际社会相关资源，理顺相关产品的供应机制，通过与周边沿线国家合作共建，促进周边地区全方位、立体化、网络状的联通。其中，包括中国—老挝铁路、印度尼西亚雅加达—万隆高铁、中国—泰国铁路在内的泛亚洲铁路网建设已初步成型，连接中国与沿线国家的公路、输油管线不断开通和完善，巴基斯坦瓜达尔港、斯里兰卡汉班托港、马来西亚马六甲皇京港等港口建设或运营稳步开展，与之相关的中国方案和标准在周边地区不断扩散。以港口、产业园建设为依托的海陆互联互通基础设施建设，不仅为周边国家的经济社会发展提供了长久的支撑保障，也使所在国民众能够直接或间接从中受益，从而带来多重福利效应。得益于共建"一带一路"，世界最大内陆国哈萨克斯坦的特色农产品可以通过铁路海路联运经中国运抵亚太国家。同时，基础设施的互联互通还有力地促进了周边区域和次区域之间的融通，使相关国家享有更多的贸易与投资机会，有助于解决区域或次区域之间的发展不平衡问题。

此外，中国在以互联网企业为代表的数字经济领域具有世界领先优势，可为"一带一路"建设注入更多创新元素。数字丝绸之路的发展动力来自于中国发展战略的外向延展，以及沿线区域对于信息通信及网络领域的市场开放和融资便利、信息和网络安全保障、网络空间治理的理念共识等公共产品的客观需求。例如，阿里巴巴集团的相关业务已拓展至日本、印度和马来西亚等亚洲国家，为当地电商经济等新业态带来活力。而腾讯公司的跨境支付业务也已扩展至 49 个国家和地区，发展了近 1000 家境外合作机构，并支持16 个币种的交易。当前，中国作为倡议发起国应为数字丝绸之路建设提供更多技术标准、技能培训、信息共享等先导性支持，并促进域内大国、区域已有合作平台以及跨区域国际机制等多种渠道合作供给相关公共产品。[2] 2014年，APEC 北京峰会批准《亚太经合组织促进互联网经济合作倡议》，第一次

---

① 张鹏飞：《"一带一路"沿线亚洲国家基础设施先行研究——基于区域公共产品供给理论》，上海社会科学院 2018 年世界经济学专业博士学位论文，第 1 页。

② 汪晓风：《数字丝绸之路与公共产品的合作供给》，载《复旦国际关系评论》2015 年第 1 期，第 171 页。

将互联网经济纳入该组织的合作框架当中。在 2017 年第 4 届世界互联网大会上，中国与老挝、沙特阿拉伯、泰国、土耳其、阿联酋等国共同发起《"一带一路"数字经济国际合作倡议》；这不但为周边国家尤其是新兴国家的经济发展提供助力，还将从整体上提升新兴经济体在国际经济体系中的影响力和话语权。中国同周边各国深化数字经济合作，培育更多利益契合点和经济增长点，为区域经济注入强大新动能，同时也将中国与周边各国民众更紧密地联系在一起。

二、"一带一路"合作提供其他类型公共产品

（一）"一带一路"合作为周边国家提供越来越多非物质性公共产品

随着"一带一路"建设的深入推进，中国需要提供比以前数量更多、质量和种类更精细的区域公共产品。除基础设施建设、贸易、金融等物质性或器物层面的公共产品外，区域共有观念、国际规范和制度等非物质性或非器物层面的公共产品供给仍大有可为。从国际政治的社会化趋势来看，"一带一路"的推进使中国的区域影响力不断辐射，但这并不是一个纯粹物质性的过程，而是在交往过程也包含着国际规范、道义、信用、制度等社会性公共产品的供给。"一带一路"倡议的提出标志着中国从参与角色到研发、生产和供应国际公共产品的多重角色转变，中国在国际社会中的身份定位、目标收益和权利义务关系也相应发生了深刻变化，不断为区域及全球治理提供创新思路和中国方案。随着中国知识生产能力的增强和包容性合作的深化，中国的经济增长和减贫等方面的治国理政理念和经验，在某种意义上也会上升为可资他国借鉴的国际公共产品。[①] 尤其是中国周边沿线国家多为发展中国家，普遍面临工业化、城市化、减少贫困等相关问题，国家治理能力和治理水平需要进一步提升。随着国家治理与全球治理进一步统筹、国内国际两个层面发展逻辑日渐统一，"一带一路"倡议可以被视为中国经济发展经验的总结、升华与国际化实践。这一中国方案开启了全球化发展的新时代、新进

---

① 宋效峰：《区域公共产品供给视角下的"一带一路"建设》，载《长春理工大学学报》（社会科学版）2019 年第 5 期，第 11 页。

程、新形态,堪称中国为世界发展所作出的新贡献。[1] 前述北京大学南南合作与发展学院的教育培训对象,便主要是"一带一路"沿线亚非国家的政府官员、学术机构等人士。可以说,中国的改革开放在某种意义上是当今世界最具影响力的制度创新之一,而"一带一路"建设则开启了 21 世纪中国全方位对外开放、推动国际社会包容性发展的宏大进程;它创新发展了经济走廊理论、经济带理论、新国际合作理论等国际知识公共产品,孕育了国际合作与包容发展的新理念和新模式。

"一带一路"合作除了促进区域内有形的互联互通外,还通过政策沟通、民心相通等举措推动不同文明间的交流互鉴、共同进步,在多样性基础上促进某种共同价值的形成,增强利益攸关、责任共担的区域共同体意识。在全球化条件下,"一带一路"建设有助于打破沿线国家和民族之间的文明隔阂,从社会维度上促进彼此的深度认知与融合。自提出"一带一路"倡议以来,沿线国家来华留学的学生数量明显增加,其中印度、巴基斯坦、哈萨克斯坦、泰国、印度尼西亚、老挝、越南、马来西亚等周边国家尤为明显。[2] 在 2018 年来华留学人员中,亚洲学生总数约 29.5 万人,约占外国留学生总数(近 50 万)的 60%。其中排名靠前的亚洲国家分别是韩国、泰国、巴基斯坦、印度、印度尼西亚、老挝、日本、哈萨克斯坦、越南、孟加拉国、蒙古国、马来西亚等。[3] 而中国人出境到"一带一路"沿线国家的游客人次也逐年攀升,从 2013 年到 2017 年的 5 年间增长了 77%。在促进中国与周边国家人员往来方面,相关各方除了提供良好的物质保障外,还需要进一步采取便利化政策与措施,充分发挥旅游、留学、科技合作、文化交流、民间组织等载体的作用。例如,提供政府奖学金、开展各类人员培训、缔结友城关系等,由此形成宽领域、多层次、广支点、官民并举的合作格局。在某种意义上,"一带一路"合作是中华文明复兴的国际路径与外部投射,中国带给周边地区和世

---

① 张永庆:《"一带一路"倡议:中国经验、国际方案、世界贡献》,载《东北亚经济研究》2018 年第 6 期,第 16 页。

② 郑东超、张权:《"一带一路"为世界提供四大公共产品》,载《当代世界》2017 年第 5 期,第 40 页。

③ 《2018 年来华留学统计》,2019 年 4 月 12 日,载 http://www.moe.gov.cn/jyb_xwfb/gzdt_gzdt/s5987/201904/t20190412_377692.html。

界的文化产品正在与其经济影响力日益协调——以孔子学院为例，截至 2019 年 9 月，中国在亚洲 36 个国家和地区设立孔子学院 127 所，孔子课堂 113 个；在大洋洲 7 个国家设立孔子学院 20 所，孔子课堂 96 个。①

（二）"一带一路"合作在供给社会性公共产品方面潜力巨大

在供给社会性公共产品方面，政府与社会力量的协调配合、彼此补位具有至关重要的作用。2019 年 4 月，中国国家发展改革委员会与联合国儿童基金会共同发起沿线国家"关爱儿童、共享发展，促可持续发展目标实现"合作倡议。在 2019 年亚洲文明对话大会期间，中国教育部与联合国教科文组织签署《丝绸之路青年学者资助计划信托基金协议》，中方将提供 100 万美元资助 35 岁以下各国青年学者进行丝绸之路学术研究和交流，这是中国与联合国教科文组织合作设立的第一个社科领域国际学术资助项目。②

而作为一种活跃的社会行为体，近年来中国的民间组织在数量规模、跨国行为能力等方面进步显著，并日益参与到国际公共产品的供给中来。其中，中国青年志愿者协会（CYVA）、中国国际民间组织合作促进会（CANGO）、中国和平发展基金会（CFPD）、爱德基金会（AF）、老牛基金会（LNF）、中国灵山公益慈善促进会（CLCPP）和中国扶贫基金会（CFPA）等社会组织的国际化步伐较快。但囿于一些因素，目前中国民间社会组织"走出去"尚处于发展期，在国际公共产品供给领域的话语权与我国在世界上的整体影响力仍然不相匹配。在"一带一路"建设过程中，拓宽中国民间组织参与国际公共产品供给的路径，充分发挥社会力量在参与区域治理中的作用，对于提升国家软实力具有重要意义。

在 2017 年"一带一路"国际合作高峰论坛开幕式上，习近平主席宣布建设"丝绸之路沿线民间组织合作网络"。随后，《中国社会组织推动"一带一路"民心相通行动计划（2017—2020）》的制定与实施，为我国社会组织参与"一带一路"建设提供了重要契机。教育、医疗、促进就业等公共产品

---

① 《关于孔子学院/课堂》，2019 年 9 月 30 日，载 http：//www.hanban.org/confuciousinstitutes/node_10961.htm.

② 韩一元：《"一带一路"对接联合国：进展超出预期》，载《世界知识》2019 年第 11 期，第 61 页。

的惠及面更为广泛，与东道国居民的利益关系也更直接；社会组织对外开展
此类民生合作和国际公益活动，是实现民心相通的重要桥梁。要服务好社会
组织"走出去"，必须进一步提升中国外交的统筹协调能力。通过政府对社
会组织相关活动的政治引领、在多边外交中与社会组织的立体配合、加强对
社会组织海外活动的本地支撑等，社会组织的国际活动将更好地融入中国特
色大国外交的总体布局中。① 在政府的大力鼓励下，社会组织参与到南南合
作基金等支持的民生民惠、社区发展、公益慈善和人道主义救助等项目合作
之中，使之真正成为"一带一路"建设中促进民心相通的重要力量。② 例如，
2015 年中国扶贫基金会在缅甸和尼泊尔注册成立办事处，此外还在印度尼西
亚、巴基斯坦、柬埔寨等国开展了多个公益项目。全球环境研究所（GEI）
等中国民间社会组织"走出去"直接提供环保类公共产品，在老挝、斯里兰
卡等国开展可持续发展、生物多样性保护、清洁能源技术等方面的援助。在
实践中形成了相关国家政府、政府间国际组织、非政府组织以及其他社会资
本等多方合作体系，为确立"一带一路"沿线相关区域公共产品供给路径和
模式积累了宝贵经验。民间组织还有助于明确"一带一路"的区域公共产品
供给愿景，促进官方与社会层面政策共识的形成。例如，中国人民外交学会
主办的亚信非政府论坛承认非政府组织在构建亚洲命运共同体中的作用，鼓
励它们推广亚信理念、传播亚洲安全观等。③ 为促进民心相通，中国民间组
织还尊重公共产品消费国的意愿，提供高质量、可持续的区域公共产品。例
如，2017 年中国红十字基金会发起成立"丝路博爱基金"，重点资助中巴急
救走廊、阿富汗儿童先天性心脏病救助、区域救灾救援等项目，从而优化
"一带一路"沿线国家的人道服务供给。再如，中国医疗机构和慈善机构在
缅甸开展"光明行"义诊活动，迄今已为当地超过 6000 名患者成功实施白
内障手术。随着区域公益带来的边际效应逐渐放大，中国公益组织的国际影

---

① 周鑫宇、付琳琳：《社会组织"走出去"与外交统筹能力提升》，载《当代世界》2019 年第
5 期，第 42 页。

② 黄浩明：《社会组织在"一带一路"建设中面临的挑战与对策》，载《中国社会组织》2017
年第 11 期，第 17 页。

③ 王逸舟、张硕：《中国民间社会组织参与国际公共产品供给：一种调研基础上的透视》，载
《当代世界》2017 年第 7 期，第 16 页。

响日渐加深，在中国与周边地区之间建立团结友爱、互助合作的新纽带，促进了周边沿线地区的深度一体化。

三、"一带一路"合作塑造区域公共产品供给新格局

（一）"一带一路"合作有助于形成开放包容的区域公共产品供给格局

在国际公共产品供给严重不足或无法更好地满足差异化、个性化需求的背景下，"一带一路"倡议作为发展合作的新平台，向世界提供了更丰富多样的公共产品，为处于困境之中的国际经济治理注入了新的动力。通过共同推动基础设施合作、经贸合作、开发合作等机制化建设，中国与"一带一路"合作国一道积极探索构建国际公共产品供给的新机制，致力于完善更具适应性的国际公共产品供给体系。① 作为构建国际公共产品供给新机制的重要杠杆，"一带一路"倡议激发了周边沿线国家强烈的发展合作意愿和潜能，有效满足了周边国家迫切的发展治理需求，为中国与这些国家关系的发展塑造某种新范式。一个以"一带一路"倡议为骨架的合作网络正在亚洲乃至更大范围内形成，就地理空间而言，则涵盖沿线不同国家间合作、国内不同地区间合作及基础设施联通区域的合作等多重内涵。如果考虑到未来途经北极航道的"冰上丝绸之路"的建设前景，中国还可通过与俄罗斯等东北亚国家的相关多边合作，为北极地区开发与治理提供富有建设性的公共产品。②

"一带一路"倡议的灵活性、共享性、开放性和正外部性使其具有强大的号召力，在某种意义上达到了国际公共产品供给的创新性、高效性、外溢性和拉动性等新高度。作为一项系统工程，"一带一路"建设有助于促进本地区形成更为开放自由的贸易投资制度、稳定可靠的货币金融体系以及均衡有效的国际援助体系，从而在区域治理层面上产生积极的外溢效应。在区域内自由贸易层面上，"一带一路"合作有助于降低"去全球化"以及贸易保

---

① 沈铭辉、张中元：《"一带一路"机制化建设与包容性国际经济治理体系的构建——基于国际公共产品供给的视角》，载《新视野》2019年第3期，第108页。

② 姜胤安：《"冰上丝绸之路"多边合作：机遇、挑战与发展路径》，载《太平洋学报》2019年第8期，第67页。

护主义对亚洲国家的冲击，增强亚洲地区的内聚力。在提供区域治理有关的国际公共产品时，中国积极发挥倡议和引导作用，同时秉持开放包容原则，鼓励本地区国家及其他主体共同参与。尽管中国作为新兴公共产品供给者的作用得到凸显，但与"一带一路"相关的合作规则不是由中国单方面制定、他国被动接受，而是在共同商议的基础上加以确定，因而所提供的区域性国际公共产品更具针对性、适用性和持续性。在长期处于社会主义初级阶段和作为发展中国家基本国情不变的情况下，中国为"一带一路"沿线国家提供公共产品要体现"既要尽力而为又要量力而行"的辩证思维。从产权归属角度看，产权、责任和义务明晰的公共产品供给有利于缩小供需双方在认知上的落差。通过区分"纯公共品"和"分享品"，对"一带一路"相关公共产品进行分层管理和多维度运筹，有助于提升共商共建共享的制度建设，完善中国多元一体的援外模式。为此，在提供纯公共产品的同时，中国可考虑多开发一些产权归属明晰的多元结构的公共产品。①

"一带一路"合作所致力于探索的新型经济全球化和包容性的区域一体化，有助于推动亚洲地区秩序朝着更加公平合理的方向发展，从根本上改善本地区国家的发展环境。亚洲国家之间正在构建起以合作共赢为核心、不同于"冷战"时期的关系性逻辑和理念，各方对于主权和平等、软制度和弱约束、自主性与开放性的强烈诉求，成为亚洲地区秩序构建的重要动力和显著特征。众多地区性的论坛、会议、组织和制度等治理形式，在主要的区域力量之间发挥了协调作用。与合作机制创新有关的中国外交政策与行为，正在使中国成为地区和全球秩序的塑造者。② 着眼于打造一个睦邻友好、政治互信、经济融合、文化包容、合作共赢的周边命运共同体，中国除有针对性地参与制定和完善既有区域机制外，还可以通过"一带一路"等合作机制主动创设新型区域公共产品，塑造周边地区公共产品供给新格局。通过向周边地区提供经贸合作、互联互通、区域治理、社会发展等领域的公共产品，"一带一路"建设推动了域内各国发展战略对接和资源整合，缩小了不同区域和

---

① 杨剑、郑英琴：《产权明晰与"一带一路"公共产品提供——关于纯公共品和分享品组合模式的探讨》，载《太平洋学报》2019 年第 8 期，第 42 页。

② 马荣久：《亚洲地区秩序构建的制度动力与特征》，载《国际论坛》2019 年第 3 期，第 59 页。

国家间的发展差距。在当前复杂的全球治理形势下进一步加强区域公共产品供给，有利于优化国际公共产品供给结构，促进区域及全球伙伴关系网络建设，稳定周边地区的大国关系互动架构。为此，包括中国在内的相关国家还需要加快本国国内治理改革，拓宽供给主体的范围，鼓励地方政府、民间组织等多元主体的参与——非政府主体在某些社会领域甚至比政府主体更有优势；以及优化区域公共产品供给类型，适时增加共有观念及制度类产品的供给，使之与物质性公共产品的供给结构和过程相适应。

（二）"一带一路"合作提升了以中国为代表的新兴大国在区域公共产品供给中的地位

为国际社会提供更多更好的国际公共产品是实现"中国梦"、实现中华民族复兴的必然要求，也是新时代中国特色大国外交、履行负责任大国义务的应有之义。① 中国提供国际公共产品蕴含着独特的东方智慧、伦理根基和鲜明原则，符合负责任大国角色定位与正确义利观的双重要求。从国内角度来看，中国将资源投入贸易、金融、公共卫生、减排等可以产生国际公共产品的领域，能够实现自身发展与国际公益的最佳结合。中国本着互惠互利、合作共赢的原则，确定把提供国际公共产品的重点放在周边，而"一带一路"合作正在使中国成为周边区域公共产品的主要供给者。"一带一路"倡议是中国对自身能力及国家利益综合考量后作出的历史性决策，在实施过程中，相关的区域公共产品供给也面临着与其他大国的战略关系、政治安全风险以及域内国家认同不足等问题的挑战。从优化大周边环境的需要看，中国的区域公共产品供给政策需要统筹考虑自身的软硬实力因素，充分评估各种风险挑战以及各国利益诉求的复杂敏感性，做到内外兼修、稳健推进。其中，通过卓有成效的区域公共产品供给，"一带一路"建设与中国的软实力发展之间形成了相互促进关系。作为新型国际公共产品供给者的良好国际形象与国际声誉，能够为中国的周边外交行为提供道义与合法性性支持，提升自身在国际公共产品供给体系中的话语权。而中国在稳定经济与金融体系、提供

---

① 唐彦林：《博鳌亚洲论坛：中国提供国际公共产品的创新实践》，2016 年 3 月 24 日，载 http：//caijing. chinadaily. com. cn/2016bayzlt/2016 - 03/24/content_24079200. htm。

国际援助与救援、科技创新与进步等方面的成就也产生了良好的外部效应，一定程度上增加了国际公共产品供给。

随着"一带一路"合作不断提质升级，周边地区的互联互通、金融体系、共同发展、区域治理等相关公共产品在实现增量的同时，质量提升、布局优化的空间和水平也将得到更大拓展。沿线国家对发展的强烈诉求与中国转型升级、开拓国际市场的内在需求构成了双方互补性的经济结构基础，中国与周边沿线国家为了实现更高水平的共赢共享与联动发展，而综合利用投资、金融、贸易等手段，最大限度地照顾所有合作方的发展利益。这种新型国际发展理念与传统的西方国家主导的本质上不均衡和不平等的发展理念具有本质不同，后者提供的国际公共产品往往附加体现其国家利益、反映其价值观的条件和规则。中国则靠充分利用产能和资本相对富余、产能供给性价比高、项目建设经验丰富、对沿线国家政治文化了解度和包容性较高等优势，与周边沿线国家开展共赢合作。通过"一带一路"倡议推广创新、协调、绿色、开放、共享等新发展理念，中国并不谋求另起炉灶以替代现有的国际合作机制，而是在现有国际秩序和制度基础上作出进一步完善，使之注入更多中国元素。① 秉持"人类命运共同体"理念，中国与沿线国家大力开展合作、共建基础设施，使当地居民在较短时间内切实享受到"共享融合发展的红利"。中国还毫无保留地贡献出自改革开放以来积累的成功发展经验，结合沿线各国实际发展需求，寻求发展战略对接，共同开创规划衔接、协同跟进的地区发展新格局，从而使"共享的发展"成为长久与可持续的发展。②

当前"一带一路"合作影响力的不断扩大，在某种意义上标志着亚洲新兴大国和发展中国家在新型经济全球化及相关国际公共产品供给中自主性与话语权的上升，从而使中国周边地区的区域公共产品供给格局更加均衡合理。就其利益创造与利益共享的经济学本质而言，"一带一路"国际合作并不局

---

① 韩立余：《中国新发展理念与国际规则引领》，载《吉林大学社会科学学报》2018 年第 6 期，第 46 页。

② 邱慧心、冯洁菡：《人类命运共同体理念对构建国际经济新秩序贡献卓越》，载《中国社会科学报》2019 年 6 月 4 日，第 8 版。

限于沿线个别国家，而是各国都可以凭借自身比较优势参与进来，从而产生更大规模的利益创造和共享。① 展望未来，中国应继续保持和发挥在"一带一路"区域公共产品供给中的主导角色，并在这一过程中重视与美国、俄罗斯、日本、印度、东盟等其他国家或国际组织的政治经济关系，不断完善区域公共产品供给的相关具体决策与措施。②

---

① 陈甬军等：《"一带一路"倡议实现合作共赢的经济学分析——基于利益创造与共享机制的视角》，载《厦门大学学报》（哲学社会科学版）2019 年第 5 期，第 83 页。
② 高蒙蒙：《区域性公共产品相关研究综述及展望》，载《复旦国际关系评论》2018 年第 1 期，第 83 页。

第五章　区域多边治理与国际公共产品供给

第一节　中国周边的区域治理进程

"治理"一词源于国内公共管理层面，后被国际关系学者拓展至全球和区域层面，它通常涉及协调、管理和调节等手段的运用。积极参与区域一体化，推进区域多边治理，是新时代中国周边外交的重要任务。在逻辑上，区域治理是国家治理的外部条件，也是国家参与全球治理的必由途径，它与国家治理及全球治理之间具有联动性和同向性。基于中国目前仍然是一个地区大国这一客观现实，区域治理在中国外交政策议程中的重要性甚至在某种意义上先于全球治理，区域经济合作则是我国参与全球经济治理的有效渠道和依托基础。为此，未来要保持国际公共产品供给不透支，使区域治理与国家治理、全球治理三个层面相协调与可持续。[1] 在当前全球治理转型的关键阶段，霸权国领导力量弱化，各方围绕一些深层次问题的矛盾暴露出来，多边主义面临严峻挑战。旧有的全球合作模式之所以陷入了僵局，是因为全球治理对国家间的合作提出了更高要求。造成僵局的原因包括多极化加深、全球治理难度增大、制度惰性、治理机构分散等，要走出全球治理僵局，至少应在分享相同目标、遵守共同规范以及增加国际社会公共品供给等方面作出努力。[2] 传统国际秩序的本质是将建立在西方这一"地方性"的政

---

[1] 郭树勇：《区域治理理论与中国外交定位》，载《教学与研究》2014 年第 12 期，第 47 页。

[2] ［英］戴维·赫尔德：《如何走出全球治理的"僵局"》，李秋祺译，载《探索与争鸣》2019 年第 3 期，第 34 页。

治经验和价值判断等推广至全球，构筑由单一霸主国家主导国际公共产品供给的全球治理模式和格局。然而，随着西方在全球权力结构中的影响力日益下降和以中国为代表的新兴国家群体性崛起，西方数百年来形成的政治经济旧逻辑越来越无法与新格局相适应，国际秩序的转型成为历史必然。与此同时，中国提出推动全球治理体制变革的"中国方案"也就具有了时代必要性。

中国可以对全球化未来的路径、指导思想或者人类社会各地域彼此之间的经济合作和交换规则产生巨大的引导与修正作用——中国努力建构全方位、多层次、立体的全球与区域政策协调及合作机制，带领新兴市场国家推动全球治理改革，也已开始为国际社会提供大量补充性或替代性国际公共产品，从而为全球化注入新的动力，促使经济全球化与可持续性发展及包容性增长目标更紧密结合。在推进全球经济"再融合"与"深化融合"以及在开创分享与共享经济新模式问题上，中国将能够扮演关键角色。① 中国秉持共商共建共享原则与多元共生、包容共进理念，推动各方参与到利益共同体、责任共同体和命运共同体建设中来，使国际政治经济秩序朝着更加公正合理的方向发展。② 而国家的全球治理能力主要表现为国家为有效解决全球性问题而主动提供全球公共产品的素质和技能，可进一步分为硬能力、软能力和巧能力三个方面。中国的参与和融入不仅促进了全球问题的有效解决，推动了全球治理体系变革，提升了全球公信力和影响力，也展现了负责任大国"以天下为己任"的胸襟和担当。③

中国作为全球化最重要的推动方之一，从区域、次区域层面的治理入手撬动陷入困境的全球治理，本身具有突出的机制创新意义。在短期内全球治理体系变革无法完成、国际秩序难以根本重构的时空背景下，区域治理的重要性和生命力更加凸显。而区域治理本身具有国际公共产品属性，自然成为

① 朱云汉:《中国道路与人类未来》，载《东方学刊》2019 年第 3 期，第 1 页。
② 蔡亮:《试析国际秩序的转型与中国全球治理观的树立》，载《探索》2018 年第 5 期，第 25 页。
③ 吴志成、王慧婷:《全球治理能力建设的中国实践》，载《世界经济与政治》2019 年第 7 期，第 4 页。

新时代中国周边外交与公共产品供给政策议程中的重要课题。成熟的区域治理体系必然需要较为成熟的国家治理体系和经验作为支撑，特别是对于区域内较有影响力和话语权的区域性大国而言，往往拥有较为成熟的国家治理经验，其通常在区域治理体系中也会发挥"领头羊"的作用，引领制度建设和治理框架体系不断完善，这就导致其国家治理职能、经验和特征也会继续在其所在区域或全球治理体系内延伸。在这个意义上，区域治理体系是国家治理模式在超国家领域内的延伸。在这一过程中，国家治理的超国家演变必然伴随着一国区域影响力的不断扩大和时代责任的不断提升，并且随着治理体系所强调的原则的平衡性及演进的整体性，后进的发展中国家也能逐渐融入不同的治理体系，并发挥日益重要的作用。这在客观上共同推动着治理体系朝着不断高级化、现代化发展，朝着各方共同受益、共担责任的命运共同体演化。① 而在区域层面上，安全与经济是两类最重要的公共产品，它们成为维系周边地区秩序的基础性因素。

一、亚太区域经济治理及其趋势

（一）亚太区域经济治理亟须新兴大国发挥更大作用，并为之提供区域公共产品

"二战"后世界市场的开放主要依靠 GATT/WTO 等多边机制推动，但目前在多边层面推动世界市场的深度开放（包括规制建设）越来越困难；另外，区域性开放潮流势头不减。② 区域一体化是各国在多边贸易僵局和金融危机后推进贸易自由化和扩展市场的必由之路，区域合作协议在全球经贸治理中的作用越来越大。日益增多和相对碎片化的此类区域性安排，对于引领国际经贸新规则的发展、促进相关国家提高市场开放度与加大国内改革以及强化国家间政策协调，将对亚太地区产生重要而深远的影响。2008 年以来，在全球经济经历金融危机的冲击后，亚太地区凭借其强劲的抗风险能力和持

---

① 季剑军：《全球或区域治理模式比较及对推动人类命运共同体建设的启示》，载《经济纵横》2017 年第 11 期，第 26 页。

② 张蕴岭：《RCEP 是个好平台》，载《世界知识》2019 年第 16 期，第 72 页。

续的发展活力，成为引领全球经济复苏的中心，其在全球地缘经济架构中的地位和重要性也随之上升。这种结构性变化催生了亚太区域经济治理机制变革的重要力量，并引发该地区贸易和投资格局及规则产生显著变化。[1] 鉴于经济全球化所带来的的外部风险以及地区内各国经济发展的现实问题，亚太区域经济治理领域仍然存在巨大的公共产品需求。首先，从作为供给侧的治理主体及其治理路径来看，中国已成为亚太地区治理能力最突出的国家之一。[2] 在价值取向上，它倡导"开放、包容、互利、共赢"的发展理念，主张构建开放型世界经济并为之提供合作平台，积极参与和引导全球经济治理改革，在亚太区域治理中的角色举足轻重。中国不断探索实践新的治理理念，提出应对贸易治理难题的"中国方案"——2012年中国在第7届东亚峰会上倡导的区域全面经济伙伴关系协议（RCEP），成为解决东亚区域一体化过程中众多发展中国家发展现实不同的务实方案，并得到东盟的积极响应。这一安排适合中国等发展中国家的发展差异性和多样性特点，能够平衡各国利益，循序渐进推进亚太区域经济一体化进程，从而渗透和体现国际贸易新规则。与此同时，通过主导区域内部贸易谈判，在RCEP建设中发挥引领作用，中国加强了与亚太区域各国的联系，促进了各国的共同发展，为全球经贸治理与发展作出贡献。[3] 尤其是在美国单边主义横行的背景下，RCEP具有重构东亚生产网络、践行中国开放发展承诺的示范平台作用，将以其高水平开放促进中国自身及本地区国家的经济发展。

中国是在亚太地区仅次于美国的第二大经济体，同时也是该地区最大的发展中国家，近年来制造、贸易、金融和科技等影响力快速上升，对全球经济增长的贡献率极为显著，2017—2019年保持在30%左右。亚太地区作为全球最有活力、经济增长势头最强劲的地区，这几年对全球经济增长的整体贡献率约为60%。但该地区经济发展极不平衡，各国国内治理体制、发展阶段

---

① 陈友骏：《中国引领亚太经贸合作机制转型分析》，载《国际关系研究》2017年第4期，第117页。

② 刘志昌：《中国国家治理体系和治理能力的特点和优势》，载《当代世界》2017年第12期，第20页。

③ 何敏：《国际贸易的全球治理与中国的贡献》，载《社会科学》2017年第2期，第54-55页。

和经济结构差异性很大，这无疑增加了区域治理的难度。另外，该地区的相互依存又史无前例地得到发展，这又加剧了区域经济治理的必要性和紧迫性。其中，美国、日本等发达国家在当代亚太地区经济发展中曾经扮演着最重要的区域公共产品供给者角色，但相关的西方中心主义、"私物化"等问题也随之出现。自 20 世纪末亚洲金融危机以来，中国对亚太区域经济治理的参与度越来越高，建设性与补位角色越来越突出，这极大地改变了本地区相关公共产品的供给结构，使之朝着更加合理化的方向发展。近年来亚太经合组织某种意义上的空心化和美国退出跨太平洋伙伴关系协定也表明，经济类区域公共产品的供给越来越有赖于域内各国的合作而非美国的主导。在 2018 年亚太经合组织第 26 次领导人非正式会议上，中国领导人倡导亚太地区应着眼2020 年后的合作愿景，坚持推进亚太自贸区建设，释放了中国与亚太伙伴为区域共谋繁荣、推动构建开放型亚太经济的明确信息。

当前以中国、印度为代表的新兴大国群体主要集中在亚太地区，它们在区域经济治理中被寄予更高期待，在稳定亚太经济秩序、促进地区发展与繁荣方面负有更大责任。尤其是西方大国在相关国际公共产品创新方面的意愿和能力相对下降，与区域经济治理的需求日益出现脱节。而中国对地区和国际经济治理体系的关切和参与度越来越高，对于亚太区域经济合作在区域架构、地缘政治、区域生产网络等方面发生的重大变化予以积极的战略应对。[1]中国需要更积极推动亚太自贸区建设和多边贸易谈判，主动参与和影响新规则制定，合作创设整合能力更强的区域经济制度，从而推动构建更具包容性的国际经济治理体系。在内外部动力机制共同作用下，中国积极提供与自身地位相称的区域公共产品，并寻求处理好与美国、日本、印度等亚太其他大国之间的竞争与合作关系，通过创造性地承担区域经济治理中的责任，为本地区经济发展提供某种更具确定性的预期。在治理结构层面，传统发达国家的既有优势仍然存在，它们主导着跨太平洋伙伴关系协定、亚洲开发银行以及其他双边、多边治理机制，在当前全球最高规格的自由贸易协定（FTA）

---

① 沈铭辉：《构建包容性国际经济治理体系——从 TPP 到"一带一路"》，载《东北亚论坛》2016 年第 2 期，第 75 页。

能否正式进入亚太区域经济治理体系问题上具有关键性影响。这些大国也都是 APEC、东盟相关机制的重要参与者，其中日本国际协力机构、美国国际开发署等还通过双边渠道开展对本地区的发展援助，竞逐国际公共产品供应的主导权，如积极参与对大湄公河次区域国家的公共产品供给。① 在大湄公河次区域，双边与多边国际机制众多，机制重叠现象尤为突出。中国主导的澜湄合作机制也面临着该区域机制重叠问题的挑战，需要在机制布局调整、问题领域协商合作、功能治理路径创新等方面作出努力，增强自身的区域公共产品供给竞争力。②

（二）参与完善区域经济治理，提升中国周边外交的内涵

参与区域经济治理、有序扩展合作治理范围、推动合作模式转型升级，是中国周边外交与经济外交的共有内容，也是实现新时代中国特色大国外交战略目标的重要路径。周边地区已成为新时期中国对外经济交往的重点方向，为此需要全面均衡地扩展中国在地区经济治理中的器物、制度及理念影响力，着力实现中国周边经济外交的内涵提升。特别是中国在参与和引领亚太贸易和投资多边治理机制改革创新的过程中，积极向这一地区输出制度性的公共产品，推动亚太地区经济新秩序朝着更加公平、合理和完善的方向发展。在当前复杂的区域治理博弈形势下，中国需要准确把握亚太区域经济治理结构转型的方向、趋势与主要议程，着眼于经济、科技等前沿领域的话语权，在增进自身发展利益的同时，促进亚太区域经济的持续增长并提高增长质量。尤其需要从区域治理议程和规则制定以及相关国际规范形成等方面入手，构建中国的国际治理话语体系，提出相应的中国方案，探索区域经济治理新模式。目前，中国在亚太地区开展活跃的新型经济外交，发起各种新型经济合作，并以基础设施、贸易和金融等全方位的互联互通为切入点，打破众多发展中国家面临的发展"瓶颈"，推动区域经济治理结构朝着包容、共享和联通的方向发展。中国为之提供的区域公共产品，促进了区域经济发展要素的

---

① 参见尹君：《后冷战时期美国与湄公河流域国家的关系》，社会科学文献出版社 2017 年版，第 154 页；常思纯：《日本为何积极介入湄公河地区》，载《世界知识》2018 年第 21 期，第 22 页。

② 罗圣荣、杨飞：《国际机制的重叠现象及其影响与启示——以湄公河地区的国际合作机制为例》，载《太平洋学报》2018 年第 10 期，第 21 页。

流动与配置优化，如产能合作与融资支持、降低贸易成本等，从而更好地构建起区域经济发展的条件，增强了本地区国家发展的可持续性与抵御外部经济风险的能力。

从改善合理性与有效性的角度看，亚太地区现有的区域经济治理需要进一步反映发展中国家尤其是新兴大国实力上升所形成的新格局。但新的区域经济治理机制并不是完全"另起炉灶"，而是对现有治理机制的整合、提升与合理化，以共同打造开放、包容、均衡、普惠的区域经济合作新架构。理性地看，共生发展是区域经济在逆全球化下发展的必然选择；本地区各经济体应在共同利益基础上深化区域内部经济合作，在相互依赖中实现经济平衡、稳定和可持续增长。① 基于公平正义的价值考量，中国所推动的区域经济治理方案优先反映发展中国家的利益诉求，在消除贫困、数字经济、绿色发展、应对气候变化等领域共同培育新的经济增长点和竞争优势，从而有助于纠正以往新自由主义主导的全球化所存在的根本弊端。在亚太区域经济治理中，应强调各国的参与以平等为基础、以开放为导向、以合作为动力、以共享为目标。无论从器物、制度还是观念维度来看，中国就区域经济治理所提供的公共产品均着眼于实现本地区各国的共同发展，促进非排他性和更为均衡的区域经济一体化。对此，中国需高度重视美、日等其他大国参与亚太经济治理的利益诉求及战略动力，借助于 G20 等南北共治机制推动亚太基础设施合作进程，进一步发挥经济互利对于大国间增进信任和减少冲突的保障作用，在实施策略上着眼于全球整体战略观来构建亚太地缘战略依托。目前在本地区，由东盟十国主导的 RCEP 与以日本为首的 CPTPP 并列为亚太经济合作两大机制，前者也是中国与东盟国家经济利益的共同纽带。建立中国—东盟互信机制，切实支持东盟一体化进程，既有利于构筑东南亚稳定的地缘环境，也是双方共铸亚太地缘经济话语权的现实保障。②

---

① 欧定余、彭思倩：《逆全球化背景下东亚区域经济共生发展研究》，载《东北亚论坛》2019年第4期，第59页。

② 徐凡：《G7、G20与亚太地缘经济治理：回顾与展望》，载《亚太经济》2019年第3期，第11页。

二、周边地区的安全治理及实践路径

（一）着眼于亚太地区独特的安全架构，以新安全观引领区域安全治理

构建亚太命运共同体的价值要求不仅体现在区域经济治理层面上，更体现在周边地区的安全治理层面上。"周边不靖，国无宁日"，在全球化背景下，安全议题变得日益广泛且相互联系、多层联动，安全上的相互依赖也得到了前所未有的发展，仅靠单边的自助行为越来越难以实现真正的国家安全与国际安全。而地区安全治理关注的是地区层次的综合安全，并强调通过一系列规则和制度，来促使各类安全主体通过对话、协商与合作实现安全互助。中国周边的安全治理主要涉及亚太地区的主权行为体及部分非主权行为体，涉及中国主权与领土完整等核心利益的首要安全关切也来自这一地区。由于中国崛起所带来的周边安全效应、全球战略重心东移所造成的地缘效应以及周边国家转型所产生的系统效应，中国的周边地区安全治理日益重要，亟须解决所面临的大国权力竞争、制度（或机制）竞争和观念冲突等主要问题。[①] "冷战"对亚洲安全格局影响深远，美国至今在其中保持着主导地位，地区国家探索亚洲安全治理的进程迟滞。从公共产品供给角度看，该地区主要存在美国主导的亚洲安全治理、东盟主导的地区安全合作和以中国为代表的亚洲新安全观及其实践，它们彼此相互作用，形成了当今亚洲复杂多元的安全治理体系。为了建立亚洲安全新架构，中国积极倡导新安全观并推动其与地区各方安全理念和治理模式对接，深化互信合作，探索安全治理新模式，管控周边难点热点问题，在安全治理中日益扮演着负责任、建设性、可预期的角色。[②]

基于上述原因，当前该地区在很大程度上形成了以少数大国为中心的地区安全复合体，以及与之相关的多重安全挑战与多样化的安全主体，区域安

---

① 凌胜利：《双重协调：中国的周边安全战略构建》，载《国际安全研究》2018 年第 1 期，第 29 页。

② 王亚军：《亚洲安全治理转型的历史分析与趋势展望》，载《国际安全研究》2019 年第 3 期，第 3 页。

全治理结构呈现出混合与过渡特征。[①] 这使得亚太地区存在着几乎是世界上最为复杂的安全结构，从而加大了区域安全治理的难度，短期内无法形成统一的安全框架。首先在传统安全领域，该地区大国利益集中、互动博弈频繁，与之相关的区域安全产品形态差异性极大。其中，既有东盟主导的多个安全合作机制和上海合作组织、亚洲相互协作与信任措施会议等平台，也有"冷战"时期就形成的美国主导的美日、美韩、美澳等双边军事同盟体系，这些宗旨各异、约束力与透明度不同的多种机制并存互动。例如，东盟相关安全机制主要体现了国家间协调的作用，它在化解地区国家间争端方面取得了积极效果。但由于是中小国家主导的协调机制，东盟安全机制自身的制度化水平与治理能力有限，需要与地区大国合作拓宽和深化区域安全领域的治理。[②]作为一个富有建设性的地区大国，中国有责任也有能力为区域安全治理作出更大贡献，并为此提供具有中国特色的安全公共产品。在具体层面上，中国应着眼于各区域不同的安全需求与合作水平，制定差异化的区域治理参与策略，以更有针对性地提供区域安全公共产品。

在理念引领层面上，中国倡导以共同、综合、合作、可持续的安全观为指引，朝着共建、共享、共赢的亚太安全架构努力，从而最大限度地凝聚地区安全共识。早在1997年东盟地区论坛上，中国首次提出了以"互信、互利、平等、协作"为基本内容的新安全观，显示出中国对地区安全治理理念的不断探索。一个符合地区国家共同利益的安全架构，本身就具有区域公共产品属性。在亚太地区，各国历史传统、政治体制、发展水平、安全关切等各不相同，如何从中确定共同利益、凝练安全共识至关重要。中国的安全理念更具系统科学思维，主张发展与安全并重，特别是从经济与社会发展层面

---

① 英国学者巴里·布赞（Barry Buzan）提出了"安全复合体"理论，安全区域主义是其实践体现。其核心观点是：面对相互联系的安全威胁，行为体之间在处理安全问题时不可分割，这为安全复合体的形成提供了内部动力与外部动力。参见郑先武：《"安全复合体"与区域秩序建构：一种理论阐释》，载《欧洲研究》2004年第3期，第38页；李芳芳、张清敏：《"区域安全复合体理论"视角下的上海合作组织》，载《辽宁大学学报》（哲学社会科学版）2015年第1期，第135页。

② 王磊、郑先武：《国家间协调与区域安全治理：理解东盟安全机制》，载《南洋问题研究》2012年第4期，第28页。

夯实安全的根基；同时，统筹维护传统领域与非传统领域安全，协调、综合地推进地区安全治理。在深层次上，东亚二元安全格局导致了地区层面上经济发展与安全合作之间的某种脱节。美国领导的双边同盟体系长期主导着亚太地区安全，存在着发展、安全不可持续等难以克服的内在困境。而亚洲新安全观拓展了实现地区安全的原则，丰富了地区安全理念；它比以往更加注重周边地区安全问题的综合性、可持续性维度，以及在安全关系上更强调惠及周边，从而有助于构建集发展型、内生型、合作型、治理型和创新型于一体的全新安全合作架构。①

基于传统与现实原因，亚太国家对于主权特别珍视，为此应通过对话合作促进各国和地区安全，坚持和平解决争端而非推崇武力压服。着眼于本地区面临的共同挑战，各国增进战略互信、减少相互猜疑，对于亚太地区安全治理而言具有突出的现实意义。单靠经济理性并不能解决区域社会这一困境，主要相关方需要就此作出更大的政治与外交努力。近年来，中国与东盟已在构建复合互信（包括政治互信、安全互信与社会互信）、开展多元行为体参与的复合多轨共同治理以及供给相关区域安全公共产品等方面取得了显著进展。② 中国是第一个加入《东南亚友好合作条约》的域外国家，也是联合国安理会常任理事国中率先表示愿同东盟签署《东南亚无核武器区条约》议定书的国家；2018 年 10 月，中国与东盟在广东湛江附近海空域举行了联合海上军演，这是东盟首次与单一国家进行联合军演，有助于维护南海地区和平稳定。总体来看，建立多边信任措施仍然是目前亚太地区安全治理的重要议题；尽管这离更高水平的覆盖全地区的安全机制建设要求尚有较大差距，但在现阶段不宜盲目冒进，而是需要扎实做好预防性外交、培育非对抗性关系等基础性工作。

---

① 韩爱勇：《东亚安全困境与亚洲新安全观的启迪》，载《国际问题研究》2015 年第 5 期，第 51 页。

② 王正：《互信建立与共同治理视角下的区域性国际公共产品——兼论中国能为"亚信"机制的深化做何贡献》，载王逸舟主编：《国际公共产品：变革中的中国与世界》，北京大学出版社 2015 年版，第 65 页。

（二）加强相关治理机制，促进周边安全共同体构建

长远来看，亚太地区安全治理应当服务于人类命运共同体构建这一总目标；其间可积极创造条件，以促进实现某种亚太安全共同体这一阶段性目标。如前所述，未来一段时期中国周边安全合作仍将面临大国权力竞争（主要涉及中、美、俄、日、印等国）、制度竞争（如新型区域治理机制与传统军事同盟机制之间）和观念竞争（主要发生在新旧安全观之间）等主要障碍。其中，东亚军事同盟体制的地缘政治逻辑强调以邻为壑，而新型区域合作的地缘政治逻辑则强调以邻为伴；前者具有双边—非对称性结构特征，强调同盟内部观念的同一性及同盟与他者的差异性，而后者则是一种强调观念包容性的多边结构。双边同盟很难聚合多边利益，其提供的安全产品受众仅限于参与同盟的国家，而新型区域合作则更多地着眼于整体与长远利益，面向本区域全体成员提供安全产品。[1] 对于因利益与观念差异因素所导致的亚太区域安全形态多样化与结构碎片化的现实，中国可以采取"大国协调"与"制度协调"并进的思路，单一或综合运用政治、经济、军事和社会等手段，加快推进整体性、包容性的区域治理进程，并先行推动中国周边地区形成较低程度的周边安全共同体。[2] 展望未来，中国自身不断发展壮大是保障亚太地区安全治理深入推进与转型的关键因素；而基于地区命运共同体构建的规范引导，在区域多边合作制度框架下进行协作管控与良性互动，是化解本地区安全困境与难题的基本路径。

在制度层面上，中国与本地区国家在区域安全领域开展共同治理，并把完善现有机制与创设新机制相结合，推动构建符合地区实际、满足各方需要的多层次、复合型和多样化地区安全架构。中国重视发挥东盟地区论坛、上海合作组织、亚洲相互协作与信任措施会议等区域机制在安全治理中的作用，

---

[1] 王胜今、张景全：《东亚军事同盟与区域合作之关系——一种机制视角的分析》，载《国际安全研究》2013 年第 3 期，第 116 页。

[2] 参见李开盛：《东北亚地区碎片化的形成与治理——基于分析折中主义的考察》，载《世界经济与政治》2014 年第 4 期，第 21 页；凌胜利：《双重协调：中国的周边安全战略构建》，载《国际安全研究》2018 年第 1 期，第 29 页。

并把它们作为倡导新安全观、开展安全对话与合作的重要平台。在策略上，可选择较易达成共识的非传统安全领域作为公共产品供给的优先方向，为构建更高水平的地区安全架构夯实基础。从治理的客体看，安全架构和经济架构是相互联系、相互制约、难以分割的，为此应协调推进地区安全架构与地区经济架构建设，实现区域经济合作与安全合作的良性互动。① 近年来，中国基于自身及本地区发展中国家的实际需求，所开展的区域多边制度外交推动了一系列正式或非正式区域治理机制的建立，它们涵盖众多传统与非传统安全领域，对区域安全治理发挥了重要作用。其中，中国参与倡导了上海合作组织、东亚峰会及其他东盟相关机制（如东盟防长扩大会）、《南海各方行为宣言》、湄公河联合执法安全机制等，它们涵盖军事互信、禁毒与打击跨国犯罪、环境保护、公共卫生、能源安全等多个安全领域，显著促进了区域安全治理网络的构建，增强了区域安全治理结构的合理化。② 以中国与东南亚之间的反洗钱多边合作机制建设为例，可结合中国与东南亚国家的实际情况，从理念基石、组织框架、法律保障、执法合力、借鉴范式、区域金融监管着手构建"小多边""中多边""大多边"等多种形式的合作机制，最终形成以中国为主导的行之有效的"1＋11"的大多边合作，从而共同防控跨境犯罪、维护双方的社会稳定和经济安全。③ 一般地，建立并接受地区和平、冲突管理等制度与规范，虽然会对中国自身构成约束，但也有利于推动建立地区政治安全新秩序，使自身的利益与影响力在另一种意义上得到维护和拓展。

中国参与的主要区域治理机制见表 5－1。

---

① 中华人民共和国国务院新闻办公室：《中国的亚太安全合作政策》，2017 年 1 月 11 日，载 http：//www. scio. gov. cn/ztk/dtzt/36048/35875/35989/Document/1539229/1539229. htm。

② 刘宏松：《中国在国际治理中的责任承担：行为表现与实践成效》，载《社会科学》2010 年第 10 期，第 19 页。

③ 李春：《中国与东南亚反洗钱多边合作机制构建》，载《东南学术》2019 年第 3 期，第 23 页。

表 5 – 1　中国参与的主要区域治理机制

比较指标	上合组织	亚信会议	东盟地区论坛	东亚峰会	澜湄合作	东盟与中日韩合作
成员范围	亚欧地区	亚洲	亚太	亚太	次区域	东亚
议题领域	综合性	安全治理	安全治理	综合性	综合性	综合性
有无常设机构	有	有	无	无	有	无
组织化程度	较高	一般	一般	一般	较高	较低
治理模式特点	新型区域合作	安全对话与合作	安全对话	政治引领	新型发展合作	松散的一体化机制

在各国相互依赖日益加深的背景下，现有亚太安全结构越来越难以适应地区新型国际关系的发展需要，安全理念、安全机制及其他安全公共产品亟待进一步完善。目前中国周边地区的安全公共产品仍然不能满足地区内部的需求，一些相关地区合作机制定位宽泛、制度化程度偏低、约束力不强以及有效性不足，且彼此存在一定的功能重叠与竞争问题。英国学者埃米尔·科什纳（Emil J. Kirchner）认为，安全治理的目的是结构及其过程双重作用的结果——结构是指在安全任务的协调和管理中，制度能在多大程度上影响参与者的行为方式；而过程则是指行为体以何种方式来界定和实现这些政策结果。① 由于当前亚洲安全格局存在时空错位、理念分歧、结构冲突、机制分散四大关联交互的突出问题，导致亚洲安全面临系统困境，安全公共产品供求矛盾日益突出。从地区安全治理的角度看，应推动亚太地区的安全结构朝着更为制度化的方向发展，弥补亚洲安全合作机制和项目"短板"；并促进与之相关的地区安全文化不断普及和内化，由此使相关主体的行为更加可以预期、彼此更加信赖。近年来，美国对亚洲安全事务的影响和作用总体有所降低，而中国在参与、贡献和引领亚洲安全新格局构建方面的地位与作用相对上升。中国应抓住历史机遇，进一步加强理念和方向引领，以及同其他主要力量在地区安全问题上开展有效的协调合作，推动亚洲安全治理机制建设；

---

① ［英］埃米尔·科什纳：《欧盟安全治理的挑战》，吴志成、巩乐译，载《南开学报》（哲学社会科学版）2007 年第 1 期，第 4 页。

加快向更高水平的安全公共产品供给国或"被搭便车者"转变，在为自身的建设发展营造良好外部环境的同时，也为亚洲安全建设和地区及人类命运共同体构建贡献更大力量。①

第二节　中国的区域治理公共产品供给战略与政策

中国依托周边区域实现大国成长的路径选择决定了区域治理的优先性，在某种意义上它是运筹大国关系、实现周边外交与大国外交相互促进的重要步骤。随着区域治理进程中合作范围不断拓宽与层次逐步加深，相关方越来越需要诉诸国际机制来支撑和保障周边地区政治经济秩序的稳定。中国应着眼于自身利益和区域利益之间的交汇，积极开展治理外交，并参与区域性国际机制的成立和完善，使其成为区域公共产品供给的重要平台。而治理型周边外交，是中国推动地区主义实践的重要趋势，其关键也在于提供区域公共产品，以形成地区合作的物质及制度基础。②

区域治理公共产品供给是中国周边外交转型的应有之义——通过深度参与周边区域治理进程，把区域公共产品供给与地区主义进程结合起来，由此进一步开拓中国周边外交新格局，同时提升地区整体福祉。尤其目前中国仍是一个地区大国和发展中国家，要辩证地看待区域治理与全球治理的关系，在未来一个时期内优先向区域治理投入更多资源。具体来说，"区域治理优先"要求外交上优先支持某一国际区域内（这里主要是指中国周边区域内）的主权国家、国际组织以及其他国际关系行为体对区域事务的共同管理，使之符合或有利于实现中国的国家利益。③ 实施区域治理优先策略，在实践中需要更加注重周边地区利益，积极推动区域一体化进程，并以此为支点撬动

---

① 王亚军：《亚洲安全新格局的历史性建构》，载《国际安全研究》2018 年第 1 期，第 4 页。

② 雷建锋：《中国的中亚地区主义：一种治理型周边战略的建构》，载《辽宁大学学报》（哲学社会科学版）2016 年第 5 期，第 172 页。

③ 郭树勇：《"周边是首要"，当以区域治理优先》，2015 年 2 月 11 日，载 https://opinion.huanqiu.com/article/9CaKrnJHI23。

全球治理体制变革。为此，在治理主体上需要进一步突出多边主义，在治理供给上继续拓宽区域公共产品的供给渠道，推动区域治理民主化，通过提高治理能力来促进区域善治。

一、中国周边外交战略视域下的区域治理

（一）在区域治理中发挥更大作用是中国周边外交的着力点

随着中国与周边地区的互动进入一个新阶段，区域公共问题越来越多地进入中国外交的重要议程。积极参与区域治理并为之提供制度设计等相关公共产品，为更高层面的全球善治打下基础，符合新时代中国作为负责任大国的身份要求。例如，在实践层面上，中国倡导的亚投行的成立与运转在直接促进区域金融治理的同时，也为国际金融秩序的合理化作出了重要贡献。基于共同安全与发展需要，开放的地区主义仍然符合现阶段中国周边外交的战略及政策目标。基于此，中国提出区域治理的中国智慧与中国方案，并以经济合作和发展战略对接为抓手推进地区治理的不断深化，供给更多有利于地区和平发展的公共产品，从而强化地区命运共同体意识，实现对地区秩序的重塑。[①] 而国际制度是区域治理的重要载体，中国支持、推动甚至发起越来越多的周边制度建设，为区域治理提供了重要的制度类公共产品，成为地区国际关系稳定的重要基石。[②] 其中，中国作为主导力量创立了制度化水平较高的上合组织，它与东盟地区论坛、亚信会议、东亚峰会等其他区域性机制相互嵌套交叠、互补共存，共同构成了区域治理体系的重要环节。辩证地看，一方面国际机制数量的增加有助于激励竞争，从而促进地区层面更加有效的治理；另一方面，国际机制的重叠会削弱个体机制的作用，治理结构的复杂性会增加国家遵守规则的成本。[③]

---

① 门洪华：《应对全球治理危机与变革的中国方略》，载《中国社会科学》2017 年第 10 期，第 44、46 页。

② 苏长和：《周边制度与周边主义——东亚区域治理中的中国途径》，载《世界经济与政治》2006 年第 1 期，第 7 页。

③ 戴轶尘：《中国周边多重安全治理机制的优化策略探析》，载《国际关系研究》2014 年第 5 期，第 78 页。

在周边地区，中国对区域性国际组织安全合作的不断参与和地位的提升，提出了包括建立"亚太安全合作新架构"等主张。但在实践中，中国不可能完全平衡地参与各个方向上的区域治理，因此在策略上应先选择有利的战略方向，以取得局部的优势或突破。其中，东南亚被视为中国周边外交的优先方向之一，中国主要通过东盟相关机制全方位、多层次地参与该区域治理进程。首先，中国支持东盟共同体建设，支持其在区域合作中的中心地位，与东盟国家开展经济、政治、安全、社会文化等领域的广泛对话合作，共同维护多边规则，参与地区秩序塑造，抵御全球化对本地区带来的风险和冲击。① 双方秉持相互尊重、平等相待、睦邻友好、合作共赢的原则，构建更为紧密的中国—东盟命运共同体。目前，东盟地区安全治理机制呈现出较明显的碎片化特征，这降低了地区安全合作的制度化水平，加剧了安全合作机制的复杂性，削弱了东盟在地区安全治理中的主导地位，从而对东南亚地区安全治理形成了严峻挑战。对此中国应寻求成为东南亚安全治理架构的"议程设置国"，并积极推进亚信会议进程以促进现存地区安全合作机制间的协调，提高东南亚安全治理的制度化水平，支持发展以东盟为核心的综合安全合作机制，以确保东盟在东南亚地区安全治理中的主导地位。② 作为地区治理的重要非国家行为体，"冷战"结束以来东盟一直发挥着稳定区域和沟通大国关系平台的作用；东盟相关治理机制目前所面临的外部挑战是，如何在东盟与中、美等大国之间就地区秩序和区域治理的认知达成新的共识。其中，中国与东盟在安全互动进程中已初步形成的安全治理模式具有以下特征：一是治理主体层面国家中心性强；二是治理机制层面制度化程度弱。目前，这一模式的有效运行在很大程度上受制于治理主体间的利益冲突和互信缺失所导致的安全治理行动困境，以及治理体系制度化低所造成的安全治理效能困境。基于此，可通过中国—东盟命运共同体的构建，促进治理主体间关系的良性发展，以及推动地区安全架构的制度化建设，促进治理体系的结构性变革，

---

　　① Robert Yates, Understanding ASEAN's Role in Asia – Pacific Order. Cham: Palgrave Macmillan, 2019, p. 191.

　　② 韦红、尹楠楠：《东南亚安全合作机制碎片化问题研究》，载《太平洋学报》2018 年第 8 期，第 13 页。

以此化解上述安全治理的双重困境。①

而在更大的范围内，东盟与中日韩（10 + 3）合作作为现有东亚合作的主渠道，目前已在区域金融、贸易、投资、减贫等领域的治理中取得了较大进展。东亚正面临中日与东盟共同构筑区域新型经济秩序的历史转折期——在以东盟为伙伴的东亚区域经济一体化中，中日各有优势和劣势；没有中日的合作，就不会有真正的东亚区域经济合作。为此，中国在"一带一路"倡议下，应加快推进以中日和东盟为三角支柱的东亚区域经济合作格局。而日本应摈弃传统大国的优越感，携手中国和东盟共同推动东亚区域经济一体化发展。② 作为从东盟相关框架内逐渐独立出来的中日韩合作机制（2011 年秘书处在韩国首尔成立），其产生的影响并不限于东北亚；在领导人政治引领（领导人会议机制）与金融、环境、粮食安全等功能领域合作（外长及其他部长级会议机制等）的共同作用下，该机制对于东亚经济一体化的拉动作用日渐明显。其中，已连续召开 20 年的中日韩环境部长会议（TEMM）是其成效最显著和最有代表性的合作机制之一，它促进了三国环境利益共同体的构建。③ 尤其是中国提出的"中日韩 + X"合作新模式，将在各自优势基础上进一步拓展该机制的合作空间。目前东北亚地区公共产品的供给仍然显著不足，并且存在"集体行动的困境"。作为有能力供给地区公共产品的国家，中日韩三国需要通过更深入的合作以建立相应的、服务于本地区的制度安排，并吸收相关国际组织、地方政府、非政府组织、跨国公司等主体的参与。④

作为亚太区域治理中仍然由东盟主导的另一开放性对话协调机制，东亚

① 金新：《中国—东盟安全治理：模式、困境与出路》，载《当代世界与社会主义》2016 年第 5 期，第 141 页。

② 金仁淑：《中日与东盟区域经济合作战略及其经济效应》，载《日本学刊》2018 年第 3 期，第 82 页。

③ 参见［韩］金淳洙、韩献栋：《非传统安全合作与东北亚安全共同体的构建：基于中日韩环境安全合作进程的评价》，载《当代亚太》2010 年第 5 期，第 71 页；刘红：《金融危机后的中日韩金融合作》，载《东北亚研究论丛》2015 年第 1 辑，第 84 页；王凤阳：《中日韩粮食安全及合作研究》，载《亚太经济》2016 年第 2 期，第 91 页；刘艳、王语懿：《中日韩环境利益共同体的构建与意义》，载《东北亚学刊》2018 年第 4 期，第 55 页。

④ 和春红、刘昌明：《东北亚地区经济合作的内生动力分析》，载《经济问题探索》2019 年第 7 期，第 102 页。

峰会的议题涉及经济发展与政治安全两大领域，近年来其框架内的具体领域与议题交流合作也得到一定拓展，这在某种意义上加强了亚太区域内的南北合作。此外，东盟地区论坛、东盟防长扩大会作为亚太重要的政府间多边安全合作机制，在促进战略互信、预防性外交、国际维和、开展非传统安全合作等方面发挥了积极的作用，有助于本地区形成开放、包容、透明、平等的安全合作架构。而亚洲相互协作与信任措施会议在区域治理中的作用近年来受到中国重视，中国支持该机制多领域、多轨道的推进，并支持其进一步发展成为正式的国际组织。亚信会议正与上合组织一起，成为当前中国周边外交中最倚重的区域多边机制，其中后者的区域治理功能已由安全拓展至经济、金融、环境等更多领域。而在次区域层面上，澜湄合作则属于中国倡导的创新机制，其职能主要聚焦于区域发展领域的治理；目前自身各项具体机制仍处在成长之中，其长远目标指向团结互助、平等协商、互惠互利、合作共赢的澜湄国家命运共同体。

（二）拓展非传统安全领域的公共产品供给，促进周边地区的均衡治理

在区域非传统安全领域的治理中，中国积极扩大相关公共产品供给，在本地区塑造了负责任、可信赖、讲道义的国际形象。中国除了参与相关区域多边机制下的救灾合作外，还通过双边渠道直接参与周边国家的地震、水灾、台风等救助，促进了本地区国家减灾救灾能力的提升。在这一领域向邻国施以援手，充分体现了中国积极履行大国承诺、承担国际责任和弘扬人道主义精神的国际公共品供给行为。近年来中国向周边国家供给的综合性应急救援国际公共品，除积极参与 2013 年菲律宾"海燕"台风救灾、2014 年马航MH370 坠机搜救、帮助马尔代夫渡过淡水供应危机外，2015 年中国还紧急动用卫星手段帮助南太平洋岛国瓦努阿图掌握地震灾情，参与救援尼泊尔特大地震，以及在也门撤侨行动中帮助 13 个国家的部分侨民撤离。由此，不仅本国公民可充分享受海外保护，而且他国公民或社会组织也可以享受中国所供给的公共产品，从而在更高的意义上体现了外交为民原则。在区域反恐领域，中国极为重视双多边国际合作，与周边国家共同采取措施切断恐怖组织的人员、信息、资金等流动，为区域反恐能力建设提供相关公共产品。特别是在

恐怖分子跨境流动的大背景下，中国以亚洲安全观为指导，摒弃排他性的传统安全思维，通过反恐合作层次的提升来消除恐怖主义威胁这一区域公害。① 在打击贩毒、拐卖人口、电信诈骗等跨国犯罪方面，中国与本地区国家和国际组织在联合国有关公约框架下开展司法和执法合作，克服各国法律制度差异等不利因素的阻碍，形成了越来越机制化的合作平台。

在敏感度越来越高的网络安全领域，中国近年来积极推进全球互联网治理、履行相关国际责任，主张共建和平、安全、开放、合作的网络空间，以及多边、民主、透明的互联网国际治理体系，构建互联互通、共享共治的网络空间命运共同体。② 迄今中国已经举办了5届世界互联网大会，对全球网络空间治理起到了示范性作用。这是中国积极参与全球网络空间治理机制创设的理性选择，有助于增益"中国方案"传播力与号召力、搭建创设国际规则的平台和扩大共识，减少全球网络空间治理合作交易成本，以及在多边合作过程中保障全球网络空间的和平发展。③ 作为一个规则塑造尚不完善的新兴领域，亚太各国的互联网发展迅速，但不平衡现象仍然比较突出，广大发展中国家的话语权尚不够突出。有关信息安全的建章立制过程尚在进行之中，其中亚太经合组织、上合组织、东盟地区论坛、亚太电信组织（APT）、金砖国家等区域性政府间机制在地区网络安全治理方面能够发挥更大作用。中国深入参与相关治理进程，积极为亚太地区互联网治理提供方案。其中，尊重网络主权是中国向互联网治理体系贡献的一个重要理念，它体现了包括亚太国家在内的广大发展中国家的根本利益关切。④ 具有疆域意义的国家主权与不受疆域限制的互联网空间之间存在一种坚韧持久的张力，构成了关于互联网关键资源、网络安全、知识产权、内容监管等全球互联网治理框架下国际关系的破坏性力量。中国作为全球互联网治理体系的重要公共产品供给主体，

① 刘炯：《"亚洲安全观"下的中国—东南亚反恐合作》，载《亚太安全与海洋研究》2019年第5期，第93页。
② 习近平：《习近平谈治国理政》（第2卷），外文出版社2017年版，第532页。
③ 余丽、赵秀赞：《中国贡献：国际机制理论视域下的世界互联网大会》，载《河南社会科学》2019年第5期，第1页。
④ 支振锋：《为互联网的国际治理贡献中国方案》，载《红旗文稿》2016年第2期，第31-32页。

努力在矛盾冲突中探寻构建全球互联网治理体系的中国路径。① 中国主张在尊重网络主权、维护和平安全、促进开放合作、构建良好秩序四项原则的基础上推进全球互联网治理体系变革，从而确认了《联合国宪章》所规定的主权平等、不干涉内政、不使用武力等原则适用于网络空间，为网络空间国际规则制定提供了基础性的公共产品。而在地区海上安全方面，中国参与周边海事服务、海上执法、海上救助、海洋环保、商船护航等国际合作，并为相关能力提升提供公共产品，进而为"21 世纪海上丝绸之路"建设创造良好的环境。在防扩散与裁军治理方面，中国推动本地区全面落实有关国际条约，支持东南亚无核武器区（Southeast Asia Nuclear Weapon‑Free Zone）建设，并为本地区防扩散以及禁止包括化学武器在内的大规模杀伤性武器（WMD）提供有助于实现国际秩序稳定的公共产品。

总的来看，参与周边各领域的区域治理进程并为之提供区域公共产品，已成为新时代中国周边外交的重点发展方向。这在某种意义上促进了中国周边外交的转型升级，其多边制度取向加强，塑造周边环境和地区秩序的能力得到提升，在更高程度上成为地区公益的贡献者，从而进一步彰显了国际期待与自身期许所确定的大国身份及责任。由此，为自身发展争取良好的周边环境，强调共商共建和谐周边，并让地区人民有更多获得感，为周边治理提供更多中国智慧和中国方案，共同构成了新时代周边外交的主要内涵。② 而创新和完善区域公共产品供应，是贯穿并体现这四方面内涵的内在主线；围绕这一主线，中国将通过对区域治理领域的全面参与，进一步开创周边外交新局面与新境界。

二、中国供给区域治理公共产品的方向与策略

（一）秉持合作取向，在区域治理中发挥建设性作用

首先，中国对区域治理的参与度不断加强，突出反映了其周边外交中的

---

① 杨峰：《全球互联网治理、公共产品与中国路径》，载《教学与研究》2016 年第 9 期，第 51 页。

② 参见胡志勇：《中国周边外交战略转型及其路径探析》，载《国际关系研究》2014 年第 2 期，第 90 页；李益波：《新时代中国周边外交：理念、内涵和实施路径》，载《国际论坛》2019 年第 3 期，第 100 页。

合作主义取向，以更好地适应周边地区国家异质性突出的特点。例如，在参与区域多边安全合作的过程中，形成了中国特色的基本理念与模式——这些中国参与和倡导的多边安全合作更多地属于"合作安全"类型，同时也融入了中国特色，其主要特征是非针对、非对抗、非强制、不干涉，以及求同存异、协商一致、合作共赢，从而构成了具有中国特色、较为柔性的"协商式合作安全"模式。这一模式具有广泛的适用性，具有继续作为中国区域多边安全合作主导模式的基础前景。另外，随着国际格局、全球安全形势以及区域组织安全角色的变化，中国模式的局限性和面临的挑战日益显现，有必要在坚持传统模式的基础上进行调整，拓展新的路径与空间。① 基于对亚洲传统和亚洲方式的考量，中国尊重周边地区发展的阶段性特点，稳步推动区域治理的制度化水平，而不是急于寻求建立超国家的区域治理体系。相对而言，与发展有关的一些功能性、专业性领域是区域治理中比较容易取得突破的部分；中国可优先介入这些领域，继而在条件成熟时，再向更为全面、综合和复杂的领域扩展。2017 年年底正式启动的澜沧江—湄公河综合执法安全合作中心（官网：www. lm‐lesc‐center. org），就是这方面思路的一个例证——它是对原有湄公河流域执法安全合作机制的升级，是该次区域第一个政府间执法合作国际组织，有利于中国更深入地参与区域安全治理。通过与东盟国家合作建立的此类小多边安全机制，中国在提供非传统安全领域的区域公共产品方面取得了很大进展。② 总体来看，一个持久和平、共同繁荣的亚太地区符合本地区国家的共同利益，实现共同发展、扩大利益融合是中国供给区域治理公共产品的出发点，以此更好地保障地区和平稳定。未来在供给相关公共产品时，中国可通过更为细化的政策设计，使消费对象从国家向社会层面进一步下移，更平衡地惠及周边国家的不同群体，从而达到缩小国家间和国内内部发展差距的双重政策效果。

---

① 李东燕：《中国参与区域组织安全合作的基本模式》，载《外交评论》2017 年第 1 期，第64 – 82 页。

② 参见王勇辉、余珍艳：《中国与东盟小多边安全机制的构建现状——从公共产品供给的视角》，载《世界经济与政治论坛》2015 年第 4 期，第 1 页；曹旭：《澜沧江—湄公河综合执法安全合作中心创立之设想》，载《北京警察学院学报》2018 年第 5 期，第 45 页。

　　通过推动更深层次的区域治理，中国与本地区其他公共产品供给方和消费方不断培育和发展互信、包容、合作、共赢的亚太伙伴关系，以改善地区治理结构。在当前保护主义和单边主义凸显的国际形势下，中国已成为亚太地区多边主义最重要的倡导者和维护者，并为完善现有地区多边机制贡献力量。在安全领域，中国在相关治理机制建设、遵守国际和地区规则、促进国际法治等方面发挥了示范和引领作用，越来越成为一个"世界好公民"。目前中国几乎加入了所有政府间国际组织，以及400多个国际多边条约；从和平共处五项原则，到构建公平正义的新型国际关系、推进"一带一路"国际合作、以人类命运共同体建设引领全球治理，再到贸易、投资规则以及网络、外空等新疆域的治理规则制定，无不显示了中国在全球及区域治理中的法治取向，有力地促进了国际社会的法治建设。国际法治的中国观念是在总结中国传统文化和现当代外交实践经验教训的基础上，根据中国的发展方向和目标形成的国际法原则和国际法治模式，具体来说包含主权平等、包容互鉴、公平有效和合作共赢四个方面。中国为构建更为公正合理的国际法话语所作出的贡献，在某种意义上是对国际法根深蒂固的"西方中心主义"的否定。它基于中国自身发展经验，以和平共处五项原则和构建人类命运共同体理念为指导，结合当下国际形势和实际需要，以期更有效地供给国际公共产品。[①]

　　在南海、东海等中国周边海域，中国也与有关国家加强相关机制和规则建设，包括与东盟加快推进《南海行为准则》磋商，在南海适用《海上意外相遇规则》，[②] 共同维护和平稳定的海上秩序，保障国际航行与飞越自由。南海问题关系到背后的国际海洋秩序竞争，中国应提高对本地区的公共产品供给水平，在公共产品供给与经济合作平衡的基础上，成为经济与安全领域均

[①] 参见谢海霞：《人类命运共同体的构建与国际法的发展》，载《法学论坛》2018年第1期，第22页；杨国华：《"一带一路"与国际法治》，载《法学杂志》2018年第11期，第1页；宋效峰：《习近平国际法治思想探析》，载《佳木斯大学社会科学学报》2019年第1期，第12页；何驰：《"一带一路"倡议与中国国际法话语的构建：以供给国际公共产品为视角》，载《国际法研究》2019年第2期，第63页；何志鹏：《"一带一路"：中国国际法治观的区域经济映射》，载《环球法律评论》2018年第1期，第148页。

[②] 2014年4月，西太平洋海军论坛第14届年会表决通过了《海上意外相遇规则》，旨在规范各国海军舰艇或航空器的相关行为，减少彼此间的误解误判，被普遍认为是该地区国家管控海上危机方面的重要成果。

衡发展的地区大国，使南海问题获得更好的破解。① 中国积极开展海洋法律外交，深度参与全球与区域海洋治理，推动海洋规则构建与完善，促进涉海国际组织运作。针对生态环境破坏、污染、自然灾害、海盗、偷渡等海上非传统安全威胁，中国主张合作治理，维护地区共同利益。中国在推动构建人类命运共同体的过程中提出海洋命运共同体理念，发展"蓝色伙伴关系"，促进世界海洋秩序和平稳定；在维护国家海洋权益的同时，为区域及全球海洋治理贡献中国智慧。② 中国正致力于成为一个供给者、协调者和完善者，倡导本地区相关主体广泛合作，共同承担起供给、监督和管理海洋公共产品的责任，在更大程度上消除公共产品总量供给不足、分布结构失衡及使用不尽合理等问题。

中国作为国际安全合作的倡导者、推动者和参与者，已成为亚太和平稳定的重要公共产品供给者——包括参与联合国在柬埔寨、东帝汶等国的维和行动，与中亚、南亚等国开展反恐合作以防止恐怖组织及人员跨国活动，与印度等邻国加强边境地区信任措施合作，为建立公平有效的集体安全机制与军事互信机制发挥独特作用。其中，国际维和行动是一种"联合公共安全产品"，它同时兼顾了地区乃至全球层面的安全利益和供给方的私有利益，这一公私兼具的联合产品属性决定了其特有的供给模式。针对现有国际维和行动供给不足等问题，中国作为国际维和的积极贡献者，可以通过选择性地参与维和行动和创造选择性激励机制，削弱维和供给的"搭便车"现象，细化维和行动内容，并建立更为广泛的国际维和伙伴关系。③ 根据联合国大会通过的 2019—2021 年会费和维和摊款比额决议，目前中国已成为联合国第二大会费国和维和摊款国，3 年内须承担 12% 的会费以及 15.2% 的维和摊款，这在很大程度上反映了中国国际影响力和对多边主义贡献度的显著上升。它也表明，中国的崛起并非像历史上其他大国一样挑战现状，而是尊

---

① 张相君：《公共产品理论视角下南海问题的破解思路》，载《国际关系与国际法学刊》2018 年卷，第 88 页。

② 张琪悦：《新中国成立 70 年来中国海洋法律外交实践与能力提升》，载《理论月刊》2019 年第 10 期，第 14 页。

③ 程子龙：《供给国际维和行动——基于公共安全产品视角的思考》，载《国际观察》2019 年第 2 期，第 116 页。

重现行国际体系并强调以合作取代冲突。与此同时，作为"引领者"的中国对国际治理的贡献日益超越物质层面，开始成为新兴的规范类公共产品供应者。[①]

（二）加强功能领域的区域公共产品供给，通过区域治理培育共同体意识

现阶段中国可以把较多的资源投向功能性、问题导向的区域安全治理，为难度更大的结构性治理创造条件，其理想目标是构建地区安全共同体。对于周边地区存在的各种争议问题，中国主张以对话、谈判和协商等和平方式加以解决，加强危机管控能力，补足不同区域方向上的短板。东北亚的安全热点问题也是区域安全治理的难点，如朝核问题、钓鱼岛问题和东海海域划界问题。中国为朝鲜半岛无核化、维护半岛和平稳定发挥了不可替代的作用，在推动构建包容性的东北亚安全格局、维护区域战略稳定等方面彰显了负责任大国的角色。为此在具体层面上，需要创新区域治理机制，以朝鲜半岛和平机制为中心建设东北亚区域公共产品供给体系，推进构建一个超越传统军事同盟、吸纳相关方（尤其是朝鲜）参与、满足各方正当需求的区域多边安全机制。先期可在中日韩三国合作机制框架下探讨建立三方防长对话和冲突管控机制，为未来建立东北亚地区政治与安全机制发挥某种"孵化"作用。在东南亚、南亚和中亚等区域，中国建设性地参与了缅甸罗兴亚难民问题、阿富汗和平重建问题，包括提供相关援助、开展斡旋等多种措施，防止其消极影响向地区层面外溢。[②] 21 世纪以来，中国以政治治理、安全治理和社会治理三类方式参与地区冲突解决。这在西亚方向上有着典型体现——中国政府设立中东问题特使，积极参与黎巴嫩维和，主张政治解决叙利亚问题，促成伊朗核问题全面协议，以及向伊拉克等国提供援助。中国还通过联合国相

[①] 参见 Marc Lanteigne, Red and Blue: China's Evolving United Nations Peacekeeping Policies and Soft Power Development. In Chiyuki Aoi and Yee - Kuang Heng (eds), Asia - Pacific Nations in International Peace Support and Stability Operations. New York: Palgrave Macmillan, 2014, p. 113；何银：《中国的维和外交：基于国家身份视角的分析》，载《西亚非洲》2019 年第 4 期，第 24 页。

[②] 中国始终致力于推动阿富汗和平和解进程，一直同涉阿富汗问题有关各方（包括阿富汗塔利班）保持着接触和沟通，并为之提供谈判平台。参见 Marc Lanteigne, The Other Power: Security and Diplomacy in Sino - Afghanistan Relations. In Aglaya Snetkov, Stephen Aris (eds), The Regional Dimensions to Security. London: Palgrave Macmillan, 2013, p. 120.

关机制、中阿合作论坛（CASCF）等国际机制参与西亚区域冲突治理，并使"一带一路"合作涵盖了该区域绝大多数国家。这些公共产品强调民生先行、自上而下和义利并重，将冲突方和关切方均纳入问题解决进程中，因而具有渐进性、协商性、选择性、开放性等鲜明特征。[1]

从策略上看，在可持续发展、生态环境及气候变化等领域，中国发挥区域治理引领作用以及拓展区域公共产品供给的空间较大。环境类区域公共产品是国际公共产品中相对新兴的一种，目前来看中国周边地区对于相关公共产品的需求仍然比较突出。尤其是周边一些发展中国家应对气候变化的脆弱性较大，生态环境保护与经济发展的关系容易失衡，可持续发展能力不足。在东亚区域，较为突出的酸雨治理、西北太平洋海洋污染、大气污染和森林退化等议题都需要诉诸区域合作。目前中国自身的生态文明建设与减排行动已在地区及国际层面上产生了积极的溢出效应，日益成为绿色区域公共产品的重要供给者。至于前些年一些境外非政府组织和媒体把湄公河下游国家的干旱归咎于中国在境内澜沧江上修建水坝，这是既不客观也不公正的，在某种意义上是所谓"中国环境威胁论"的体现。在区域环境与气候治理中，中国遵循公平正义原则，充分考虑本地区发展中国家的特殊利益关切，致力于构建合理有效的区域环境治理机制。环境与气候外交是中国周边外交的新增长点，中国在区域治理中进一步加强与周边国家的相关合作，以开放和积极的姿态化解跨国环境争端。[2] 在全球气候谈判中，中国与七十七国集团（G77）结成气候联盟，彼此协调立场，共同为发展中国家争取权益；其中，印度、孟加拉国、巴基斯坦、印度尼西亚、泰国、马来西亚、越南、蒙古国、土库曼斯坦、沙特阿拉伯、伊朗等数十个周边国家都是该组织成员国。[3] 此外，在互利、互补、平等合作以及和平解决国际争端等原则基础上，中国还倡导与周边国家构建"能源共同体"。

---

[1] 孙德刚：《中国参与中东地区冲突治理的理论与实践》，载《西亚非洲》2015 年第 4 期，第 79 页。

[2] 张蕾：《"21 世纪海上丝绸之路"背景下的南海周边国家应对气候变化合作探讨》，载《东南亚研究》2016 年第 6 期，第 11 页。

[3] The Member States of the Group of 77, 2019 – 09 – 26, http：//www. g77. org/doc/members. html.

总的来看，区域公共产品供应机制建立过程中主要涉及域外霸权与地区成员之间、地区内成员之间两种博弈类型，域外霸权的介入会影响地区内成员之间的互动。① 通过合作供给区域公共产品来促进地区共同体构建，需要进一步确立和完善共同遵守的规则和共同参与的地区机制，诉诸有效的机制和公正合理的规则来培育相关方的合作习惯。基于此，在区域治理过程中地区成员之间通过多次重复博弈实现更高程度的信息对称，有助于确立对彼此行为的正面预期，促进培育地区共同体意识与共同利益观念。

（三）打通国家治理与区域治理之间的区隔，推动构建符合地区国家实际的治理机制

"内和乃求外顺，内和必致外和。"从国家治理、区域治理到全球治理，符合人类命运共同体构建的逻辑进程，也是新时代中国治理能力不断升华的过程。在全球治理难以有效兼顾地域性利益诉求的情况下，区域治理作为国际社会共同治理中必不可少的中间形态，在实践中需要平衡好国家主权与治理机制建设及治理效力之间的关系，这在亚太地区显得尤为突出。迄今为止，中国在恐怖主义、自然灾害、公共卫生危机、跨国犯罪等非传统安全领域参与的制度建设主要集中在亚太区域，这在某种意义上符合国际公共产品最优供给范围的假设。迄今亚太地区还不能像欧盟那样建立多层次、综合性的共同治理机制，中国的相关制度倡议与建设策略在强调引领性与前瞻性的同时，需要充分考虑区域治理所面临的阶段性、多样性问题，寻求区域治理结构的渐进合理化。为此，中国需要进一步创新政策工具，引领相关国家转变思维，推动本地区朝着共同体秩序演进——逐渐淡化霸权的传统作用，从等级性的支配性秩序转向扁平化的平等秩序，从一个中心的主宰性秩序转向多中心的互动秩序。②

随着中国等新兴经济体崛起并且发起越来越多的制度合作行动，一种不同于新自由制度主义的新型制度合作模式日益显现，并在国际中发挥着越来

---

①　张群：《东亚区域公共产品供给与中国—东盟合作》，载《太平洋学报》2017 年第 5 期，第 44 页。

②　许纪霖：《一种新东亚秩序的想象：欧盟式的命运共同体》，载《开放时代》2017 年第 2 期，第 117 页。

越重要的作用。这种"务实制度主义"不拘泥于严格的、强约束力的规则和僵化的制度形式，而是以务实议程、自愿参与和灵活开放为特征，以经济社会可持续发展和发展安全利益为过程动力，在持续重复的国际实践中实现务实合作制度化，培育制度行为体的积极合作习惯，因而形成一种"弱"制度、高效率的合作进程。[①] 围绕地区合作实际而设计的"弱制度主义"或"务实制度主义"路径，中国通过灵活务实、富于创新的区域公共产品供给行动，塑造着周边地区的治理机制，使之更加符合本地区的共同利益需要。展望未来，中国在为本地区提供更多规则和制度类公共产品时，尤其要主动适应新的议题挑战和权力格局变化，平衡考虑本地区国家的利益预期，使相关治理机制的制度化水平得到提高的同时，能够保持较高的治理效率。着眼于亚洲地区的历史进程和本土性，发展问题（以经济发展为核心）及其治理对于地区稳定与合作具有主导性作用，并影响着地区国家间的互动行为特征及规范；即便在最为敏感的领土争端领域，它也能够对化解冲突产生助益。[②] 作为国际社会的负责任大国，中国在这一方向上具有丰富经验和优势。中国会在完善国家治理、不断深化改革开放的基础上，继续加强国际发展合作，进一步促进与区域治理之间的正向互动，携手区域各国共同走向善治之路。

三、中国供给区域治理公共产品的内外部关系

（一）加强利益协调，处理好其他供应方尤其是域内外大国的关系

历史地看，区域一体化和区域多边治理的兴起，不可避免地提出了区域公共产品的需求与供给问题，但其具体模式在很大程度上与各区域的发展水平、实力结构以及域外因素介入等有关。总体上中国周边地区的治理进程是开放、包容和正向外溢的，并不排斥域外国家的建设性参与。比较而言，通常对公共产品及公共利益更为重视的国家，对国际集体行动的态度也更为积极和正面；另外大国由于自身实力较为雄厚而对成本的敏感度较低，因而也

---

① ［波黑］娜塔莎·马里奇、魏玲：《务实制度主义：中国与中东欧国家的合作》，载《世界经济与政治》2018 年第 7 期，第 41 页。

② 魏玲：《发展地区主义与东亚合作》，载《国别和区域研究》2019 年第 1 期，第 67 页。

较倾向于国际合作，这两类国家构成了国际公共产品供给合作中的关键群体。从关系性权力的角度看，中国参与周边区域治理、提供区域公共产品的同时，自身的地区影响力也会得到全面提升。另外，中国可以与域内外大国在"合作安全""开放的地区主义"等亚太区域安全核心规范与规则的指导下，开展战略对话与协调，机制化地解决本地区面临的传统与非传统安全问题，加强在相关区域公共产品供给上的制度化合作。① 由于受地区安全文化、安全结构及国家间安全关系现状等诸多因素制约，目前在本地区军事安全等高级政治领域中，多边机制的作用仍明显弱于双边机制，相关大国的多边合作轴心作用没有充分发挥出来。就亚太地区的治理前景来看，由单一大国主导的霸权治理模式无法满足地区国家对于多样化公共产品的需求；只有共同承担治理责任以及相关的区域公共产品成本，主动推进从具体的功能性合作到更为复杂和敏感的综合性合作，不断加强区域多边治理机制建设，才能更好地平衡公共产品供需关系，在更高水平上满足地区治理的需要。

目前中国的区域公共产品供给仍主要集中在经济领域，而美国在安全类公共产品的供应方面仍占主导地位，这种公共产品供应的国别比较优势结构仍将持续较长时间。辩证地看，1997 年亚洲金融危机和 2008 年全球金融危机，反而成为中国提供区域经济类公共产品的契机，自身逐渐成为区域金融稳定和恢复增长的中流砥柱。虽然当代美国也曾经作为亚太地区经济类公共产品的主要供应方——例如，在区域市场建设方面美国对于许多东亚经济体的发展和起飞发挥了至关重要的作用，但目前美国提供国际贸易公共产品的能力和意愿不断下降，并呈现受益范围缩小、排外性增强、产品消费成本提升等特点，其优势更多地体现在通过其主导的军事同盟体系提供某种意义上的"俱乐部公共产品"。因此，中美在区域治理公共产品供给中的关系很大程度上是错位竞争，中国希望以改良方式与美国保持良性互动，彼此尊重在亚太区域的利益关切；即便在同一领域存在一定重叠，中国扮演的角色也主要是补充与增量作用，且其经验和能力仍有待成熟，并不会挑战美国的地区

---

① 郑先武：《东亚"大国协调"：构建基础与路径选择》，载《世界经济与政治》2013 年第 5 期，第 88 页。

作用。①

实践中单一国家很难有能力提供全套区域公共产品，作为一种理想状态或某种意义上的理性选择，中美两国应在各自优势基础上协调利益与政策偏好，进而就区域公共产品供应开展分工合作。但长远来看，经济领域与安全领域公共产品的交叉跨界供给是不可避免的现象。基于这一考量，除能够提供有竞争力的经济类区域公共产品外，中国也已具备供应非经济类区域公共产品的较强能力。②

鉴于安全类区域公共产品供应仍然不足，中美间的大国协调可从非传统安全领域入手，回归到新型大国关系框架下开展良性竞争与互动。在兼具中西文化元素的合作主义理念指引下，中美两国加强彼此利益协调、管控分歧与防止冲突，有望实现摆脱"修昔底德陷阱"、避免大国政治悲剧的前景。③其具体努力方向之一就是增强彼此区域公共产品供给的兼容性，利用区域公共产品的可分割性处理好供给主导权竞争问题，为区域公共产品消费国增加更多选择。在中国倡导的协作供给、美国主导的霸权式供给、东盟的区域组织供给以及俄罗斯、印度等国的供给模式之间，凝聚最大程度的共识是下一阶段面临的主要任务。在推进亚洲国家经济、政治、安全和文化等领域的合作时，既要强调亚洲的区域属性、凝聚区域内部共识，更应注重亚洲的开放属性，突破地理概念的限制，加强与亚洲以外其他地区之间的联系。为此，博鳌亚洲论坛倡导构建的"亚洲＋"伙伴关系与解决目前全球和亚洲地区所存在的诸多问题相契合，有助于挖掘亚洲国家在国际治理、解决地区公共问题方面的潜能，进一步推动亚洲国家之间更大范围、更高水平的区域合作。④从低级政治领域到高级政治领域，通过区域公共产品供应机制的开放式设计，吸纳更多国家参与到共建、共享的合作治理中来，从结构上解决亚太地区存

① 张春：《国际公共产品的供应竞争及其出路——亚太地区二元格局与中美新型大国关系建构》，载《当代亚太》2014年第6期，第63页。

② 孙学峰、张希坤：《中美战略选择与中国周边环境变化》，载《现代国际关系》2019年第5期，第10页。

③ 刘建飞：《构建新型大国关系中的合作主义》，载《中国社会科学》2015年第10期，第189、192页。

④ 田旭：《全球治理与"亚洲＋"伙伴关系》，载《世界知识》2018年第7期，第16页。

在的主要安全问题。例如，前述的朝鲜半岛问题，共同安全与共同发展的平台与机制缺失是产生该问题的关键根源；为此，相关方有针对性地提供并整合该区域外交、安全与经贸等公共产品，构建有效的综合治理平台，是摆脱安全困境困扰、消除半岛问题负外部性的可行路径。①

（二）发挥各类公共产品供给机制的协同效应，促进区域善治的实现

善治是亚洲地区治理所追求的理想目标，面对多重力量的竞合共存，相应的地区秩序、合作机制也需要发生更为合理有效的改变。就内部结构来看，中国主导的不同类型的公共产品供给机制之间需要相互配合与支持，以协同促进地区治理，将自身各种实力资源进一步转化为实现周边外交目标的政策工具箱，增强对周边地区的塑造能力。具体来说，针对周边地区治理现状与趋势，中国可平衡和综合运用经济、政治、军事等国家权力资源，把发展援助和区域安全作为区域公共产品供给的重点领域，增强区域治理的议程设置能力、规则利用能力以及具体倡议的可操作性，在与亚洲邻国协调区域公共产品生产和消费过程中磨合生成新型权利与义务关系，提升新时代中国的地区领导力。

随着周边地区国际关系互动的多维化，在某种意义上一种新的国际公共产品形态——区域间公共产品得到发展。其中，中国、东盟等行为体都存在着类似实践，如"一带一路"、亚投行等合作机制分别涉及中国周边多个区域甚至其他大洲，在很大程度上符合区域间主义的界定。作为全球公共产品和区域公共产品之间的一种形态，区域间公共产品具有综合性、开放性、多元性、互惠性等特征，它能够在很大程度上避免全球公共产品供应中存在的"领导者缺失"和区域公共产品供应中存在的"区域壁垒"等问题，并对全球和区域公共产品的建构产生一定推动作用。区域间公共产品供应的有效性主要取决于供应者的能力与偏好，它需要在区域间制度与集体认同建设方面作出努力。② 对于中国而言，区域公共产品供给仍然是参与区域治理及拓展

---

① 朱芹：《朝鲜半岛区域公共产品：超越朝核与"萨德"的综合考量》，载《东北亚论坛》2017 年第 2 期，第 48－52 页。

② 郑先武：《区域间主义与国际公共产品供给》，载《复旦国际关系评论》2009 年第 1 期，第 85 页。

周边外交的基础路径，但在制度设计上也会出现一定的混合现象，即某些治理结构和规则制定方面的创新具有区域间公共产品的性质，以更好地实现各层次公共产品供给与需求之间的匹配。无论是区域公共产品供给还是区域间公共产品供给，在某种意义上都是对国际治理结构变化的主动回应，对于中国的路径选择而言并不冲突；其供给重点区域仍然是中国周边的亚洲地区，且主要有利于增强发展中国家和新兴国家的治理话语权。

第六章 区域公共产品供给与周边命运共同体

第一节 新时代中国周边外交与命运共同体的构建

在国际秩序变化以及全球治理体系变革的时代背景下，中国位居世界前列的综合国力、在国际体系中的角色变化、坚持走和平发展道路、中华优秀传统文化和马克思主义的思想资源以及为全球治理贡献方案的主观意愿，使得人类命运共同体最先由中国提出并不是偶然的。[①]"人类命运共同体"概念被正式写入党的十八大报告，其后中国领导人又对这一概念不断进行系统化阐述，并向国际社会更大范围推广。2015年9月，习近平主席在第七十届联合国大会一般性辩论会上提出"携手构建合作共赢新伙伴、同心打造人类命运共同体"倡议；2017年1月，习近平主席在联合国日内瓦总部发表了题为《共同构建人类命运共同体》的演讲。数年来，这一全球治理新主张的国际认同度不断提高——从联合国到主要发达国家，再到广大发展中国家，均对人类命运共同体思想给予正面回应，尤其是"一带一路"沿线国家构成中国推进人类命运共同体思想的重要抓手。[②] 人类命运共同体作为新时代的国际话语，旨在倡导构建共同繁荣的世界，推动国际经济秩序的变革；它倡导构建持久和平的世界，推动国际政治秩序的变革；它倡导构建开放包容的世界，

---

① 任洁：《人类命运共同体：全球治理的中国方案》，载《东南学术》2018年第1期，第10页。
② 黄永鹏、庞云丽：《人类命运共同体思想的外部反应分析》，载《社会科学》2018年第11期，第10页。

尊重人类文明的多样性，从而构建一种以增进人类整体福祉为依归的共同体话语权。① 党的十九大报告进一步提出"构建人类命运共同体，建设持久和平、普遍安全、共同繁荣、开放包容、清洁美丽的世界"，并指出了政治、安全、经济、文明、环境等具体建设路径。

构建人类命运共同体作为新时代中国特色大国外交的重要理论与实践，不但展现了大国在和平与发展方面应有的责任与担当，也为全球及区域治理特别是国际公共产品供给作出方向指引与原创性贡献，反映了中国领导人对国际关系整体认知的不断提升。它致力于建构具有"共同的人类身份"这一治理主体，赋予全球治理以正义内涵；它以正确义利观为指导原则，塑造世界各国共同发展与合作共赢新观念；它通过构建共商共建共享的治理格局，实现全球治理合作领域的不断扩展。由此，人类命运共同体思想已逐渐成为突破现行全球治理困境的重要理论原则，以及达成行动方案的实践指引。② 作为对国际体系发展走向具有关键影响的大国，中国从器物层面供给到规则制度设计再到理念创新，在越来越高的角色层次上向国际社会尤其是本地区提供公共产品，积极参与甚至倡导全球治理新规范。这为周边地区从利益共同体到命运共同体的演进提供了思想基础，有助于从根本上解决本地区国家间相互信任不足的问题。在某种意义上，该理念本身就是中国为世界提供的重要公共产品，它代表的是一种新型全球治理方案——在为全球化升级（也有学者称之为"再全球化"）提供引领的同时，也为新时代中国周边外交指明了努力的方向。③ 就以中国为代表的新兴国家对全球化进程的改革所引发的"再全球化"而言，新的阶段有以下特点：规则由各国共同制定，而非"赢者通吃"；它是对旧有全球化体系的改革、升级和扩容，而非"另起炉灶"；它将以包容、共享、协商、普惠、均衡的方式进行。当前中国以周边地区为主要对象的实践，如推进"一带一路"合作、亚投行运行等，反映了

---

① 刘勇、王怀信：《人类命运共同体：全球治理国际话语权变革的中国方案》，载《探索》2019年第2期，第32页。

② 赵义良、关孔文：《全球治理困境与"人类命运共同体"思想的时代价值》，载《中国特色社会主义研究》2019年第4期，第101页。

③ 王栋、曹德军：《"再全球化"视野下的中国角色——以全球公共产品供给为例》，载《中央社会主义学院学报》2017年第2期，第32页。

中国与世界在真正意义上的相互对话不断加深，所推动的新一轮全球化也将呈现出新兴国家与世界联动、边缘与中心联动的鲜明特点。①

一、新时代中国特色周边外交进入新境界

（一）以命运共同体为指向，中国周边外交理念不断升华

历史地看，中国与其周边国家的关系是从孤立的地区国际体系，逐渐融入全球性国际体系的；在这一走向世界、融入国际社会的过程中，中国自身的现代性与开放性不断增强。② 进入 21 世纪，在中国国内因素和国际体系因素（全球和地区）的共同作用下，中国与周边国家互动关系的新模式正在日益生成，从利益融合、制度整合向某种地区集体认同不断发展。中国正与外部世界形成一种全新的利益共享、前途共担的依存关系，当以自身的发展带动他国他族之发展，又以他国他族的发展为自己发展的机会，从而与外部世界形成一种互为机遇、互为动力、自利与利他相平衡的新型国际关系结构。③基于中国自身的国家属性，新时代中国外交的特色和风格与西方大国有着重大差异，它最彻底地摒弃了"零和博弈""赢者通吃"思维，为国际关系演进与国际秩序重构提供了不断系统化与可操作化的中国智慧与方案。

其中，命运共同体理念作为中国关于国际秩序的新构想，是中国特色大国外交的总目标，它为国际社会的未来图景提供了新选项。从和平共处到命运共同体的理念创新发展，既反映了中华人民共和国成立 70 年来外交话语与叙事方式的变迁，也反映了客观层面国际体系共生关系的不断优化。④ 人类命运共同体是以"人"为主体的共同体发展到经济全球化时代的表现形态，

---

① 王栋、曹德军：《再全球化：理解中国与世界互动的新视角》，社会科学文献出版社 2018 年版，第 1 - 3 页。

② 张小明：《中国与周边国家关系的历史演变：模式与过程》，载《国际政治研究》2006 年第 1 期，第 71 页。

③ 刘鸿武：《中国对外援助的逻辑与使命》，载《环球时报》2018 年 8 月 27 日，第 15 版。

④ 参见蔡亮：《共生国际体系的优化：从和平共处到命运共同体》，载《社会科学》2014 年第 9 期，第 22 页；陈向阳：《以"人类命运共同体"引领世界秩序重塑》，载《当代世界》2016 年第 5 期，第 18 页；梁颖、黄立群：《共生型国际秩序与命运共同体建设》，载《南洋问题研究》2017 年第 1 期，第 39 页。

它包含了相互依存的利益共同体、和而不同的价值共同体、共建共享的安全共同体、同舟共济的行动联合体等基本内涵，具有主体多元化、价值包容性、层次多样性、关系复杂性、结构变动性等时代特征。① 构建人类命运共同体，必然涉及如何推进全球治理体系变革以更有力地促进世界和平与发展问题。中国提出的思路是在共商共建共享基础上寻求创新完善，使全球治理体系更加平衡地反映大多数国家特别是新兴市场国家和发展中国家的意愿与利益，从而使各国都能成为全球发展的参与者、贡献者与受益者，一道破解全球权力转移过程中出现的国际公共产品供给难题。

从时空维度看，"命运共同体"构建涵盖不同的空间层次性和时间阶段性；与人类命运共同体的宏大目标相比，区域层面或具体类型的命运共同体在当下更具基础性、可操作性和优先性。周边地区是实践中国特色大国外交的重点与先行区域，中国一方面为地区发展提供更多公共产品，另一方面把地区合作、治理、文明关系等相关理念率先付诸实践。而周边外交作为建设人类命运共同体的基础性环节，应首先从共同发展、利益交融、安危与共的周边利益共同体构建入手，以积极承担地区责任为着力点，在区域、次区域乃至跨区域层面上倡导命运共同体建设。在 2013 年周边外交工作座谈会上，习近平主席以"命运共同体"定位新时期中国与周边国家的关系，提出"让命运共同体意识在周边国家落地生根"。这就需要紧紧围绕周边命运共同体建设，谋划新时代中国周边外交战略，提升自身对周边地区的影响力、感召力与塑造力，在各领域合作与相互依赖基础上构筑彼此更为紧密的精神联系，培育更高水平的区域认同。在这个意义上，中国与周边国家围绕着和平、发展、平等、开放、包容、和谐、团结、互助等凝聚价值认同，对于命运共同体的构建具有深远意义，有助于树立构建人类命运共同体的亚洲典范。具体来说，亚洲命运共同体的基本内涵包括：以共同发展为核心要义，以互信协作维护安全环境，以开放包容推进机制建设，以文化互鉴凝聚理念共识，以

---

① 郝立新、周康林：《构建人类命运共同体——全球治理的中国方案》，载《马克思主义与现实》2017 年第 6 期，第 1 页。

同舟共济强化感情纽带。① 这些新的规范与理念得到本地区国家越来越广泛的认同，为地区国际秩序的转型准备了知识与价值基础，显示了中国在地区集体认同方面的塑造力。其中，"命运共同体"与"亲诚惠容"理念是一个逻辑统一的整体，共同反映了中国周边外交目标从以维持周边稳定与经贸合作为主，到全面经营和塑造周边的境界升级。随着周边命运共同体的扎实和深入推进，中国周边外交将进一步贯彻和体现相互依存的权力观、合作共赢的利益观、可持续的发展观、同舟共济的治理观与包容互鉴的文明观。

（二）新时代中国周边外交在理念与实践层面相得益彰，促进周边关系良性发展

新时代中国特色大国外交是习近平外交思想的鲜明主题，其中有关周边外交的论述占有相当大的比例。2015 年 11 月，习近平主席在新加坡国立大学（NUS）的演讲中指出，中国始终将周边置于外交全局的首要位置，视促进周边和平、稳定、发展为己任，推动建设亚洲命运共同体。② 习近平主席的相关论述可归纳为时代观、共赢观、文明观、义利观、亚洲安全观、国家权益观六个方面；其中，时代观是基础，共赢观是核心，文明观、义利观和亚洲安全观则体现出不同层面的外交理念与价值追求，而寻求各国共同发展与坚定维护中国自身权益相统一的国家权益观是落脚点。在新时代中国周边外交系列理念中，构建周边命运共同体是中国周边外交的最高目标，"亲、诚、惠、容"是周边外交的理念精髓和最新总括，新型义利观在某种意义上是"惠"的发展，而走和平发展道路、坚守底线思维则是实现周边命运共同体的方式，这四者之间是紧密联系、有机统一的关系。③ 在实践层面，中国以周边命运共同体建设为理念引领，与周边国家共同维护地区和平稳定，深

---

① 刘振民：《坚持合作共赢携手打造亚洲命运共同体》，载《国际问题研究》2014 年第 2 期，第 1 - 2 页。

② 《习近平在新加坡国立大学的演讲》，2015 年 11 月 7 日，载 http://www.chinanews.com/gn/2015/11 - 07/7611412. shtml。

③ 参见于向东：《习近平中国周边外交理念的丰富内涵》，载《马克思主义与现实》2016 年第 2 期，第 185 页；陈瑞欣：《十八大以来中国周边外交理念与实践的新发展》，载《社会主义研究》2017 年第 2 期，第 134 页。

入对接各国发展战略，打造政治、安全、经济、文明、生态等领域的共同体。除通过全球多边渠道对包括周边国家在内的发展中国家（尤其是那些内陆国家、小岛国等）加大援助力度外，中国还通过与周边国家直接达成众多有利于合作共赢的机制与安排，涵盖了区域经济一体化及其他新型区域合作机制。

在周边各区域中，中国—东盟命运共同体建设具有突出的优先性和示范意义，它与"一带一路"建设存在战略交汇，二者是相辅相成、互为目标与路径的关系。与周边其他区域相比，中国与东盟国家的共同体建设在伙伴关系、安全格局、经济发展、文明交流、生态建设五个方面的推进较为平衡，建设基础和前景相对更好。作为某种意义上中国—东盟命运共同体框架下的先行试验区，建设面向和平与繁荣的澜湄国家命运共同体，有助于探索和创新区域公共产品供给模式，为更高层次的亚洲命运共同体、人类命运共同体建设积累经验和奠定基础。目前，中国设立澜湄合作专项基金支持与湄公河国家的中小型合作项目，并在北京成立澜湄水资源合作中心和环境合作中心。水问题通常属于区域性公共问题，中国与许多邻国"共饮一江水"且自身往往处在上游，应站在周边关系战略高度，通过与周边国家合作提供"水资源类区域公共产品"，以促进周边国际关系的良性互动。① 近年来，中国与东南亚、南亚等国家的跨界水资源问题已成为影响周边关系的一个重要因素，为此，有必要构建新形势下的中国周边"水外交"体系，以区域公共产品供给思路积极探索"水外交"实施的新路径，以有效化解与周边国家的跨界水资源争端。②

除东盟国家外，中国周边外交还应抓住其他重要战略支点，优先推进合作需求突出、政治意愿强烈、执行力较强、系统性风险较低的国别项目，与之率先实现联动发展、创新发展、可持续发展与共同发展。作为新时代周边外交的中心议题，构建中国与周边地区的发展共同体、安全共同体，可以为

---

① 李志斐：《水问题与国际关系：区域公共产品视角的分析》，载《外交评论》2013 年第 2 期，第 108 页。

② 参见许长新、孙洋洋：《基于"一带一路"战略视角的中国周边水外交》，载《世界经济与政治论坛》2016 年第 5 期，第 110 页；Carla P. Freeman, Dam diplomacy? China's New Neighbourhood Policy and Chinese Dam-building Companies. Water International, Vol. 42, Iss. 2, 2017, p. 187.

更高层次的周边命运共同体建设创造物质基础与安全保障。就实施路径而言，新时代中国周边外交通过提供更高水平的区域安全公共产品，使周边国家能够感受到中国给本地区带来的安全红利，从而在一定程度上降低对域外大国所提供的安全公共产品的依赖。安全问题主要属于高级政治领域，在传统的军事同盟机制之外探索符合本地区和平稳定需要的安全治理新方案，是中国周边外交积极作为、迎难而上的集中体现。为此，中国通过一系列双边、多边安全对话与合作机制促进形成新的地区安全结构，发挥新型国际关系、新安全观等理念的引领和规范作用，逐渐弱化现存国际关系中强权政治、零和博弈等因素对于地区安全的消极影响。

（三）地区多边外交取得长足发展，助推周边命运共同体建设

从中国与国际体系的关系视角看，中华人民共和国成立 70 年来，面向周边地区的多边外交从艰难起步、调整适应、积极参与进入目前的引领倡导阶段。尤其是"冷战"结束以来，经济发展导向、保持开放包容和注重改革完善规则，构成了中国周边多边外交的主要特点和经验。作为中国外交能力不断增强、外交理念不断与时俱进、外交制度改革与创新的重要标志，多边外交已不仅是传统双边外交的补充，而且上升为中国外交的核心内容与手段之一。一方面，多边外交活动有利于中国向国际社会尤其是周边国家阐明中国的战略意图与政策主张，推进新时代的周边外交议程，解决双边机制难以化解的难题。另一方面，当前中国周边多边外交仍面临着美国双边同盟体系与中国多边合作体系之间的张力、亚洲地区的竞争性多边主义、多边合作体系的领导权竞争以及缺乏代表性和包容性的地区安全机制等挑战。[①] 为此，中国积极推动周边命运共同体建设，推进区域多边机制的整合，并通过"一带一路"合作促进这一目标的实现。周边命运共同体与各区域既有的东盟共同体、东亚共同体、南亚共同体、中亚共同体、亚太共同体等建设进程并不矛盾，而是相向而行、相容共生的。

---

① 祁怀高：《新中国 70 年周边多边外交的历程、特点与挑战》，载《世界经济与政治》2019 年第 6 期，第 43 页。

在实然层面，中国周边外交应寻求自身倡导的多边合作（制度）体系与美国主导的双边同盟体系之间的兼容共存，尽可能弱化后者对于共同体建设的消极影响；并与其他相关方探讨东盟机制下的多元领导模式，在亚太主要力量之间建立某种权力分享机制，特别是以亚信为基础框架推动构建未来亚洲地区安全机制。从内在构成维度看，周边命运共同体是一个包含发展共同体、安全共同体、社会文化共同体与价值共同体的多元复合结构。相应地，新时代周边外交工作秉持立体、多元、跨时空的视角，除重视政府间的互动关系外，比以往加大了公共外交和人文交流的力度，做到官民并举、多元行为主体协同参与；尤其是通过外交工作的重心下移使周边命运共同体的社会基础得到培育，同时这种社会性交往也进一步塑造了中国在本地区可亲近、可信赖的国家形象。一般而言，一个有凝聚力的共同体需要建立在共同价值观念及成员间密切关系网络的基础之上，以及基于共享或互补的利益维系。针对周边地区的多样性现实，新时代中国外交以包容、亲和、利他、负责任、讲公心的态度践行地区多边主义，主动创造有利于开放合作和公平正义的新型机制、观念等区域公共产品，开启和引领新阶段的区域一体化进程。

二、周边外交推动命运共同体构建

（一）围绕周边命运共同体构建，促进地区秩序转型

如前所述，历史上中国与周边曾经建立起较为稳定的关系结构与秩序，但至近代这种传统的关系与秩序崩塌。中华人民共和国成立后开始逐步重建周边关系与秩序，但受制于各种因素，以周边为基础的区域观并没有确立起来。改革开放后特别是"冷战"结束以来，中国采取新的措施逐步与周边国家实现关系正常化，彼此形成愈益密切的经济关系。利用自身不断提升的实力和影响力，中国推动地区关系向良性合作的方向发展，并在调整中构建新的地区发展和安全秩序。中国构建秩序的目的不是获取霸权或建立自己的势力范围，而是营造一个稳定、和平、合作、发展的地缘区域综合环境，发展新型周边关系。由此，中国的周边区域观开始回归，命运共同体成为中国构

建新周边关系与秩序的重要载体。[①] 自构建人类命运共同体思想提出以来，周边国家及区域组织、各国精英普遍予以正面回应，认为该思想对于塑造地区及国际秩序、推动区域及全球治理具有重要作用。但也有一些国家及其人士对此存在误解或偏见，新孤立主义、"中国威胁论"及其新变体、逆全球化思潮等都对人类命运共同体构建构成现实挑战。[②] 为了推动中国这一全球治理主张获得更普遍的国际认同，新时代中国特色周边外交通过主动提供区域公共产品，与周边国家共筑利益、责任和命运共同体，塑造高层次的地区认同，由区域治理向全球治理不断扩展、相互促进，在强化自身和平发展道路选择的同时，进一步释放出中国和平发展的地区红利。

中国周边外交着眼于与周边各国利益的高度融合，围绕着周边命运共同体的共建共享而相互激励，提升周边伙伴关系网络的合作新境界。在这一内涵及形态不断进化的过程中，中国周边外交的治理功能日益凸显，制度主义取向显著加强，规范能力得到质的提升。从外交能力构成来看，中国周边外交除了首先有赖于自身不断增长的实力资源这一基础性因素外，其制度参与与创设能力（涉及地区层面的利益与权力分配规则）、道义感召能力（涉及地区认同与合法性来源）也取得了前所未有的发展，后二者更多地属于软实力范畴。而构建人类命运共同体理论将引领国际软实力格局重构，为中国成为全球性大国提供软实力支撑。正如泰国前副总理素拉杰所言，"亚洲命运共同体不仅仅是个概念，更是一种哲学。它提醒我们亚洲人，我们曾经多么的分裂，被各种战争、各种制度、各种分歧所分裂，而今天，命运共同体这个具有哲学高度的概念唤起亚洲人的共鸣，亚洲应该迈向一个新的未来"。[③] 中国正通过积极主动的周边外交，推动构建亚洲等不同层次的区域命运共同体，并从周边开始向更广阔的地区辐射，为建立人类命运共同体先试先行。

---

① 张蕴岭：《中国的周边区域观回归与新秩序构建》，载《世界经济与政治》2015 年第 1 期，第 5 页。

② 参见黄永鹏、庞云丽：《人类命运共同体思想的外部反应分析》，载《社会科学》2018 年第 11 期，第 10 页；高望来：《国外精英对人类命运共同体理念的认知评析》，载《当代世界与社会主义》2019 年第 3 期，第 108 页。

③ 李颖、陈家宝：《专访：迈向命运共同体这一共同未来——访泰国前副总理素拉杰》，2015 年 3 月 27 日，载 http://www.xinhuanet.com/world/2015-03/27/c_1114787888.htm。

从人类命运共同体的阶段性进程来看，目前中国周边外交所大力推动的周边及区域共同体，其治理特征总体呈现为组织架构由非正式化向正式化方向发展、议题由单一化向多元化方向发展、治理模式由约束力较弱向更具执行力方向发展（见表6－1）。① 在当前全球及区域治理缺乏新动力、各方利益主张难以协调以及国际公共产品供给出现危机的背景下，中国倡导周边命运共同体建设可谓恰逢其时——它以新型国际制度、规则为治理之维，恰当设置治理议程与合作主题，最大限度地凝聚本地区发展中国家与发达国家、不同类型发展中国家之间的发展与繁荣共识，整合各方有利于区域发展与治理的力量及资源。其中，中国强调互联互通的外交模式对于地区国际关系具有突出的整合价值，如在制度供给过剩的东南亚区域，中国在尊重区域内现有制度的前提下，通过推动包括基础设施在内的多方面互联互通，不断调适中国崛起与周边国家之间的政治生态平衡，重在积累相互信任与社会资本，最终致力于构建地区命运共同体。②

表6－1　人类命运共同体阶段性治理特征

形态	成员范围	成员性质	组织程度、成员国间关系	议题
周边共同体	周边及"一带一路"国家	发展中国家为主，同质性较强	成员国间有一定竞争性，非正式合作机制与松散型治理为主	经贸合作为主，兼及其他领域，提供周边公共产品
区域或多边共同体	亚洲及相关域外大国	异质性	非正式合作与正式机制并重，初步奠定多领域跨国统筹治理的正式化组织基础	灵活纳入新议题，提供区域公共产品
人类命运共同体	全球范围	异质性	组织化程度较高，成员间关系紧密	综合性议题

---

① 参见季剑军：《全球或区域治理模式比较及对推动人类命运共同体建设的启示》，载《经济纵横》2017 年第 11 期，第 30 页。

② 赵可金、翟大宇：《互联互通与外交关系——一项基于生态制度理论的中国外交研究》，载《世界经济与政治》2018 年第 9 期，第 88 页。

（二）增强周边外交的感召力，夯实命运共同体的基础

在道义上更具感召力，是新时代中国特色大国外交的新要素与鲜明写照。在实践创新层面，中国特色大国外交以构建命运共同体为目标指引，在维护和拓展国家利益基础上与周边各国积极践行合作共赢的地区发展观、邻里观、安全观、秩序观与治理观。新时代中国外交进行了丰富的国际规范倡议和创新，不断向国际社会贡献新的价值、理念和模式；这些在构成中国崛起和复兴的合法性与正当性基础的同时，也是中国向国际社会贡献和平发展力量的重要内容。[1] 具体来看，新时代中国周边外交在行动开展、机制设计与理念倡导等方面均衡推进，推动构建周边及人类命运共同体更是把周边外交所蕴含的制度优势与道义高地提升至一个新的境界。在某种意义上，周边命运共同体是新时期中国"亲诚惠容"周边理念的自然延伸；其中，价值认同是核心，发展是关键，安全是保障，社会文化交流是基础，应从这四个方面入手构建中国与周边的命运共同体。[2] 由此，中国周边外交话语不断创新，话语体系更趋完善，国际认可度日渐提升，亲和力与感召力显著增强。尤其是通过"一带一路"合作的推进，让周边国家充分了解中国构建命运共同体的真诚意愿与战略部署，中国对于本地区国家的利益协调与整合能力日益得到提升。

其中，正确义利观也适用于调整中国与周边发展中国家的关系，它主张"义利相兼、义重于利"，集中体现了中国外交对于"天下大同"的世界追求。发展中国家是中国在崛起过程中争取国际支持的主要对象，中国与周边国家之间的新型"南南合作"具有示范意义。中国对亚洲最不发达国家、太平洋岛国的援助达到一个新的水平，共同发展成为推动周边命运共同体构建的基本思路。以构建地区命运共同体为目标，以变革区域治理体系、构建公平正义的地区新秩序为途径，中国把自身发展与周边地区的发展紧密联系起来。总之，新时代中国特色外交战略在外交实践中运用统一战线策略，牢牢

---

[1] 尹继武：《中国的国际规范创新：内涵、特性与问题分析》，载《人民论坛·学术前沿》2019 年第 2 期，第 74 页。

[2] 许利平等：《中国与周边命运共同体：构建与路径》，社会科学文献出版社 2016 年版，第1 页。

把握国际大团结大联合的主题，坚持一致性和多样性相统一以及既联合又斗争的原则，在照顾伙伴国利益的同时，通过对话协商与和平谈判解决矛盾分歧。① 未来中国将长期坚持发展中国家一员定位，充分发挥亚洲及其他地区发展中国家在构建人类命运共同体中的主体作用，结成争取世界和平发展的新时代最广泛的国际统一战线。

第二节　中国区域公共产品供给迈入新阶段

中华人民共和国成立 70 年来，自身角色从国际公共产品的一般消费者转变为重要供给者，中国外交的全球贡献度日益显现，具有自身特色的国际公共产品供应模式逐渐形成。尤其是随着 21 世纪自身实力的持续提升，中国周边外交面临着迫切的转型升级压力。从内在机制来看，在更高水平上供应国际公共产品，是改革开放以来中国与国际体系互动进入一个新阶段后，基于自身新的角色定位所作出的战略选择。在当前全球治理结构变迁的重要转折时期，中国以改革传统国际机制、引导创设新合作模式等多样化渠道参与国际秩序建构，并着眼更加长远和机制化的角度提供公共产品，以应对各种不确定性挑战。可以说，新时代中国已从地区秩序的参与者向创建者、主导者转变，业已成为国际秩序演变的关键力量。尤其是中国通过一系列新型区域公共产品的创制，实现了体系外的增量发展，为弥补既有区域公共产品的结构缺陷、完善亚洲区域公共产品体系作出了重要贡献，已成为相关合作事实上的核心国家。但是，美国特朗普政府却在国际公共产品供给上出现倒退，作为主要传统公共产品供应国的供给动力相对减弱，致使全球公共产品供给体系的未来前景存在较大的不确定性。

客观上，中国在全球公共产品供给方面尚受制于自身实力、实践能力以及相关国际结构，重点在区域、次区域范围发起和供给区域公共产品，自然

---

① 张沛霖：《习近平新时代中国特色外交战略中的统一战线思想初探》，载《上海市社会主义学院学报》2019 年第 2 期，第 2 页。

成为中国这一新兴供给者的现实选择。作为区域及全球治理的关键补位者，首先在区域公共产品供给层面历练并提高自身的协调、创制等能力与素质，是中国成为全球公共产品供给大国的战略基础。任何一个国家在成为世界领导者之前必须先成为地区领导者，这符合国际关系的一般规律；在区域层面承担起更多的公共产品供给责任，是中国现阶段的理性战略选择。依据未来中国供给能力与意愿的同步提升的前景，近期中国应重点孵化与升级"一带一路"建设、防灾预警体系合作机制等区域公共产品成果，具体举措如集中精力经营好周边，更好地对接区域公共产品创设与全球治理，以及维护区域稳定与和平，努力发挥弥合分歧、劝和促谈的建设性作用。在夯实区域公共产品的供给基础后，中远期目标才会更多地涉及全球公共产品的规划设计与生产。从公共产品的类型来看，短期应重点供给发展类公共产品，中期应加大创设制度类公共产品以增加自身的全球影响力，远期则侧重全球价值引领，积极贡献价值类公共产品。①

一、区域公共产品供给奠定负责任大国根基

（一）提供区域公共产品是负责任大国的应有之义

"百尺竿头，更进一步"。进入新时代，中国特色的外交战略不断创新；特别是在全球化停滞不前、西方国家挤压中国战略空间、挑战中国国家利益等问题面前，中国着力通过周边外交战略及政策创新寻求突破。着眼于新时代中国周边外交的一系列新理念、新思路、新战略，为本地区及世界提供更多优质国际公共产品，尤其是把更多的中国方案上升为国际公共产品，从而推动实力资源向国际权力的现实转化，既是负责任大国成长的内在要求，也是中国国际领导力提升的集中体现。协调推进发展和安全等领域的区域公共产品供给，是新时代中国践行地区责任的创新方式。在某种意义上，崛起国的成功在于其政治领导力强于现行主导国；继续深化改革、扩大开放，是中

---

① 曹德军：《论全球公共产品的中国供给模式》，载《战略决策研究》2019 年第 3 期，第 23 － 24 页。

国成功构建国际领导力的基础路径。① 在当前单边主义、贸易保护主义严重破坏全球机制与国际稳定的背景下，以中国为代表的新兴大国坚持开放包容、互信合作，成为全球化与区域一体化的重要推动者，在各方互动博弈中扮演着维护国际秩序与国际体系的稳定器作用。大国对于维护国际稳定、促进世界发展负有特殊责任，基于自身的成长规律，中国在全球治理中不会出现责任缺位，无论在逻辑上还是事实上它都有足够动力为之提供国际公共产品。而国家身份是关于国家独特性的表述，它在该国与其他国家的互动中形成和变迁，能够决定国家所要实现的根本任务并塑造其对外行为。对于当今中国而言，构建自身负责任大国的国际角色，仍需在国内、周边与全球三个层次作出努力，即加强国内改革与发展、积极推动周边命运共同体建设以及促进全球治理更加公正合理；而周边发展中国家是中国履行大国责任的重点区域和对象，中国首先要坚定维护和发展本地区的利益。② 由此观之，国际责任既是国际社会对于中国的外部期待和要求，也是中国进入新的发展阶段并深度融入现存国际体系所产生的自身需求。基于这种国际期待与自我认知的共同作用，当前中国把自己定位为国际秩序的维护者和建设者，对于世界和平稳定以及共同发展与繁荣主动承担起越来越大的责任，其守信、道义、奉献、平等和平衡等行为特征在周边与全球层次上都有着突出体现。③

在全球化新时代，提供更多国际公共产品是中国承担国际责任的主要路径和表现之一。改革开放以来中国负责任大国外交理念不断创新发展，它秉持独立自主、对外开放、合作共赢的基本原则，体现了既要对中国人民的生活福祉负责，也要对国际社会的和平与发展负责的平衡统筹取向。纵向来看，基于自身实力及国际形势变迁，中国外交所追求的目标越来越高，所负担的

---

① 阎学通：《世界权力的转移——政治领导与战略竞争》，北京大学出版社 2015 年版，第 4 页。
② 陈翔：《负责任大国：中国的新身份定位》，载《世界经济与政治论坛》2016 年第 6 期，第 33 页。
③ 参见程国花：《负责任大国：世界的期待与中国认知》，载《社会主义研究》2018 年第 6 期，第 123 页；邵峰：《上合组织和七国集团峰会：比较视野下的中国负责任大国担当》，载《当代世界》2018 年第 7 期，第 8 页。

国际责任越来越多，在国际社会的影响也越来越大。① 就一国对国际社会的贡献来说，确立相关的国际公共产品供给战略是构建负责任大国的必由之路。中国承担国际责任的重心应首先放在地区层面，而最优方式是诉诸地区多边主义。为此，中国致力于国际公共产品供给的理念创新和实践创新，构建包容性、合作式、共赢式的国际公共产品供给机制，通过建立开放有序的体系来管理经济、安全和生态上日益加深的依存关系，这符合中国与本地区其他国家共同的根本利益。就中国而言，着眼于 21 世纪中叶建成综合国力和国际影响力领先的国家这一长期目标，自身国际公共产品供给能力的发展与提升状况，是衡量大国成长水平的重要维度。通过相关国际公共产品供给体系的有效构建，一方面可以表明中国的和平发展对于国际社会而言并不意味着异质性的崛起，另一方面自身也可从中获取一定经济及其他收益，包括塑造良好的国际形象、树立负责任大国的国际声望等。比较而言，大国在资金、技术和应对经验等方面具有明显优势，其积极参与是维系国际公共产品供应充足的基本条件之一；但任何一个大国的公共产品供给能力也是有限的，为此开创多元的融资平台和渠道，是保障公共产品有效供应的另一基本条件。②

进一步看，中国可持续地提供高质量的区域公共产品，除了有赖于自身综合国力的稳步上升外，还需诉诸与周边国家（作为公共产品消费者）之间的正向互动，使相关公共产品的正当性、适用性得到彼此充分的认可；否则，可能会在实践中造成公共产品的无效供给。在某种意义上，国际公共产品供给行动能够为中国在区域及全球治理机制中获取更大权利提供更充分的合法性论证——它表明中国奉行的是建设性的区域政策及行为模式，绝非某些西方国家政客所指责的"侵略性行为模式"。面对域内外其他国际公共产品供给者的竞争，中国主动承担起促进区域国家减贫、应对气候变化、开展人道主义救援、维护区域安全稳定等方面的国际责任，从而为本地区创造更多公益与福祉。这种与其他大国之间的竞争总体上是良性的，彼此应视为"负责任的利益攸关方"，而不是以单纯的竞争对手甚至敌人的关系定位来看待对

---

① 宋伟、齐桐董：《改革开放以来中国负责任大国外交理念的创新发展》，载《社会科学》2018 年第 9 期，第 22 页。

② 任琳：《中国全球治理观：时代背景与挑战》，载《当代世界》2018 年第 4 期，第 48 页。

方的区域公共产品供给政策及行为。反映在观念层面上，中国通过发展新型的区域公共产品供需关系，着力消除周边一些国家对中国和平发展方针的误读。改革开放以来，中国外交话语经历了从以关注国内、韬光养晦为重点，到以内为主、有所作为，再到今天内外兼顾、奋发有为的变迁，国际公共产品供给状况是这一过程主要的考量维度之一。

（二）优化区域公共产品供给结构，促进周边新型合作

和平主义是中华人民共和国外交的内在本质，为此它始终把自身发展寓于亚太地区乃至整个世界的和平与发展之中。着眼于世界维度下的中国本位，改革开放以来中国对自身"社会主义国家""发展中国家""东方文明大国""负责任大国"等多重国际角色的认知不断深化，在不同领导人时期的和平外交经历了从"以发展促进和维护和平""以合作促和平"到"以共治促和平"的传承和发展。① 这体现在新时代中国周边外交上则是更加奋发有为，向区域治理领域供给了诸多新型公共产品，从供给意愿、供给能力到供给制度实现了有机统一，从而成为地区和平与发展的重要建设者与贡献者。这些供给举措既包括对传统发展类公共产品、规则类公共产品、价值类公共产品与安全类公共产品进行升级，更包括自主创设新平台、新机制。② 通过主动提供各类区域公共产品，中国引导周边地区的贸易、金融、能源、环境及安全治理有序开展，争取在条件成熟时超越既有的功能性合作向更具综合性的治理共同体方向发展。在某种意义上，区域公共产品是共同体建设所需功能的载体和形态，而功能则是产品的效用和目的。近年来，中国在以基础设施互联互通为代表的发展类公共产品供给方面成就最为显著，而以新型区域金融机制为代表的规则类公共产品供给也已取得了很大进展。比较而言，价值类公共产品的供给难度最高，在某种意义上能够代表一个国家国际公共产品供给的最高水平。目前从人类命运共同体理念的普遍认可度来看，中国为本地区和国际社会提供价值类公共产品的能力也达到了一个新高度。

---

① 冯开甫、王维：《从外交话语看改革开放 40 年的中国和平外交——基于改革开放 40 年来历次全国党代会报告的文本分析》，载《渤海大学学报》（哲学社会科学版）2019 年第 4 期，第 46 页。

② 许晋铭：《全球公共产品供给的理论深意》，2018 年 9 月 18 日，载 http：//www.cssn.cn/xspj/gjsy/201809/t20180918_4562811.shtml。

　　就其内在机制而言，中国与周边国家在生产、供给和消费区域公共产品的过程中，逐渐生成某种区域认同。随着中国周边外交的转型升级，通过区域公共产品的有效供给，有助于破解所面临的安全等领域的合作困境，弱化某些区域方向上政治与安全问题对经济发展的消极影响，使之成为优化周边环境的重要动力机制。从公共产品角度来看，当前周边地区及国家存在的问题主要是由国际公共产品供给不足、国内公共产品供给不足引发负外部性以及各层次公共产品供给错配等原因所造成的。其中，国际公共产品供给不足主要由于霸权和国际机制的供给缺陷所致，国内公共产品供给不足主要由于国家政体与国情不相契合所致，而各层次公共产品供给错配的原因在于未能对其适用目标加以区分。鉴于此，加强政体与国情契合度、借鉴国内公共产品供给经验，可分别有助于提升国内和国际公共产品供给能力；而恰当应用匹配性和辅助性原则，明确各层次公共产品的组合，进而利用各层次公共产品之间的互补与竞争关系，则能够加强多层公共产品的供给能力和供给效率。①

　　当前，中国周边外交政策日益成熟完善，对周边环境的调适能力显著上升。尽管周边关系的发展仍然在很大程度上受到大国关系的制约，但其主体性在不断增强。中国与世界的关系是一个带有全局性、战略性、长期性和复杂性的互动复合型问题，② 就局部意义上中国与周边国家互动方式的变化来看，在过去数十年里由于区域影响力相对缺乏，中国将主要精力放在发展与域内国家的双边关系上。双边交往曾经是中国周边外交的优先选项，也是中国扩展周边影响力的主要方式。而如今更加自信的中国越来越重视多边交往，并实现了从双边为主、多边为辅到双多边并重的互动模式。作为这一互动模式变化的结果，就是中国显著提升了其为周边区域提供公共产品以及推进区域合作的能力和意愿，更加注重从整体层面推进其地区影响力。③ 基于这一

　　① 查晓刚、周铮：《多层公共产品有效供给的方式和原则》，载《国际展望》2014 年第 5 期，第 96 页。

　　② 刑广程：《中国周边国际环境的新挑战和外交政策的调整》，载《新疆师范大学学报》（哲学社会科学版）2013 年第 1 期，第 27 页。

　　③ 彭念：《区域合作主导中国周边外交》，2018 年 1 月 18 日，载 http://www.zaobao.com/forum/expert/peng-nian/story20180118-827974。

认识，中国周边外交将在区域合作的轨道上继续稳健前行，区域合作也将成为中国周边外交稳步推进的主要动力机制。随着区域合作在中国周边外交中的地位逐步上升，中国与周边国家的合作也越来越均衡，本地区逐渐形成以中国为中心，以俄、日、韩、东盟等为支撑的广泛合作格局。[①] 中国与周边国家之间形成的这一地缘合作关系，充分体现了中国所倡导的开放、融通、互利、共赢的合作观，以及创新、协调、共享的发展观与共商、共建、共享的治理观。

中国的周边相关政策顺应了合作与相互依存因素不断加深这一趋势，这些政策与近代流行于西方的社会达尔文主义、现实主义的外交政策有着本质不同，而是基于中国的传统与现实思想资源，以地缘经济合作为切入点推动地缘政治正向发展。与此同时，中国越来越深入地参与区域公共产品供应并不断拓展其内涵，自身特色日渐形成——这包括在理念上中国欢迎周边发展中国家免费搭车，但避免强制搭车；在目标上促进后者的可持续发展，寻求实现共同发展，避免一味的单方施惠和造成结构性的不平衡依赖；在机制上着力培育多双边合作制度的稳定性，降低周边国家所持的不确定性预期，最大限度地消除后者决策中的机会主义倾向。

二、区域公共产品供给完善中国周边战略

（一）把区域公共产品供给政策纳入中国新周边战略

就其本质而言，区域公共产品的生产与再生产往往有赖于某种权威性地区力量的存在，以及诉诸共识与非对称性合作而得以实现。基于周边区域的公共需求而生产和供给公共产品，是提升新形势下中国周边外交有效性的重要路径。在理念层面上，公共产品思维也意味着改革开放以来中国周边外交政策越来越成熟和理性。就策略意义而言，中国在区域公共产品供给中需要进一步凝练和发挥自身的比较优势，凸显自身不可替代的优质供给者角色。根据地区需求的轻重缓急，中国可以对不同公共产品供给领域作出优先性考量。其中，发展类与安全类公共产品通常涉及国际社会基本生存方面的刚性

---

① 陈小强等：《中国及其周边国家间地缘关系解析》，载《地理学报》2019 年第 8 期，第 1534 页。

需求，应当予以优先安排供给；而规则类与价值类公共产品属于较高层次的需求，可以在内外部条件成熟时后续供给。当然，有些区域公共产品具有综合性与跨界性。例如，目前中国着重为周边地区提供开放的贸易市场和稳定的区域货币金融秩序，为周边国家在美国市场和美元之外提供了一定程度的替代性选择，便兼具发展类与规则类等公共产品属性。尽管以美元为主导的贸易支付体系大大方便了国际贸易，但在美国的金融霸权下，美元经常被作为一种政治博弈工具来使用。而人民币国际化和亚洲化并成为主导性区域货币，有利于本地区国家抵御外部冲击、实现更高程度的金融安全。

从最高境界的价值类或观念类公共产品生产与供给来看，中国作为成长中的大国仍需要内外兼修，不断促进国内善治经验的升华与外化，使区域公共产品供应与国内制度化建设相互协调、相互促进，从而实现从国内到区域层次的观念或价值投射。从世界范围内可资借鉴的经验来看，中国尤其需要在整合内外部资源的基础上，加强自身"研发"国际公共产品的能力，实现国内治理与国际治理之间的逻辑统一。由此，区域公共产品的生产与供给被纳入国家总体的公共产品体系建设之中，从而实现区域公共产品创建与国内改革开放深入推进之间的相互促进、相得益彰。

在当代亚洲区域经济一体化进程中，能够成为真正主导者的关键在于区域公共产品供给。在亚太地区，美国、日本等其他大国在区域公共产品供给方面拥有较成熟的经验。过去很长一段时期，包括中国在内的域内国家都曾经受益于美国等传统大国所提供的区域公共产品（特别是区域内的一系列合作机制）。但随着这些大国在亚太地区影响力相对衰退，中国提供区域公共产品的必要性与可能性上升。中国的战略选择是将自身发展寓于地区与全球发展之中，在同本地区各国的良性互动中实现大国成长，通过区域公共产品供需合作把相关方聚合在一起。在这一过程中中国不会选择战略透支，对于国际社会某些予取予求不会一概接受，而是从自身实际国情出发量力而行，承担不超出承受能力、适合自身发展水平的国际义务。而加强与域内外相关国家在供给侧的合作，从长远来看有助于实现各方成本与收益之间的大致平衡。

基于自身的角色定位与本地区复杂的力量博弈格局，为实现更高水平的公共产品区域联合供给创造条件，应当成为当前中国周边外交的重要任务。这一集体行动的达成要具体解决"由谁组织"和"如何组织"两个核心问题，并通过国家间的策略互动来实现区域公共产品的自主供给。随着当今国际体系转型加速以及中国由"富起来"到"强起来"的不断发展，中国的区域公共产品供给能力也在不断提升——这表现在其内涵逐渐从单一向全面发展，供给机制日益完善，供给响应速度加快，供给效率提高，对战略成本与战略回报的衡量模式日益优化，从而在更高程度上满足周边国家和地区的期待。未来周边地区将成为中国特色国际公共产品供给的重点和示范地区，在供给实践中相关战略理念、政策体系、机制体制等将不断得到检验和完善，为构建中国与周边命运共同体提供重要支撑。

（二）以积极的区域公共产品供给政策，化解周边战略压力

在对周边战略与政策的制定与调整过程中，中国需要立足于自身的主体性，进一步明确向外拓展的目标方向，并保持政策连续性与灵活性的统一。归根结底，被纳入战略与政策层面的区域公共产品供给行动所折射出的国际领导力，有赖于供应国的内部制度韧性及其变革创新能力。具体来说，一个国家在经济、政治、文化、社会、生态等领域的可持续与均衡发展，以及相应发展模式的国际认可度与吸引力，对于该国成为一个稳健可靠、感召力强的区域公共产品供应者具有根本性意义。新时代中国确立了经济建设、政治建设、文化建设、社会建设和生态文明建设"五位一体"总体布局，并通过全面深化改革、落实以人民为中心的发展而实现统筹推进，它为人类探索更加美好的社会制度提供了中国方案。[①] 其中，经济建设具有基础性意义。随着近年来中国国内经济结构的调整，消费在经济增长中的拉动作用进一步上升，中国作为本地区其他经济体最终产品市场的重要性也将进一步突出。在汽车等许多品类中，中国都是全球第一大市场，消费额约占全球消费总额的30%。截至2018年1月，中国已成为16个亚洲国家最大的贸易伙伴；2018

---

① 参见唐洲雁：《统筹推进"五位一体"总体布局的由来和发展》，载《学术界》2016年第11期，第5页；赵中源：《"五位一体"总体布局的世界意义》，载《中国高等教育》2018年第19期，第24页。

年 8 月，中国进一步成为"一带一路"沿线 25 个国家最大的贸易伙伴。自 2018 年 11 月起，中国国际进口博览会的年度定期举行，则表明了中国通过扩大进口向周边地区及国际社会提供贸易类公共产品的思路。

在改革开放 40 余年成就的基础上，中国开创了以包容性、开放性和参与性为鲜明特征的区域和国际发展模式，这深刻影响了国际关系结构的变动尤其是大国权力的转移。当前，以美国为首的域外大国对中国周边地区的积极介入已经成为一种常态化的趋势，它们对中国国际领导力的快速上升抱有复杂的心态。在如何应对中国崛起的战略选择上，周边国家也因战略自主性不同而呈现明显的差异性。鉴于此，中国需要进一步细化周边外交的政策选项，对接周边国家的个性化需求，进一步强化崛起的正当性；尤其是通过提升自身的区域治理能力，开拓周边外交新格局，更好地维系和延续中国战略机遇期。[①]

与经济领域相比，政治安全领域的公共产品供给形势更加复杂，相关外交布局和运作所面临的挑战也更大，与周边国家良好的经济关系，很难迅速转化为政治上的支持与默契。"以经促政"的固有思路和实践，通常反映的是新功能主义所主张的经济合作能够外溢到政治安全领域的逻辑。但近年来的周边外交实践表明，相关地区合作机制的功能性有时会被工具性需要所取代，政治层面的短板无法单纯靠经济弥补，经济合作的效果也很难外溢到政治安全的核心领域中去。由此"以经促政"的战略运用空间受到限制，它至多能够实现政治安全问题上的"守成"，而无法促成那些棘手的政治安全问题实现有利于中国的根本进展。这就造成了目前中国对安全类区域公共产品的供给相对薄弱，当然这也在一定程度上与安全议题的敏感性和中国的发展战略有关。未来在中国周边外交中，需要进一步实现经济与安全等不同领域区域公共产品供给的平衡，使"富起来""强起来"的中国真正能够产生更高的区域认同效应。基于此，一方面"强起来"的新时代中国对外开放视野

---

① 陈小鼎、王翠梅：《周边国家应对中国崛起的战略选择：一种基于制衡能力和制衡意愿的解释》，载《当代亚太》2019 年第 1 期，第 56 页。

更加开阔，对外交往活力显著增强；① 另一方面，新时代中国需要向国际社会尤其是周边地区进一步展示其文明进步、和平可亲、值得信赖的形象，并通过积极的区域公共产品供给政策来强化这一点。

（三）着眼于周边地区秩序重塑，以区域公共产品供给促进与外部环境的正向互动

总的来看，国际公共产品供给在很大程度上反映了中国受益于并进而反哺国际体系的建设性、增益性、彼此包容合作的关系。尽管既有国际体系存在不完善之处，但中国的崛起仍然得益于这一体系。中国以前所未有的广度与深度融入国际体系，积极参与和加入相关国际机制和国际组织——迄今几乎参加了所有普遍性政府间国际组织，共加入了五百多项国际公约，成为国际发展合作的促进者和践行者；此外，中国还主动提供"一带一路"倡议、亚洲基础设施投资银行等国际公共产品，优化现有全球治理体系，为国际体系探索新的规则与方向。② 另一方面，现有国际体系不但没有因中国的加入而受损，反而因中国的融入而更具代表性、合法性和权威性，并朝着更加合理、进步的方向演变。由此观之，中国与现有国际体系与国际秩序的关系并非对抗性的，而是合作互惠、相互塑造的。不仅如此，全球化更是将中国自身利益与国际社会的共同利益更紧密地联系在一起，中国也将更加开放包容，并致力于通过构建人类命运共同体把自身与国际社会更深度地融合起来。③基于中国与国际体系之间在实践中形成的相互影响的双向社会化关系，无论是在国际层面上还是在区域层面上，中国同样努力维护有关机制和条约的有效性与公正性，从而促进了中国与国际体系共有知识和共有身份的形成。④在周边地区，以上合组织、亚信会议、"一带一路"倡议等为主要平台，中国的区域多边机制外交空前活跃，成为促进亚洲区域一体化内涵发展的关键

① 参见高程：《周边环境变动对中国崛起的挑战》，载《国际问题研究》2013 年第 5 期，第 33 页；王炳林：《共和国成长之道——为什么能够实现从站起来、富起来到强起来的伟大飞跃》，载《当代世界与社会主义》2019 年第 3 期，第 39 页。

② 朱喆、韩珍珍：《优化全球治理提供中国方案》，载《光明日报》2018 年 12 月 8 日，第 8 版。

③ 阮宗泽：《如何打破中美关系的玻璃天花板》，载《光明日报》2019 年 6 月 20 日，第 15 版。

④ 朱立群：《中国与国际体系：双向社会化的实践逻辑》，载《外交评论》2012 年第 1 期，第 13 页。

力量。可见，以学习、遵约与创制为行为特征的中国是现有国际体系的利益攸关方，而绝非"颠覆者"或"破坏者"，中国在拓展自身正当利益的过程中并不寻求排除域内外其他国家的既得利益。

基于此，未来中国仍需紧紧着眼于周边地区这一重塑稳定、合理国际秩序的优先方向，通过制定和实施更有针对性的区域公共产品供给政策，经略好中华民族伟大复兴所赖以实现的战略周边环境。一般地，权力与利益关系是国家间互动的基础动能；域内外大国基于权力考量而积极介入中国周边，客观上造成了中国与美国、日本、印度等其他大国在这一地区存在权力竞争的一面，这对构建稳定、友好、互利合作的周边关系具有制约作用。在国际上越来越流行的"印太"语境下，[①] 中国与周边地区及相关国家在地区秩序走向方面的分歧以及在政治制度、社会形态等方面的观念差异，是影响中国周边关系的深层次因素。这在很大程度上导致了前述中国区域公共产品供给中存在的政治安全"短板"，为了化解这一困境，中国的周边外交政策需要在实力、利益、道义三者之间进一步实现平衡。其中，利益是周边中小国家的主要关切，中国在发展与它们的关系时需要明确问题导向，准确把握地区利益格局与区域公共产品的动态供需关系，疏导和平衡好它们对于经济、政治、安全等不同利益诉求之间的关系。

与以往相比，在国家实力显著提升以及更主动参与全球治理体系的背景下，中国以提供物质性的"硬公共物品"为先导，在较短的时间内兴起为本地区重要的国际公共产品供给者。但从道义层面的影响力来看，中国还需进一步加强对规则性、价值性"软公共产品"的供给，促进本地区社会文化力量与物质力量的和谐互动。由此，通过周边外交战略与政策更深层次的理念与实践创新，促进中国利益与地区利益、全球利益的全方位融合，以及中国

---

① 2019 年 6 月举行的第 34 届东盟峰会正式通过了《东盟印太展望》（ASEAN Outlook on IndoPacific），这是东盟发布的首份关于印太地区秩序的区域架构倡议，它明确了东盟版印太战略的动因、目标、原则、合作领域、机制等，强调包容、合作、发展以及东盟中心性原则，体现了东盟对印太战略的基本立场和战略思考。其目标是"发挥东盟的集体领导作用，形成和塑造更更紧密的印太合作"，标志着东盟作为一支重要的区域力量正式接受了"印太"这一地缘概念。参见刘琳：《东盟"印太展望"及其对美日等国"印太战略"的消解》，载《东南亚研究》2019 年第 4 期，第 72 页；张洁：《东盟正式接受了"印太"概念》，载《世界知识》2019 年第 15 期，第 32 页。

价值与亚洲价值、世界价值的深度共享与对接，着力化解中国与周边绝大多数国家实力极端不对称结构下的认知差异问题，从而实现中国国际影响力的内涵式提升。

展望未来，中国作为负责任大国需要克服各种内外部挑战，在维护地区经济稳定繁荣、创新发展模式、维持国际公共领域开放、地区新秩序建设以及文化传播等方面提供公共产品，以适应中国综合实力的增强趋势与国际社会不断上升的期待，从而把自身能力、外部期待与机制运行更好地统一起来。

余　论

　　自身的实力发展水平、所面临的时代环境及其与国际体系环境的相互作用，使得中国周边外交在不同时期呈现出不同特征，相关政策在延续与变化中保持着平衡。在很大程度上可从周边外交中管窥中国总体外交的品质——从"冷战"时期的酝酿期、世纪之交的形成期到中共十八大以来的成熟期，中国周边外交的塑造能力达到一个新的水平，开拓创新、主动塑造与积极引领成为鲜明的特征。① 新时代中国周边外交综合了多元外交形式，它立足周边的同时着眼于全球，集中体现了中国特色大国外交的精髓。随着国家身份定位的改变，中国外交内容发生了诸多改变，如指导思想、外交风格、外交理念、国际战略、外交方式等。当前，积极推进周边外交，为中国进一步发展争取良好、友善的周边环境，已成为实现"两个一百年"奋斗目标、实现中华民族伟大复兴中国梦的根本需要。针对周边地区实际，中国摒弃零和博弈与霸权思维，倡导构建周边命运共同体与合作共赢关系，成为区域治理进程中的重要公共产品供给者。当今世界正处在深刻的变革与调整时期，中国周边外交形势总体良好，甚至可以说处在中华人民共和国以来最好的时期；但另一方面，周边环境也存在较多的不确定性与不稳定性，周边外交仍然需要在总结以往经验和教训的基础上不断完善和提升，增强经略周边的能力。

一、转型创新，为中国和平发展营造有利外部环境

　　2019 年正值中华人民共和国成立 70 周年，改革开放也已逾 40 年，在自身发生深刻变化的同时，中国外交的价值理念呈现出延续与发展的有机结合。

---

① 李开盛：《中国周边外交：70 年来的演变及其逻辑》，载《国际关系研究》2019 年第 4 期，第 26 页。

纵横向比较表明，大国外交更应当强调理念先行。外交价值是国家主体在与其他国家以及国际社会的关系性质认定的基础上，所秉持和体现出的利益判断、伦理追求及其实现方式的信念体系。中华人民共和国在结合自身国情、当代外交经验以及中国传统文化精髓的基础上，融合当前世界政治的进步思想，逐渐形成了以主权平等为前提、以独立自主为基础、以合作发展为动力、以公正合理为目标、以和平安全为保障的较为稳定的中国特色外交价值体系。特别是中华传统文化内涵中所具有的和平发展、互利共赢、互学互鉴、开放包容、共同繁荣等理念，都化作了构建人类命运共同体这一新型全球价值观的重要理论依据。[①] 一方面，当代中国外交始终坚持以本国国家利益为导向，维护国家主权、保障国家安全和促进国家发展。另一方面，新时代中国外交又立足于世情与国情的新进展、新变化，顺应时代发展的潮流，在维护自身合法权益的基础上，越来越多地关注本地区及国际社会的共同利益。从其外部行为取向上，可以提炼出由共存、共享、共治、共赢、共进五个内涵丰富且呈递进关系的方面构成的中国外交核心价值观，这些为践行新时代中国特色大国外交特别是开展周边外交提供了正当性与道义性支持。[②]

　　一般地，一个国家要成长为全球性大国，首先要成长为地区大国；要参与并引领全球化，首先要在地区化中发挥主导作用。当前国际形势乱变交织，新兴大国与守成大国之间博弈趋于激烈，不确定、不稳定因素仍然突出，民族主义、民粹主义、保护主义以及单边主义、霸凌主义对世界秩序构成严重冲击。在这一"百年未有之大变局"下，周边外交对于中国维护自身利益、促进世界和平稳定发展的重要性进一步上升——良好的周边关系成为中国抵御外部战略压力的缓冲器和捍卫自身核心及重要利益的屏障，同时也是中国塑造国际秩序和参与全球治理的立足点。可以说，"百年未有之大变局"尽管在全球范围展现，但对于中国而言其影响首先集中反映于地区层面。周边

---

　　① 参见王昶：《当代中国外交价值观简论》，中共中央党校 2017 年马克思主义哲学专业博士学位论文，第 75 页；徐正源、王昶：《培育中国特色的外交价值观》，载《学习时报》2017 年 7 月 10 日，第 A2 版；朱君杰：《人类命运共同体视角下中国外交价值观的思想历史渊源》，载《中国社会科学报》2019 年 10 月 17 日，第 4 版。

　　② 王存刚：《论中国外交核心价值观》，载《世界经济与政治》2015 年第 5 期，第 4 页。

外交在新时代中国全方位、多层次、立体化的外交布局中具有特殊地位，为此，需要从全球战略格局、国际体系转型、全球治理以及中国国际责任的高度，树立起对中国大周边各区域的战略认知，建构新时代的中国周边战略。周边环境和周边战略的构建，在很大程度上是中国整体国际战略构建的开始。着眼于当前所面临的周边战略环境，中国确定不同阶段的周边战略目标，并综合性、创新性地运用战略手段，在"软硬"双翼、资源整合与重点突出等层面实现战略能力的提升。①

中国的发展得益于国际社会，也有责任和能力回馈国际社会，并为之提供更多更好的公共产品。而区域公共产品供给具有战略与政策双重意涵，它既关系到新时代周边战略手段创新与能力提升，也关系到新形势下周边外交政策的具体内容调整、目标制定与实施效果。区域公共产品供给是中国提升国际形象与加强国际领导力的重要路径，在具体实施中需要采取差异化的方式，进一步完善区域平台架构，统筹多层次的公共产品供给。② 可以预见，未来中国将更加积极有为，主动构建对外关系和把握大局的能力进一步提高，从而更好地塑造持久和平稳定、共同发展繁荣的大周边。它也将为周边地区和世界提供更多有利于和平发展以及人类命运共同体构建的思想、理念和文化等公共产品，以中国智慧、中国方案推动构建平等、包容与合作的地区与国际关系新范式和新秩序。③ 可以说，通过供给区域公共产品来推动和引领新型区域合作，符合中国为世界作出更大贡献的内在要求，也是由中国和平发展道路的本质所决定的。而通过周边外交实践来学习、历练处理多边外交的能力，将为 21 世纪中国真正成为世界性大国积累必要的经验，并夯实在国际社会中的支持基础，使世界权力由西向东转移更加平稳，从而为国际体系变革以及全球化的前景带来更多具有关键意义的确定性、稳定性、整合性与建设性因素。

---

① 王俊生：《中国周边战略建构：环境·目标·手段·能力》，载《太平洋学报》2012 年第 4 期，第 72 页。
② 贺之杲：《区域公共产品与中欧竞合关系》，载《新视野》2019 年第 3 期，第 122 页。
③ 张蕴岭：《中国对外关系 40 年：回顾与展望》，载《世界经济与政治》2018 年第 1 期，第 24 页。

二、学科拓展，构建中国周边学研究体系

随着 21 世纪中国在地区及世界舞台上的作用与影响力日益增强，尤其是新时代"一带一路"合作与人类命运共同体构建的推进，中国特色国际关系研究话语体系建设取得了一系列重要的原创性成果。它们秉持中国立场与全球视野，紧紧把握时代脉搏，始终把解答新时代重大理论和现实问题作为重要使命。[①] 其中，新时代中国周边外交的丰富实践，必将对国际关系理论的发展与创新作出中国贡献，打破西方理论思维的一些固有窠臼，引领中国与周边、中国与世界更高水平的正向互动。对于中国学者而言，扎根外交实践、提升理论品质，中国国际关系学派的构建迎来了重要的历史机遇期。为此，需要深植于本土文化凝练相关概念，使理论体系的构建在立足本土经验的同时寻求超越，向国际社会推送更多具有共同价值与实践基础的公共知识产品。[②]

着眼于新时代中国特色外交理论体系建设，需要进一步探索周边外交与总体外交、周边外交与区域治理、周边外交与国际关系理论创新等之间的关系。在学理上需要进一步阐明周边的"首要"性，在政策与策略层面则涉及如何加强前瞻性与针对性研究，为赢得中美邻三方博弈的主动权、增强亚洲地区一体化的自主性、更好地构建周边命运共同体等重大时代议题提供智力支持。如前所述，周边外交研究在中国政策与学术话语中方兴未艾，正在成为中国外交与国际关系领域最有潜力的创新点之一。1999 年，"周边外交"一词开始出现在专业的学术文献中；2011 年，该表述开始被政府工作报告采用。[③] 在约 20 年的较短时间里，"周边外交"已发展成为颇具中国特色的外交术语。在实践层面上，鉴于当前中国在大国关系层面所面临的严峻挑战，

[①] 赵纪周：《构建中国特色国际关系研究话语体系》，载《中国社会科学报》2018 年 12 月 11 日，第 1 版。

[②] 参见秦亚青：《构建国际关系理论的中国学派》，载《人民日报》2016 年 2 月 15 日，第 14 版；鲁鹏：《构建国际关系理论的中国学派》，载《人民日报》2018 年 2 月 26 日，第 16 版。

[③] 上海国际问题研究院中国外交 70 年课题组：《中国外交 70 年专家谈（之二）——周边关系和发展中国家外交》，载《国际展望》2019 年第 4 期，第 7 页。

以及全球多边治理领域所处的困境，① 周边外交在某种意义上已成为中国外交的核心。在中国整体对外工作中，周边外交有其自身的基础体系和战略架构，又与中国外交的其他层面有着交叉重叠和密切的互动关系。在某种意义上，周边外交在中国"五位一体"（即周边、大国、发展中国家、多边、公共外交）外交布局中能够发挥主线作用；盘活周边外交，就能够在其他层面的外交中获得更大主动权。在具体政策层面，新形势下的周边外交需要进一步细化、实化、系统化，确立有针对性的地区、国别、领域政策及目标，不断发展资源配置、力量投送、制度构建、规则制定、秩序维护等方面的能力，塑造更加安全、繁荣、亲和的战略周边。而国际公共产品供给与中国周边外交的话语结合，可以为后者创设潜力巨大的策略选择空间，并在实践层面向本地区及世界释放更大正能量，使中国与外部环境在相互塑造中彼此增益，中国走向世界大国的道路也将更加开阔。

与新时代中国外交内涵与境界提升的实践需要相适应，未来仍需积极构建和丰富中国特色大国外交话语。在这方面，雏形渐现的中国周边学立足于自身恰当的学科发展定位，紧密结合本土性与世界性、传统性与时代性等元素，对于拓展中国特色大国外交话语乃至构建国际关系理论的中国学派都具有很大的潜力。构建和发展新时代的中国周边学需要来自理论层面与实践层面的支撑：一是设计和构建中国周边学的理论体系，二是制定和实施相应的中国周边战略框架和政策体系。为此，可着眼于供给侧与需求侧两端平衡分析，深入研究周边区域与国别政治经济，把有效提升中国负责任大国形象的政策进一步具体化，让周边国家更客观、更深入地认知和理解新时代中国的战略部署与政策目标。

其中，更高质量的区域治理需要区域各国各方通过共商共建来规划和落实相关的国际公共产品供给；而中国具有这方面的强烈内在动力，并通过积极打造带有中国特色的区域公共产品及其供给模式，在自身与周边地区之间

① 当前全球治理面临的如下制度困境短期内难以取得根本突破：国际权力结构变化凸显全球治理机构代表性不足；主权民族国家体系造成全球治理机制责任错位；国际机制复杂性引发全球治理政策失灵；全球治理议程扩大显现全球治理体系盲点；理念分歧与竞争致使全球治理规范缺失。参见卢静：《当前全球治理的制度困境及其改革》，载《外交评论》2014年第1期，第107页。

建立更具凝聚力的纽带。通过"一带一路"合作、周边命运共同体建设以及深度参与区域治理,新时代中国与周边地区的关系得到重塑,地区秩序向着更加合理公平的方向发展。周边国家越来越清楚地认识到,崛起的中国应当被接纳,它不会破坏亚太地区的和平稳定、发展繁荣等共同利益;相反,中国正变得更加开放、包容与利他,与周边邻国正一起朝着利益、责任与命运共同体的目标迈进。

三、砥砺前行,推进中国周边学研究

如果以中国传统文化中"整体论""共存论""和合论""王道论"为主要内容的和合主义来审视,它首先是在深度全球化进程中为中国国际关系理论的范式创新提供了可能。而反映在中国外交实践上,则涵盖了强调多元多边合作的包容性外交、强调国际道义的结伴性外交、强调合作共赢的对接性外交、强调安全互保的镶嵌性外交以及强调人类命运共同体建构的共享性外交。[①] 在方法论意义上,更具现代性的国际公共产品供给理论则为之提供了诠释路径;它同样以共享为核心价值指向,能够在很大程度上解释和合主义何以在中国周边外交中成为可能。作为本书未详尽论述之处,就此对中国周边外交的内生动力、理念演进与新范式的生成进行拓展研究,价值和空间仍然很大。

中华人民共和国成立 70 年来,中国为国际社会特别是本地区提供了稳定、规则、增长、发展、观念和知识等各类公共产品,国际话语权、规则制定权、议程设置权全面提升,在更高水平上实现了经济基础与上层建筑的辩证统一。在 21 世纪 20 年代,中国在其全球角色中所面临的挑战仍大部分与其周边关系有关,如中美关系、中俄关系、中国与亚洲邻国关系、"一带一路"持续推进、软实力提升等问题。[②] 而中国周边学所要研究和解决的就是从"富起来"到"强起来"的中国如何与周边国家友好相处、合作共赢,如

---

① 余潇枫、章雅荻:《和合主义:国际关系理论的中国范式》,载《世界经济与政治》2019 年第 7 期,第 49 页。

② 易锐民:《美国学者沈大伟:中国对外关系面对六大挑战,中美关系居首位》,2019 年 10 月 23 日,载 http://www.zaobao.com/news/china/story20191023-999268。

何以好伙伴与好邻居的姿态与外部世界互动，以更有效地开展地区治理与命运共同体建设；以及促进政策层面的细化与体系化，从而深入诠释中国的和平发展与其周边环境的学理关系。① 中国周边学应当服务于新时代中国特色周边外交的理论构建与政策体系建设，立足于中国负责任新兴大国这一基本角色定位，探求如何通过更高水平、更优质量的区域公共产品供给，为中国与周边国家主动适应国际权力结构与地区秩序调整而开展正向互动提供理论支撑，以及强化相关的政策知识储备。

当今世界正处在大发展、大变革、大调整时期，区域公共产品对于地区秩序的重要性进一步凸显。如前所述，在区域公共产品的合作供给模式中，无论从主观还是客观方面来看大国的作用和责任都更大一些。就新时代中国而言，它严守强大后仍不称霸的庄严承诺，其选择的发展道路及模式在实现自身实力及其增长质量提升的同时，也产生了积极的外溢效应，在某种意义上成为本地区可从中受益的秩序、和平、发展、知识等公共产品。未来中国的对外战略特别是周边战略及其具体政策，除了需要在物质性或器物层面进一步完善外，在制度性、观念性或价值性层面继续拓展和提升的空间很大，而这在某种意义上也是区域公共产品供给的努力方向。以共建人类命运共同体、"一带一路"倡议为代表的一系列中国智慧、中国方案，不断上升为地区与国际共识，集中反映了新时代中国外交在观念、价值、感召力等方面的能力提升，也把中国与周边关系带入一个前所未有的新境界，充分展现了中国塑造周边地区秩序的大国情怀。随着中国区域公共产品供给政策的日臻成熟，中国周边外交将进一步凝练和彰显中国特色、中国风格与中国气派，在与周边国家互联互通中实现中国梦与亚洲梦、世界梦交相辉映，更好地顺应从融入世界到引领全球化新时代的历史转变。

---

① 参见石源华：《中国周边学：中国进一步崛起的理论支撑》，载《世界知识》2019 年第 13 期，第 72 页；石源华：《中国周边学构建的两大层面》，载《世界知识》2019 年第 15 期，第 72 页。

参考文献

一、论文类

1. 石源华：《论新中国周边外交政策的历史演变》，载《当代中国史研究》2000 年第 5 期。

2. 苏长和：《周边制度与周边主义——东亚区域治理中的中国路径》，载《世界经济与政治》2006 年第 1 期。

3. 张小明：《中国与周边国家关系的历史演变：模式与过程》，载《国际政治研究》2006 年第 1 期。

4. 王光厚：《从"睦邻"到"睦邻、安邻、富邻"——试析中国周边外交政策的转变》，载《外交评论》2007 年第 3 期。

5. 马嬷：《中国参与地区合作的理念演进、特点及前瞻》，载《毛泽东邓小平理论研究》2008 年第 7 期。

6. 薛晨：《非传统安全问题与国际公共产品供给——兼论"中国责任论"与和谐世界理念的实践》，载《世界经济与政治》2009 年第 3 期。

7. 苑基荣：《东亚公共产品供应模式、问题与中国选择》，载《国际观察》2009 年第 3 期。

8. 郑先武：《区域间主义与国际公共产品供给》，载《复旦国际关系评论》2009 年第 1 辑。

9. 黄河：《区域公共产品与区域合作：解决 GMS 国家环境问题的新视角》，载《国际观察》2010 年第 2 期。

10. 张磊、徐琳：《从区域性国际公共产品供给角度析东亚区域合作中的中韩自贸区建设》，载《世界贸易组织动态与研究》2010 年第 2 期。

11. 王玉主：《区域公共产品供给与东亚合作主导权问题的超越》，载《当代亚太》2011 年第 6 期。

12. 席艳乐、李新：《国际公共产品供给的政治经济学——兼论中国参与国际公共产品供给的战略选择》，载《宏观经济研究》2011 年第 10 期。

13. 钟飞腾：《"周边"概念与中国的对外战略》，载《外交评论》2011 年第 4 期。

14. 高程：《区域公共产品供求关系与地区秩序及其变迁——以东亚秩序的演化路径为案例》，载《世界经济与政治》2012 年第 11 期。

15. 刘鸣：《中国塑造周边环境的客观机遇和主观能力》，载《国际关系研究》2013 年第 1 期。

16. 祁怀高、石源华：《中国的周边安全挑战与大周边外交战略》，载《世界经济与政治》2013 年第 6 期。

17. 沈陈：《区域性公共产品与中国亚洲外交的新思路》，载《国际观察》2013 年第 1 期。

18. 宋国友：《中国与周边国家经济关系及政策选择》，载《国际问题研究》2013 年第 3 期。

19. 查晓刚、周铮：《多层公共产品有效供给的方式和原则》，载《国际展望》2014 年第 5 期。

20. 陈琪、管传靖：《中国周边外交的政策调整与新理念》，载《当代亚太》2014 年第 3 期。

21. 戴轶尘：《中国周边多重安全治理机制的优化策略探析》，载《国际关系研究》2014 年第 5 期。

22. 仇发华：《朝核危机下东北亚区域公共产品的建设》，载《韩国研究论丛》2014 年第 1 期。

23. 韦红、魏智：《中国—东盟救灾区域公共产品供给研究》，载《东南亚研究》2014 年第 3 期。

24. 吴志成、李金潼：《国际公共产品供给的中国视角与实践》，载《政治学研究》2014 年第 5 期。

25. 张春：《国际公共产品的供应竞争及其出路——亚太地区二元格局与中美新型大国关系建构》，载《当代亚太》2014 年第 6 期。

26. 陈明宝、陈平：《国际公共产品供给视角下"一带一路"的合作机制构建》，载《广东社会科学》2015 年第 5 期。

27. 黄河：《公共产品视角下的"一带一路"》，载《世界经济与政治》2015 年第 6 期。

28. 靳晓哲、曾向红：《上合组织和集安组织发展及前景——基于区域公共产品理论的视角》，载《国际政治科学》2015 年第 4 期。

29. 刘雪莲、李晓霞：《中国特色大国外交及其在东亚地区的推进特点》，载《东北亚论坛》2015 年第 6 期。

30. 刘雨辰：《从参与者到倡导者：中国供给国际公共产品的身份变迁》，载《太平洋学报》2015 年第 9 期。

31. 卢光盛、许利平：《周边外交"亲诚惠容"新理念及其实践》，载《国际关系研究》2015 年第 4 期。

32. 卢光盛：《区域性国际公共产品与 GMS 合作的深化》，载《云南师范大学学报》（哲学社会科学版）2015 年第 4 期。

33. 孙溯源、杜平：《"一带一路"与中国在中亚的能源合作：区域公共产品的视角》，载《复旦国际关系评论》2015 年第 1 期。

34. 孙云飞：《从"搭便车"到"被搭便车"：中国供应地区安全公共产品的选择》，载《太平洋学报》2015 年第 9 期。

35. 孙云飞：《中国周边外交调整的预期目标与大国反应——兼论中国周边外交调整的突破口》，载《世界经济与政治论坛》2015 年第 4 期。

36. 杨怡爽：《区域合作行为、国家间信任与地区性国际公共产品供给——孟中印缅经济走廊推进难点与化解》，载《印度洋经济体研究》2015 年第 6 期。

37. 陈瑞欣：《从政府工作报告（1978—2015）看中国周边外交政策的发展变化》，载《国际观察》2016 年第 1 期。

38. 陈小鼎：《区域公共产品与中国周边外交新理念的战略内涵》，载《世界经济与政治》2016 年第 8 期。

39. 雷建锋：《中国的中亚地区主义与周边命运共同体的生成》，载《教学与研究》2016 年第 10 期。

40. 李杨、黄艳希：《中美国际贸易制度之争——基于国际公共产品提供的视角》，载《世界经济与政治》2016 年第 10 期。

41. 孙云飞：《地区安全公共产品供求关系与东亚安全困境》，山东大学 2016 年国际政治专业博士学位论文。

42. 徐秀军：《中国的南太平洋周边外交：进展、机遇与挑战》，载《太平洋学报》2016 年第 10 期。

43. 于向东：《习近平中国周边外交理念的丰富内涵》，载《马克思主义与现实》2016 年第 2 期。

44. 周方银：《中国周边环境与周边外交的战略选择》，载《当代世界》2016 年第 10 期。

45. 季剑军：《全球或区域治理模式比较及对推动人类命运共同体建设的启示》，载《经济纵横》2017 年第 11 期。

46. 李晨阳、杨祥章：《论 21 世纪以来中国与周边发展中国家的合作》，载《国际展望》2017 年第 2 期。

47. 李东燕：《中国参与区域组织安全合作的基本模式与前景》，载《外交评论》2017 年第 1 期。

48. 李国选：《南海共同开发困境：以区域公共产品供给为视角》，载《南洋问题研究》2017 年第 1 期。

49. 李晓霞：《东亚区域性公共产品供求关系与核心问题》，载《世界经济与政治论坛》2017 年第 5 期。

50. 谈谭：《中国主导湄公河次区域国际公共产品供给的路径分析——以中老缅泰四国湄公河联合巡逻执法为例》，载《同济大学学报》（社会科学版）2017 年第 4 期。

51. 王俊生：《重塑战略重心：十八大以来的中国周边外交》，载《当代世界与社会主义》2017 年第 2 期。

52. 肖军：《新时期中国发展与南亚国家战略关系评述》，载《印度洋经济体研究》2017 年第 6 期。

53. 张群：《东亚区域公共产品供给与中国—东盟合作》，载《太平洋学报》2017 年第 5 期。

54. 赵可金、尚文琦：《国际公共产品与中国外交转型》，载《理论学刊》2017 年第 3 期。

55. 周桂银：《中国周边外交的当前态势和未来重点》，载《东南亚研究》2017 年第 1 期。

56. 朱芹：《朝鲜半岛区域公共产品：超越朝核与"萨德"的综合考量》，载《东北亚论坛》2017 年第 2 期。

57. 黄河、戴丽婷：《"一带一路"公共产品与中国特色大国外交》，载《太平洋学报》2018 年第 8 期。

58. 李国选、严双伍：《区域公共产品供给视阈下的东北亚海上安全合作困境》，载《教学与研究》2018 年第 7 期。

59. 李向阳：《"一带一路"：区域主义还是多边主义?》，载《世界经济与政治》2018 年第 3 期。

60. 李向阳：《亚洲区域经济一体化的"缺位"与"一带一路"的发展导向》，载《中国社会科学》2018 年第 8 期。

61. 卢光盛等：《中印周边外交比较研究：思想渊源、当代实践及现实碰撞》，载《南亚研究》2018 年第 2 期。

62. 仇华飞：《美国学者研究当代中国周边外交与安全的新视角》，载《美国研究》2018 年第 5 期。

63. 石英华、胡晓莉：《"一带一路"区域性公共产品供给：挑战与对策》，载《财政科学》2018 年第 11 期。

64. 王亚军：《"一带一路"国际公共产品的潜在风险及其韧性治理策略》，载《管理世界》2018 年第 9 期。

65. 徐颖、康晓：《区域公共产品视角下的亚洲能源治理——以亚洲基础设施投资银行（AIIB）为例》，载《区域与全球发展》2018 年第 6 期。

66. 张茉楠：《中国倡导公共产品供给新模式》，载《参考消息》2018 年 3 月 19 日。

67. 张鹏飞：《"一带一路"沿线亚洲国家基础设施先行研究——基于区

域公共产品供给理论》，上海社会科学院 2018 年世界经济学专业博士学位论文。

68. 曹德军：《论全球公共产品的中国供给模式》，载《战略决策研究》2019 年第 3 期。

69. 陈朋亲：《论国际组织外交与"一带一路"建设》，载《云南大学学报》（社会科学版）2019 年第 4 期。

70. 金灿荣、王赫奕：《新时代的中国外交：新定位与新调整》，载《国际观察》2019 年第 4 期。

71. 孔铉佑：《习近平外交思想和中国周边外交理论与实践创新》，载《求是》2019 年第 8 期。

72. 李益波：《新时代中国周边外交：理念、内涵和实施路径》，载《国际论坛》2019 年第 3 期。

73. 上海国际问题研究院中国外交 70 年课题组：《中国外交 70 年专家谈（之二）——周边关系和发展中国家外交》，载《国际展望》2019 年第 4 期。

74. 沈铭辉、张中元：《"一带一路"机制化建设与包容性国际经济治理体系的构建——基于国际公共产品供给的视角》，载《新视野》2019 年第 3 期。

75. 推进"一带一路"建设工作领导小组办公室：《共建"一带一路"倡议：进展、贡献与展望》，2019 年 4 月 22 日。

76. Todd Sandler, Regional Public Goods and International Organizations, The Review of International Organizations, Vol. 1, Iss. 1, 2006.

77. Anushree Bhattacharyya, China's Strategic Advancement in Southeast Asia：Trade, Diplomacy and Connectivity. Maritime Affairs：Journal of the National Maritime Foundation of India, Vol. 6, Iss. 1, 2010.

78. Jae Ho Chung, Decoding the Evolutionary Path of Chinese Foreign Policy, 1949－2009：Assessments and Inferences. East Asia, Vol. 28, Iss. 3, 2011.

79. Jean－Marc Coicaud, Jin Zhang, From International and Regional Organisations to Global Public Policy. In Philippe De Lombaerde, etc. （eds）, The United Nations and the Regions. Dordrecht：Springer, 2012.

80. John W. Garver, The Diplomacy of a Rising China in South Asia. Orbis, Vol. 56, Iss. 3, 2012.

81. Wu Xinbo, Cooperation, Competition and Shaping the Outlook: The United States and China's Neighbourhood Diplomacy. International Affairs, Vol. 92, Iss. 4, 2016.

82. Aekyung Kim and Jiyoung Kim, China's Aggressive "Periphery Diplomacy" and South Korean Perspectives. The Pacific Review, Vol. 31, Iss. 2, 2018.

83. B. R. Deepak (eds), China's Global Rebalancing and the New Silk Road, Singapore: Springer, 2018.

84. Dahlia Patricia Sterling, A New Era in Cultural Diplomacy: Promoting the Image of China's "Belt and Road" Initiative in Asia. Open Journal of Social Sciences, Vol. 6, Iss. 2, 2018.

85. Huong Le Thu, China's Dual Strategy of Coercion and Inducement Towards ASEAN. The Pacific Review, Vol. 32, Iss. 1, 2019.

二、著作类

1. [美] 英吉·考尔等：《全球化之道——全球公共产品的提供与管理》，张春波、高静译，北京：人民出版社2006年版。

2. 张蕴岭：《中国与周边国家：构建新型伙伴关系》，北京：社会科学文献出版社2008年版。

3. 叶自成：《中国和平发展的国际环境分析》，北京：经济科学出版社2009年版。

4. 张建新：《国际公共产品与地区合作》，上海：上海人民出版社2009年版。

5. [西班牙] 安东尼·埃斯特瓦多道尔等：《区域性公共产品：从理论到实践》，张建新等译，上海：上海人民出版社2010年版。

6. 樊勇明、蒲思胜：《区域公共产品理论与实践——解读区域合作新视点》，上海：上海人民出版社2011年版。

7. ［美］斯科特·巴雷特：《合作的动力：为何提供全球公共产品》，黄智虎译，上海：上海人民出版社 2012 年版。

8. 李志斐：《东亚安全机制构建：国际公共产品提供与地区合作》，北京：社会科学文献出版社 2012 年版。

9. 张贵洪、［印度］斯瓦兰·辛格编：《亚洲多边主义》，北京：时事出版社 2012 年版。

10. 梁守德等编：《中国的和平发展与对外关系》，北京：世界知识出版社 2013 年版。

11. 牛军：《中国对外政策分析：理论、历史与前景》，北京：世界知识出版社 2013 年版。

12. 祁怀高：《中国崛起背景下的周边安全与周边外交》，北京：中华书局 2013 年版。

13. 樊勇明等：《区域国际公共产品与东亚合作》，上海：上海人民出版社 2014 年版。

14. 宫力、王红续：《新时期中国外交战略》，北京：中共中央党校出版社 2014 年版。

15. 齐鹏飞、李葆珍：《新中国外交简史》，北京：人民出版社 2014 年版。

16. 祁怀高：《中国崛起背景下的周边安全与周边外交》，北京：中华书局 2014 年版。

17. 秦亚青等编：《全球视野下的亚洲研究：外交学院亚洲研究所文集（2004—2014）》，北京：世界知识出版社 2014 年版。

18. 王健：《上海合作组织发展进程研究：地区公共产品的视角》，上海：上海人民出版社 2014 年版。

19. 杨洁勉：《中国外交理论和战略的建设与创新》，上海：上海人民出版社 2014 年版。

20. 中国国际问题研究所：《中国周边国家与合作组织》，北京：人民出版社 2014 年版。

21. 复旦大学中国与周边国家关系研究中心：《中国周边外交学刊》（第

1－3 辑），北京：社会科学文献出版社 2015 年、2016 年版。

22. 罗建波等：《中国特色大国外交研究》，北京：中国社会科学出版社 2015 年版。

23. 仇华飞：《国际秩序演变中的中国周边外交与中美关系》，北京：人民出版社 2015 年版。

24. 王义桅：《"一带一路"：机遇与挑战》，北京：人民出版社 2015 年版。

25. 王逸舟编：《国际公共产品：变革中的中国与世界》，北京：北京大学出版社 2015 年版。

26. 白云真：《中国对外援助的支柱与战略》，北京：时事出版社 2016 年版。

27. 刘鸣等编：《中国周边地缘环境新趋势：理论分析与战略应对》，北京：社会科学文献出版社 2016 年版。

28. 庞中英：《亚投行：全球治理的中国智慧》，北京：人民出版社 2016 年版。

29. 石斌编：《亚洲新未来：中外学者论国际关系与地区秩序》，南京：南京大学出版社 2016 年版。

30. 石源华：《中国周边外交十四讲》，北京：社会科学文献出版社 2016 年版。

31. 王帆：《大国外交》，北京：北京联合出版公司 2016 年版。

32. 吴琳：《冷战后中国周边地区政策的动力机制研究》，北京：中华书局 2016 年版。

33. 邢广程 、李国强：《对外关系、和谐边疆与中国战略定位》，北京：社会科学文献出版社 2016 年版。

34. 许利平：《中国与周边命运共同体：构建与路径》，北京：社会科学文献出版社 2016 年版。

35. 杨祥章：《中国—东盟互联互通研究》，北京：社会科学文献出版社 2016 年版。

36. 张士铨：《国家经济利益与全球公共物品》，北京：知识产权出版社

2016 年版。

37. 陈松川：《中国对外援助政策取向研究（1950—2010）》，北京：清华大学出版社 2017 年版。

38. 廖峥嵘编：《"一带一路"、中国与世界》，北京：社会科学文献出版社 2017 年版。

39. 刘重力：《东亚区域经济一体化进程研究》，天津：南开大学出版社 2017 年版。

40. 柳彦：《观念、利益和制度：国内政治与中国对外经济政策》，北京：中央编译出版社 2017 年版。

41. 石源华、祁怀高：《中国周边国家概览》，北京：世界知识出版社 2017 年版。

42. 孙学峰、刘若楠编：《东亚安全秩序与中国周边政策转型》，北京：社会科学文献出版社 2017 年版。

43. 田野：《中国参与国际合作的制度设计：一种比较制度分析》，北京：社会科学文献出版社 2017 年版。

44. 王帆、凌胜利：《人类命运共同体：全球治理的中国方案》，长沙：湖南人民出版社 2017 年版。

45. 王灵桂、赵江林：《"周边命运共同体"建设：挑战与未来》，北京：社会科学文献出版社 2017 年版。

46. 习近平：《习近平谈治国理政》（第 2 卷），北京：外文出版社 2017 年版。

47. 徐进、李巍：《改革开放以来中国对外政策变迁研究》，北京：社会科学文献出版社 2017 年版。

48. 张新平：《中国特色的大国外交战略》，北京：人民出版社 2017 年版。

49. ［俄］米·季塔连科、弗·彼得罗夫斯基：《俄罗斯、中国与世界秩序》，粟瑞雪译，北京：人民出版社 2018 年版。

50. 董向荣：《"一带一路"视阈下的亚太政治》，北京：中国社会科学出版社 2018 年版。

51. 胡晓鹏等：《"一带一路"倡议与大国合作新发展》，上海：上海社会科学院出版社 2018 年版。

52. 黄河、贺平编：《"一带一路"与区域性公共产品》，上海：上海人民出版社 2018 年版。

53. 计秋枫：《中国外交历程：1949—1989》，南京：南京大学出版社 2018 年版。

54. 马学礼：《东亚经济合作中的区域公共产品供给研究——以贸易投资合作为例》，北京：人民出版社 2018 年版。

55. 门洪华：《中国对外开放战略（1978—2018 年）》，上海：上海人民出版社 2018 年版。

56. 潘志平：《中国与中亚地区国家关系研究》，北京：经济科学出版社 2018 年版。

57. 苏宁：《"一带一路"倡议与中国参与全球治理新突破》，上海：上海社会科学院出版社 2018 年版。

58. 王逸舟：《仁智大国："创造性介入"概说》，北京：北京大学出版社 2018 年版。

59. 习近平：《习近平谈治国理政》（第 1 卷），北京：外文出版社 2018 年版。

60. 郑永年：《亚洲新秩序》，广州：广东人民出版社 2018 年版。

61. 何英：《大国外交："人类命运共同体"解读》，上海：上海大学出版社 2019 年版。

62. 李进峰编：《上海合作组织发展报告（2019）》，北京：社会科学文献出版社 2019 年版。

63. 苏格编：《世界大变局与新时代中国外交》，北京：世界知识出版社 2019 年版。

64. 王公龙：《构建人类命运共同体思想研究》，北京：人民出版社 2019 年版。

65. 张清敏、李秀铎：《改革开放 40 年中国外交》，北京：世界知识出版社 2019 年版。

66. Zhiqun Zhu, China's New Diplomacy: Rationale, Strategies and Significance. Burlington, VT: Ashgate Publishing Limited, 2013.

67. John F. Copper, China's Foreign Aid and Investment Diplomacy (Vol. 1 – 3), New York: Palgrave Macmillan, 2015.

68. B. M. Jain, China's Soft Power Diplomacy in South Asia: Myth or Reality? Lanham: Lexington Books, 2017.

后 记

笔者所主持的教育部规划课题"区域公共产品供给视角下中国周边外交研究"自2014年立项以来，可谓正逢其时，五年多来中国在周边外交方面取得了长足的进展，在促进合作共赢与推动命运共同体构建方面迎来了一个个高光时刻。"登高壮观天地间，大江茫茫去不还"。我们的国际视野更加开阔，外交观念与政策也在不断与时俱进，与外部世界的关系也变得前所未有地紧密。中国以国际公共产品供给为己任，集中体现了中国外交对公平正义、互利共赢和多边主义的坚守与追求。"亲望亲好，邻望邻好"，中国视周边为安身立命之所、发展繁荣之基，始终将周边置于对外交往的首要位置，致力于促进周边和平、稳定与发展。中国与周边国家不断增进互信互助，让自身发展成果更多惠及周边，为构建周边命运共同体汇聚力量，始终做区域合作引领者与地区和平发展守望者。中国作为新兴大国具有为世界提供公共产品的强烈意愿和能力，并已开始提供大量补充性或替代性国际公共产品，全面提升国际公共产品供给的深度与广度，构建全方位、多层次、立体化的区域政策协调与合作机制，为全球化与区域一体化注入新动力。作为一本迟来的专著，本书大致反映了笔者对于中国周边外交研究的旨趣和粗陋之见，还望方家和读者批评指正。如有错漏之处，概由本人负责。

改革开放40余年来，中国在与世界的积极互动中发生了深刻改变，但中国外交在服务民族复兴、促进人类进步方面不改初心。尤其是21世纪第二个十年，中国外交开始进入一个新时代，周边外交也从制度、观念到行为发生了全面而巨大的变化，给本地区和世界的未来带来更大的确定性和信心。一个日益强大的中国必将为世界提供更多公共产品，并在与世界彼此拥抱和联动的过程中更加积极有为，国际影响力、感召力与塑造力也将进一步提升。笔者认为，唐代诗人李白的"长风破浪会有时，直挂云帆济沧海"，用来描述新时代中国的周边外交工作是最恰当不过了。这为中国周边外交研究乃至中国"周边学"的学科成长都提供了前所未有的机遇与动力，促使学术界去思考如何拓展相关的研究视角、议题和领域，使之能够满足中国周边外交工作的发展创新需要。作为一个普通的研究者和公民个体，我们为生活在这样一个时代而自豪——"风物长宜放眼量"，它使我们的视野跳出狭隘的范围，有更多机会、更宽广的胸怀去感知世界之大；"面壁十年图破壁"，以成熟的大国国民心态与国家一起去迎接全球化的风浪挑战；"乱云飞渡仍从容"，去感受新时代中国外交的自信稳健、理智淡定、开放包容与勇毅笃行；"无限风光在险峰"，去把握大国成长的机遇并分享世界之美。"路漫漫其修远兮"，笔者愿以拙作抛砖引玉，期望在中国周边外交研究领域出现更多的优秀成果，以及更多智库、学者的真知灼见能够出现并被各方所倾听。

在撰写本书的过程中，除感谢教育部人文社会科学研究规划基金的大力支持外，还要感谢来自安徽财经大学法学院相关同事、朋友的支持和帮助，以及自己家人长久以来的理解和鼓励。笔者所在的安徽财经大学东亚政治经济研究所、本课题组其他人员也为此作出了自己的努力，在此一并表示感谢，并希望相关研究平台未来能够在国际政治、经济与法律等交叉研究方面取得更多优秀成果。

最后，谨以此书向中华人民共和国成立70周年献礼！"志之所趋，无远弗届"，愿新时代中国外交尤其是周边外交在习近平外交思想指引下不断创造辉煌，让中国梦与亚洲梦、世界梦更加交相辉映！

宋效峰

2019 年秋

于淮畔珠城·安徽蚌埠